U0026920

歷代職官表

四部備要

史部

中華書局據武英殿本校刊

桐鄉 陸費逵 總勘
杭縣 高時顯
杭縣 吳汝霖 輯校
杭縣 丁輔之 監造

欽定歷代職官表卷十九

都察院下

歷代建置下六科給事國朝定制隸都察院已詳具上卷官制內此卷專敘歷代沿革

三代未置

秦

〈晉書職官志〉給事中秦官也

謹案給事設官雖始於秦而考晏子外篇云偏柎寄於路寢得爲地下之臣擁札操筆給事宮殿中右陛之下願以某日送未得君之意也則是給事宮殿擁札操筆已肇後世給事之職矣

漢

〈漢書百官公卿表〉給事中亦加官所加或大夫博士議郎掌顧問應對位次中常侍漢官解詁云掌侍從左右無員常侍中

〈冊府元龜〉漢儀注曰諸給事中日上朝謁平尚書奏事分爲左右以有

事殿中故曰給事中多名儒國親爲之掌左右顧問

（杜佑通典）給事中加官也秦置漢因之位次中常侍侍中黃門無員漢東京省

謹案給事中在秦漢爲加官初無員數漢書所載曾膺此職者如韋賢匡衡蕭望之劉向魏相孔霸平當張禹龔勝谷永金敞金欽梁邱賀杜延年終軍東方朔蔡義夏侯勝丙吉師丹辛慶忌張猛蔡千秋之類甚衆考其本職或以博士或以謁者或以諫大夫或以前將軍或以右將軍或以宗正或以大中大夫或以光祿大夫或以御史大夫或以關內侯蓋皆如今之內廷行走而非其官號故自兩府九卿中二千石二千石以至比六百石皆得爲之與齊隋以降設爲額闕者不同然所掌在平尙書奏事則後來封駮之任亦已權輿於此矣

（後漢書桓譚列傳）宋宏薦譚拜議郎給事中

（後漢書鄭衆列傳）永平中辟司空府以明經給事中再遷越騎司馬復

留給事中

謹案通典稱東京省給事中而列傳尙屢見其職疑其初亦嘗承長安

舊制章帝以還始行省廢通典葢據其後而言之耳

三國

（通典）魏代復置給事中或爲加官或爲正員

謹案據杜佑所言則給事中在曹魏時已有正員然考三國志裴松之

注所載如邯鄲淳蘇林俱以博士給事中虞松之以中書令給事中皆

有本職是魏世亦當如漢制但爲加官矣

晉

（晉書百官志）給事中魏世復置至晉不改在散騎常侍下給事黃門侍

郞上無員

（唐六典）晉氏無加官亦無常員隸散騎省位次散騎常侍晉令云品第

五武冠絳朝服

〔歐陽詢藝文類聚〕束晳集曰員外侍郎及給事宂從皆是帝室茂親或貴游子弟

謹案晉給事中設有定品冊府元龜載武帝授張建陳邵二詔俱不言以某官給事中可知並非加官是給事中之爲正員實自晉始也至漢魏以後尙有給事黃門侍郎應劭所謂日暮入對青瑣門拜謂之夕郎者卽指此官而言其位本在給事中之下至隋去給事之名但稱黃門侍郎其後遂爲三省長官而給事中反在其下迨三省既罷其官已久廢不置今所存者獨給事中而已乃世俗相沿猶以夕郎爲給事中故事殊考之未審矣

宋齊梁陳

〔唐六典〕給事中宋齊隸集書省位次諸散騎下奉朝請上梁陳秩六百石品第七

（通典）宋齊給事中隸集書省梁陳亦掌獻納省諸聞奏

（宋書百官志）給事中無員

謹案南史王韶之傳稱韶之徵爲祠部尚書加給事中是宋世亦以爲加官也

（南齊書百官志）給事中奉朝請皆集書省職置正書令史朝散用衣冠之餘人數猥積永明中奉朝請至六百餘人

謹案漢時給事中已多用名儒國親爲之如韋賢匡衡以經術劉向以宗室金敞金欽以勳戚皆由此入侍禁中然所擇尙能得人也至晉而專用貴游漸失初意故册府元龜所引束晳集又有若悉從高品則非本意若精鄉議則必有損之語此四語藝文類聚未引餘俱相同其冗濫可以槪見及南齊而人數更多殆由不置員額故除授者衆未爲高選歟

（隋書百官志）梁集書省有給事中掌侍從左右獻納得失省諸奏聞文書意異者隨事爲駮陳承梁皆循其制官

謹案唐以後給事中杜佑謂用隋之職然觀隋志所載梁制則駮正違失其職掌亦不始于隋也

北魏

（魏書官氏志）給事中給事從第三品上中給事從第三品中太和二十三年改制中給事中從第五品給事中從第六品

（唐六典）後魏史闕其員初從第三品上太和末從第六品上

（魏書楊播列傳）父懿爲選部給事中播爲北部給事中

（魏書李安世列傳）選主客給事中

（魏書李沖列傳）遷內祕書令南部給事中

謹案北魏有中給事中給事中給事之名其品第亦分高下正如明制之有都左右也其時固已設爲正闕而魏書鄭羲傳載羲爲太常卿加給事中太和以後太常第三品而得下兼從第六品是魏世亦有加官矣至魏之給事中史不言隸何省而選部給事中北部給事中主客給

事中南部給事中志亦均失載其名殆各以職事而爲區別耳

北齊

（通典）北齊給事中亦隸集書省凡六十人

（唐六典）北齊集書省署給事中六十員從第六品上

（隋書百官志）後齊集書省掌諷議左右從容獻納給事中六人

謹案自秦漢以後給事中並無員額其設爲定闕實自北齊始然考唐六典通典皆作六十人獨隋志作六人多寡不同疑隋志傳刊脫誤也

後周

（唐六典）後周天官府置給事中士六十人掌理六經及諸文志給事于帝左右其後六官之外又別置給事中四人

（通典）後周官品正二命天官給事中士

隋

（隋書百官志）高祖受命置門下省有給事二十人掌部從朝直開皇六

年吏部又別置給事郎散官番直常出使監檢煬帝即位移吏部給事郎名爲門下之職位次黄門下置員四人從五品省讀奏案

〔唐六典〕隋初置給事中二十人煬帝名給事郎減置四人從第五品

謹案給事中歷代多隸集書省至隋始定爲門下之官而省讀奏案正與今鈔發本章相近則六科職掌所沿亦本于隋代也

唐

〔舊唐書職官志〕給事中四員正五品上隋曰給事郎置四員位次黄門侍郎武德定令曰給事中龍朔改爲東臺舍人咸亨復掌陪侍左右分判省事凡百司奏鈔侍中審定則先讀而署之以駮正違失凡制勅宣行大事則稱揚德澤褒美功業覆奏而請施行小事則署而頒之凡國之大獄三司詳決若刑名不當輕重或失則援法例退而裁之或發驛遣使則審其事宜與黄門侍郎給之其緩者給傳即不應給罷之凡文武六品已下授職官所司奏擬則校其仕歷淺深功狀殿最訪其德行量其才藝若官非其人理失其事則白侍中而退量焉若宏文

館圖書之繕寫讎校亦課而察之凡天下寃滯未申及官吏刻害者必聽其訟與御史中書舍人同計其事宜而申理之錄事四人（從七品上）主事四人（從八品下）令史十一人書令史二十二人甲庫令史七人傳制八人亭長六人掌固十人修補制勅匠五人

（趙璘因話錄）北省班諫議在給事中上中書舍人在給事中下

（程大昌雍錄）等之其爲兩省焉高下固有定序而立班之時諫議在給事上者有爲爲之也會昌二年牛僧孺等奏曰六典諫議在隋從五品下今正五品上自大曆閒升門下中書侍郎爲正三品兩省遂闕四品望升諫議爲正四品以補其闕詔從其奏則是諫議班乎給事之上者偶因大曆閒四品闕官而從五品越取諫議充入四品以補其闕也以品敘班故諫議越立給事之上也然而班雖暫上而其進遷之序猶仍舊不改于是方爲諫議則班乎給事之上以其嘗從五品而升補四品故也及其進遷則諫議復在給事之下以其官品同在五品而位序在下故也此上坡下

坡之詳也至周顯德五年勅諫議依舊正五品上班在給事下其說曰諫議雖升班給事之上及其遷拜官雖敘遷位則降等故改正焉

（通典）唐改給事郎爲給事中前代雖有給事中之名非今任也今之給事中蓋因秦之名用隋之職

（馬端臨文獻通考）有侍中給事中之官而未嘗司宮禁之事是名內而實外也唐以來以侍中爲三公唐以處勳臣又以給事中爲封駮之官皆以外庭之臣爲之並不預宮中之事

（白居易長慶集）給事中之職凡制勅不便于時者得封奏之刑獄有未合于理者得駁正之天下寃滯無告者得與御史糾理之有司選補不當者得與侍中裁退之率是而行號爲稱職

（新唐書百官志）凡百司奏鈔侍中既審則給事中駮正違失詔勅不便者塗竄而奏還謂之塗歸李藩列傳藩遷給事中制有不便就勅尾批卻之吏驚請聯宅紙藩曰聯紙是牒豈得云批勅耶

（田錫論軍國機要朝廷大體疏）臣又讀唐書見給事中得以封駮詔書

封謂封還詔書而不行駮謂駮正詔書之所失

〔謝維新合璧事類〕晏公類要貞元中上命盧杞爲饒州刺史給事郎袁高宿直當草制遂執以謁宰相宰相不悅遂改命舍人草制案此則給事宿直亦草制耶當考

謹案唐制凡詔旨及百司奏疏由中書宣出者皆當經給事中書讀然後付外奉行今中外奏章既上

旨下內閣者日以給事中一人詣閣祇領備錄其副以授所司卽其例也惟草制乃中書舍人事不關給事中故袁高不肯爲盧杞作詔謝維新頗以爲疑然考六典稱中書進畫事繁或以諸司官兼者謂之兼制誥通鑑載高此事謂宰相改命宅舍人爲之既曰宅舍人足知高所行者實舍人之事其殆以給事中而兼司詔命者歟

五季

〔五代史張允列傳〕廢帝皇子重美爲河南尹掌六軍以允剛介乃拜允

給事中爲六軍判官

（五代史賈緯列傳）緯除知制誥累遷中書舍人諫議大夫給事中復爲修撰漢隱帝時詔與王伸竇儼等同修晉高祖出帝漢高祖實錄

謹案五季臺省雖沿舊制然多不舉其職據二傳所載給事中大抵皆兼他官非能專司封駮之任也

宋

宋史職官志給事中四人分治六房掌讀中外出納及判後省之事若政令有失當除授非其人則論奏而駮正之凡章奏日錄目以進考其稽違而糾治之故事詔旨皆付銀臺司封駮官制行給事中始正其職而封駮司歸門下元豐五年五月詔給事中許書畫黃不書草著爲令六月給事中陸佃言三省密院文字已讀者尚令封駮慮失之重復詔罷封駮房六月詔駮正事赴執政稟議七年有旨舉駮事依中書舍人封還詞頭例既而令稟議如初給事中韓忠彥言給舍職位頗均一則不稟白而聽封還

一則許舉駮而先稟議於理未允且朝廷之事執政所行職當封駮則已與執政異自當求決于上尚何稟議之有詔從之紹聖四年葉祖洽言兩省置給舍使之互察今中書舍人兼權封駮則給事中之職遂廢詔特旨書讀不迴避餘互書判元符三年翰林學士曾肇言門下之職所以駮正中書違失近日給事封駮中書錄黃乃令舍人書讀行下隳壞官制有損治體願正紀綱爲天下後世法重和元年給事中張叔夜言凡命令之出中書宣奉門下審讀然後付尚書頒行而密院被旨者亦錄付門下此神宗官制也今急速文字不經三省而諸房以空黃先次書讀則審讀殆成虛設矣乞立法禁從之凡分案五曰上案主寶禮及朝會所行事曰下案主受發文書曰封駮案主封駮及試吏校其功過曰諫官案主關報文書曰記注案主錄起居注其雜務則所分案掌焉紹興以後止除二人或一人

〔合璧事類〕會要淳化四年以右諫議大夫魏庠知制誥柴成務同知給

事中事凡制勅有所不便宜準故事封駮九年詔停廢知給事封駮公事自是始以封駮司隸銀臺

（王栐燕翼貽謀錄）唐朝職掌因五季之亂遂至錯亂或廢不舉給事中掌封駮不可一日無皇朝淳化四年太宗皇帝推考廢職始于唐末乃命魏庠柴成務同知給事中未幾隸銀臺通進司爲封駮司陳恕乞鑄印命取門下印用之因改其名爲門下封駮司

（文獻通考）元豐五年四月知諫院舒亶試給事中自是給事始除爲職事官

（王應麟玉海）元豐官制門下增設後省以左散騎常侍左諫議大夫左司諫左正言給事中爲門下後省設案六建炎三年詔諫院別置局不隸兩省又因舊制置門下後省以給事中爲長官四員爲額掌封駮書讀設案四

謹案宋初給事中皆以他官兼之自元豐改制始有專職其後復置門

下外省以給事中爲長官則已別爲一曹故其官不隨省俱廢又唐時中書舍人分署尚書六曹事宋則以給事中分治六房明之分給事中爲六科其源蓋本於此也

又案唐宋臺諫爲兩官臺則侍御史殿中御史監察御史諫則諫議大夫左右拾遺補闕左右司諫正言諫議大夫秦漢以來皆用之屬門下省拾遺補闕唐垂拱中始置宋端拱初改爲司諫正言俱分隸兩省掌侍從規諫宋世亦稱爲諫院而臺官則專主糾劾官邪各分職守宋真宗詔亦有令諫官奏論憲臣彈舉之文洪邁容齋隨筆謂臺諫官例不往來相見蓋職事各殊故諫官御史得以互相糾駁也至給事中雖與諫議同居門下而其職但主封駁書讀亦與諫議不同自後世不置三省而諫議司諫正言之在門下者隨之俱廢諫院已久無其官明初立制復以其職併入於科道故邱濬有給事中實兼前代諫議補闕拾遺之語見大學衍義補而流俗相沿遂稱御史爲臺諫給事中爲給諫亦殊未考設官之本制矣

（葉夢得石林燕語）舍人於中書事皆得於檢後通書押而給事中則但書錄黃而已舒亶信爲給事中以爲言王文恭爲相時以白上神宗曰造令與行令職分宜別給事中不當書草遂著爲令

（岳珂愧郯錄）唐李藩在瑣闥以筆塗詔謂之塗歸國朝嚴重此制銀臺既設封駁亦許繳奏元豐改官名門下省則有給事中中書省則有中書舍人然中興以後三省合爲一均爲後省封還或同銜則曰未敢書讀書行否則析之其辭止此而已珂案典故元祐四年五月乙酉權給事中梁燾繳蒲宗孟知虢州及胡宗回范鍔孫升杜天經等放罪罰金指揮其駁文皆曰所有錄黃謹具封還伏乞聖慈特付中書省別賜取旨施行語意乃與今異以時考之蓋官制既行分省治事謹審覆揆議之訓故其制如此耳

（李心傳建炎以來朝野雜記）紹興二年韓世忠賞功文字給事中賈安宅除工部侍郎門下後省闕官乃詔檢正李與權書讀此事亦前所未有

遼

（遼史百官志）給事中聖宗統和二年見給事中郭嘏

（王圻續文獻通考）遼南面門下省有給事中次于散騎常侍

金

（金史百官志）給事中從五品屬宣徽院

（金史選舉志）承安四年勅宰臣曰凡除授恐未盡當今無門下省雖有給事中而無封駁司若設之使于擬奏未授時詳審得當然後授之可也乃立審官院凡所送令詳審者以五日內奏或申省

謹案金世立諫院置左右諫議大夫左右司諫左右補闕拾遺等官而無門下省以主封駁故給事中獨無所掌至別設審官院以代其職與歷代不同然門下省既廢仍置給事中一官其原實自金始也

元

（元史百官志）給事中秩正四品至元六年始置起居注左右補闕掌隨

朝省臺院諸司凡奏聞之事悉紀錄之如古左右史十五年改陞給事中兼修起居注左右補闕改爲左右侍儀奉御兼修起居注皇慶元年陞正三品延祐七年仍四品後定置給事中兼修起居注二員右侍儀奉御同修起居注一員左侍儀奉御同修起居注一員令史一人譯史一人通事兼知印一人

謹案唐宋給事中與起居郎同爲門下省官而宋給事中所掌五案其一曰記注案則主錄起居注元以給事中兼修起居注蓋沿宋制也明凡日朝科員輪班一人立殿左右珥筆記旨亦猶記注之任今制記注官以翰林充詳見起居注表凡

御門聽政則記注官四人自階西升立

御榻之右而給事中御史滿漢各二人以次侍立階下凡章疏之出科者鈔發既畢以所奉

諭旨及原疏別錄二通敬謹校對鈐蓋印信一送內閣曰史書一貯科垣曰

錄書職掌所存視前代益爲詳慎矣

明

（明史職官志）吏戶禮兵刑工六科各都給事中一人正七品左右給事中各一人從七品給事中吏科四人戶科八人禮科六人兵科十人刑科八人工科四人並從七品掌侍從規諫補闕拾遺稽察六部百司之事凡制敕宣行大事覆奏小事署而頒之有失封還執奏凡內外所上章疏下分類鈔出參署付部駮正其違誤吏科凡吏部引選則掌科同至御前請旨外官領文憑皆先赴科畫字內外官考察自陳後則與各科具奏拾遺糾其不職者戶科監光祿寺歲入金穀甲字等十庫錢鈔雜物與各科兼涖之皆三月而代內外有陳乞田土隱占侵奪者糾之禮科監訂禮部儀制凡大臣曾經糾劾削奪有玷士論者紀錄之以核贈諡之典兵科凡武臣貼黃誥敕本科一人監視其引選畫憑之制如吏科刑科每歲二月下旬上前一年南北罪囚之數歲終類上一歲蔽獄之數閱十日一上實在罪囚之數

皆憑法司移報而奏御焉工科閱試軍器局同御史巡視節慎庫與各科稽查寶源局而主德闕違朝政得失百官賢佞各科或單疏專達或公疏聯署奏聞雖分隸六科其事屬重大者各科皆得通奏但事屬某科則列某科爲首凡日朝六科輪一人立殿左右珥筆記旨凡題奏目附科籍五日一送內閣備編纂其諸司奉旨處分事目五日一注銷覈稽緩內官傳旨必覆奏復得旨而後行鄉試充考試會試充同考官殿試充受卷官册封宗室諸藩或告諭外國充正副使朝參門籍六科流掌之遇決囚有投牒訟冤者則判停刑諸旨凡大事廷議大臣廷推大獄廷鞫六掌科皆預焉明初統設給事中正五品後數更其秩與起居注同洪武六年設給事中十二人秩正七品始分爲六科每科二人鑄給事中印一推年長者一人掌之九年定給事中十人十年隸承勅監十二年改隸通政司十三年置諫院左右司諫各一人正七品左右正言各二人從七品十五年又置諫議大夫以兵部尚書唐鐸爲之尋皆罷二十二年改給事中爲源士增至八十一人初魏敏卓敬等凡八十一人爲給事中上以其適符古元士之數改爲元士至是又以六

科爲士之本源改爲源士未幾復爲給事中二十四年更定科員每科都給事中一人正八品左右給事中二人從八品給事中共四十人正九品各科分設員數如前所列建文中改都給事中正七品給事中從七品不置左右給事中增設拾遺補闕成祖初革拾遺補闕仍置左右給事中亦從七品尋改六科置於午門外直房治事六科衙門舊在磚門內尚寶司西永樂中災移午門外東西每夜一科值宿宣德八年增戶科給事中專理黃冊

孫承澤春明夢餘錄洪武十七年九月給事中張文輔言自九月十四日至二十一日八日之間內外諸司奏劄凡一千六百六十計三千二百九十一事上諭廷臣曰朕日總萬幾豈能一一周徧苟政事有失宜豈惟一民之害將爲天下之害卿等能各悉心封駮則庶事自無不當此六科稽查號件封駮章奏之例也

〔夏言桂洲奏議〕六科額設都左右給事中給事中共五十八員中間事有煩簡故員有增損然以司諫諍備獻納則六科之職均也祖宗以來額員

俱備後來乃有不盡補者然遇都左右給事中缺五員以上則必奏請陞補各科給事中缺十五六員以上則必奏請選補永著爲例又凡給事中有缺止於進士年三十以上者考選奏補宏治間始以行人博士兼選正德間始以在外推官知縣照御史例選補正德六年大臣畏忌新進敢言乃始盡廢進士考選之例

謹案給事中在秦漢本加官其後置爲正員或屬集書省或屬門下省規制不一明初不設門下省嘗以給事中屬之通政司後遂自爲一曹稱六科都給事中凡章疏案牘得與部院衙門平列迨其末季廷論紛囂科道雖並爲言官實則黨援相持務彼此攻擊以求勝春明夢餘錄載管志道疏謂拾遺一節六科拾御史之已陞者一人則十三道亦拾給事中之已陞者一人迹似調停實爭門戶臺垣水火即此而大概可知特御史尚聽考察于堂官而給事中以無所隸屬益得恣情自肆如趙興邦在兵科至以紅旗督戰敢干預兵事機宜侵撓國政其流弊復

何所底止我

朝初設六科尙沿明制未遑釐正

世宗憲皇帝特命改隸都察院整綱飭紀班序秩然體統益昭嚴肅洵當萬世

恪遵之令典也

欽定歷代職官表卷十九

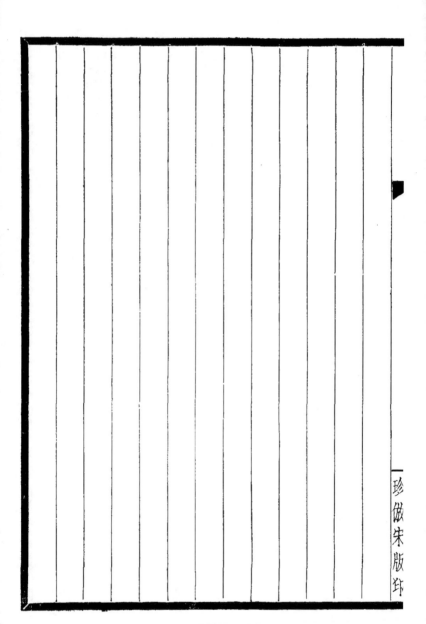

欽定歷代職官表卷二十

五城表

	巡視五城御史
三代 秦	
漢	
後漢	
三國	
晉	
宋齊梁陳	
北魏	
北齊	
後周	
隋	
唐	左右巡御史 左巡使 右巡使 都左右巡使
五季	
宋	左右巡使
遼	
金	
元	
明	巡城御史

五城兵馬司指揮
長安廣部尉 長安明部尉 長安市令 長安市長
雒陽左部尉 雒陽右部尉 雒陽北部尉 雒陽市長
魏洛陽四部尉
洛陽六部尉 建康六部尉
建康六部尉
河南六部尉
鄴臨漳安成七部尉
坊主
長安捕賊官 萬年捕賊官
開封四廂使 臨安南北廂主管公事
軍巡使 巡邏使 五京警巡使
警巡院使 兵馬
兵馬司都指揮 左右大都警巡院達嚕噶齊 院使
兵馬司指揮

副指揮	吏目
司虣	司稽
長安市令	長安游徼
雒陽市丞	
河南經途尉	河南里工
鄴臨漳安成七部經途尉	鄴臨漳安成各里正
坊佐	里司官
開封左右廂管勾	
五京警巡副使	
警巡院副副都	警巡院判官
兵馬司副指揮左右大都警巡院副使	兵馬司知事左右大都警巡院判官
兵馬司副指揮	兵馬司吏目

珍倣宋版印

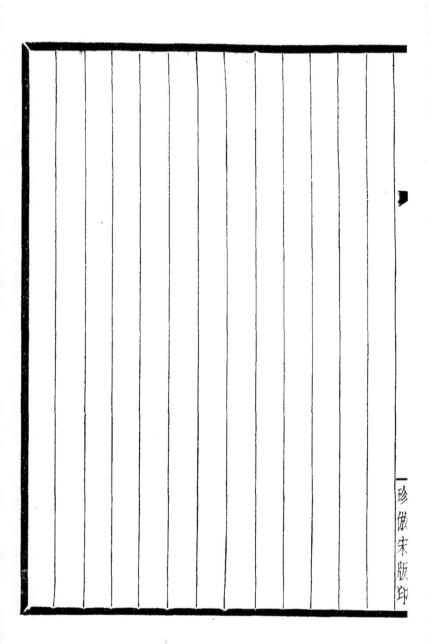

五城

國朝官制

巡視五城科道滿洲漢人各一人

掌彈壓地方釐剔姦弊凡中東南西北五城分莅而治之中城轄中西中東二坊東城轄崇南朝陽二坊南城轄東南正東二坊西城轄宣南關外二坊北城轄日南靈中二坊皆布其禁令而聽其獄訟大事

奏聞小事則牒刑部結正而月具事目上都察院堂官考覈焉有闕則以六科

給事中十五道御史引

見

簡用二年而代初制以新資御史巡城後改用滿洲漢軍漢人御史每城各一人雍正元年改定每城二人（初以漢軍歸併漢人班內後復改定漢軍御史及漢人籍隸大興宛平者俱不開列巡城）

又初制有五城筆帖式後省

五城兵馬司指揮漢人各一人（正六品）　副指揮漢人各一人（正七品）　吏目漢人各一

人未入流

掌緝捕逃盜糺巡姦非初制指揮專掌人命檢驗之事而以副指揮吏目分治各坊乾隆三十一年移東南西北四城副指揮於朝陽永定阜成德勝諸門外鈐轄關廂而城內事宜則以吏目專治各鑄關防條記以授之惟中城如舊副指揮每城初設二員順治十五年各省一員初俱由吏部揀補乾隆二十七年御史戈濤奏准以西北二城事務繁劇遇有缺出於中東南三城調補二十八年副都御史張映辰以調補乏人奏請仍復舊制

歷代建置

三代

（周禮地官）司虣十肆則一人司稽五肆則一人司虣掌憲市之禁令禁其鬬嚻者與其虣亂者出入相陵犯者以屬游飲食于市者若不可禁則搏而戮之司稽掌巡市而察其犯禁者與其不物者而搏之掌執市之盜

賊以徇且刑之

謹案地官司市掌辨物平價之政令今已別繫之順天府表內至司虣司稽雖出司市所辟除而鄭康成謂司虣掌禁暴亂司稽察留連不時去者其職在除姦止慝與今坊官爲近又其員數以十肆五肆爲率分地而治亦頗同今五城之制故特託始於二職焉

秦無考

漢

部主盜賊案察姦宄

（杜佑通典）漢長安有四尉分爲左右部後漢洛陽有四尉東南西北四部尉是爲左部城西北置明

（馬端臨文獻通考）長安四尉城東南置廣部尉是爲左部城西北置明

部尉是爲右部並四百石黃綬大冠主追捕盜賊伺察姦非

（後漢書百官志註）漢官曰雒陽孝廉左尉四百石孝廉右尉四百石

（後漢書橋元列傳）元舉孝廉補洛陽左部尉

〔三國魏志太祖本紀〕舉孝廉爲郎除洛陽北部尉裴松之註太祖初入尉廨繕治四門造五色棒縣門左右有犯禁者皆棒殺之京師斂迹莫敢犯者

謹案王圻作續文獻通考以司隸校尉爲五城所自出蓋因其督察姦宄事頗相近然司隸官本列卿統轄郡縣糾察百官其位任隆重實當如今步軍統領之職非五城之但莅治都邑者可比考之史傳漢時輦轂政禁實以長安雒陽二縣主之如董宣爲雒陽令擒湖陽公主奴即如今五城之捕治匪棍也祝良爲雒陽令案太尉龐參夫人殺子事即如今五城之究驗命案也橋元少子被劫雒陽令圍守其家即如今五城之承捕盜賊也孫程等徙封遠縣敕雒陽令促期發遣即如今五城之遞送罪人也而長安雒陽四尉分左右部治事則尤與今司坊官規制相合蓋兩漢都城皆專統於京兆河南尹而今則五城與大興宛平二縣畫界分治五城以京營所轄爲界兩縣以在外營汛所轄爲界故

五城專治京師卽漢長安雒陽之職守源委實屬相承今以畿令爲京縣正官未可析載仍入順天府表內而五城兵馬司則以左右部尉當之庶於官制爲適準焉

（漢書趙廣漢列傳）廣漢爲京兆尹奏請令長安游徼獄吏秩百石其後百石吏皆差自重不敢枉法妄繫留人

（漢書尹賞列傳）賞守長安令部戶曹掾史與鄉吏亭長里正父老伍人雜舉長安中輕薄少年惡子悉籍記之分行收捕

（後漢書周紆列傳）紆徵拜雒陽令京師肅清黃門郎竇篤從宮中歸夜至止姦亭亭長霍延遮止篤篤蒼頭與爭延遂拔劍擬篤肆詈恣口篤以表聞詔收紆送廷尉數日貰出（李固傳）固暴尸城北弟子郭亮守喪不去夏門亭長呵之（李賢注）夏門洛陽北面西頭門也

謹案漢自縣尉以下各置小吏謂之鄉官五家爲伍十家爲什百家爲里里有魁以相糾察十里爲亭亭有長以求捕盜賊十亭爲鄉鄉有游

徼掌徼巡禁司姦盜見後漢書百官志長安雒陽二縣雖在京師而其制並同故史有長安游徼及亭長里正之名其後北魏置里宰里尉里正隋置里司官以典領都城諸坊蓋即沿襲此制而設是長安游徼正如今之兵馬司吏目而亭長里正則如今之五城總甲也北魏隋里正里司有秩如今吏目說詳後

（漢書百官公卿表）京兆尹屬官有長安市兩令丞又左馮翊長安四市長丞皆屬焉

（後漢書百官志）雒陽市長漢官曰市長一人秩四百石丞一人二百石明法補中與屬河南尹

謹案漢之長安雒陽市令城市長丞實本於周官司市當主辨物平價而參考諸史則其職亦得司捕治如後漢書張酺傳竇景家人擊傷市卒吏捕得之景怒遣緹騎侯海等五百人毆傷市丞又周榮傳注引蔡質漢儀京師游俠發順帝陵賣御物於市市長追捕不得是皆有摶執姦盜之責案三輔黃圖長安市有九各方二百六十六步六市在道西三市在道東凡四里爲一市市樓皆重屋又長安閭里一百六十重居

櫛比門巷修直蓋市各有地爲市令所專治故所犯在市者市令丞主之若所犯在閭里者則四尉及游徼亭長主之也今並互著於此

三國

〔文獻通考〕後漢洛陽有四尉魏因之

〔三國吳志孫晧列傳〕晧愛妾或使人至市劫奪百姓財物司市中郎將陳聲繩之以法

謹案吳志潘璋傳稱璋爲吳大市刺姦盜賊斷絶則吳時市長亦有捕盜之職如漢東京舊制故攘奪財物者司市中郎將得以法繩治也

晉

〔晉書職官志〕洛陽縣置六部尉江左以後建康亦置六部尉

〔晉書地理志〕洛陽置尉五部

謹案晉職官志稱洛陽六尉而地理志又作五尉殆本先後增置故其數互見作史者各據其所本書之以致參差不合耳

宋齊梁陳

（通典）晉建康六部尉宋齊梁陳皆因之

謹案江左稱建康尉爲尉司南史齊豫章王嶷傳嶷爲揚州刺史上嘗出新林苑同輦夜歸至宮門辭出帝曰今夜行無使爲尉司所呵也嶷對曰京輦之內皆屬臣州願陛下不垂過慮據此則當時六部尉司實分掌徼巡詰禁之事正如今之五城兵馬司也

北魏

（魏書甄琛列傳）琛還河南尹表曰京邑是四方之本不可不治國家居代患多盜竊世祖太武皇帝親自發憤廣置主司里宰皆以令長及五等散男有經略者乃得爲之又多置吏士爲其羽翼崇而重之始得禁止今遷都以來天下轉廣四遠赴會事過代都五方雜沓難可備簡寇盜公行劫害不絕此由諸方混雜釐比不精主司闇弱不堪檢察故也凡攻堅木者必爲擇良器河南郡是陛下天山堅木盤根錯節亂植其中六部里尉

卽攻堅之利器非貞剛精銳無以治之今里正乃流外四品輕職任碎多是下才人懷苟且不能督察故使盜得容姦百賦失理邊外小縣所領不過百戶而令長皆以將軍居之京邑諸坊大者或千戶五百戶其中或王公卿尹貴勢姻戚豪猾僕隸蔭養姦徒高門邃宇不可干問又有州郡俠客蔭結貴游附黨連羣陰爲市劫比之邊縣難易不同今難彼易此實爲未愜王者立法隨時從宜請取武官中八品將軍以下幹用貞濟者以本官俸恤領里尉之任各食其祿高者領六部尉中者領經途尉下者領里正不爾請少高里尉之品選下品中應選者進而爲之則督責有所輦轂可清詔曰里正可進至勳品經途從九品六部尉正九品諸職中簡取何必須武人也

謹案據甄琛傳所言則北魏亦仍晉制洛陽置六部尉惟經途尉前代未見爲當時所刱置而里正在漢本鄉吏魏於諸職中簡取則亦改爲選人矣以今制準之六部尉當爲正指揮之職經途尉當爲副指揮之

職里正當爲吏目之職至琛表請以八品將軍以下爲里尉者蓋魏世以雜號將軍爲散秩於百官之外别爲班品故得試領他官也

北齊

〔隋書百官志〕後齊清都郡鄴領右部南部西部三尉又領十二行經途尉凡一百三十五里里置正臨漳領左部東部二尉左部管九行經途尉凡一百一十四里里置正成安領後部北部二尉後部管十一行經途尉凡七十四里里置正

謹案北齊都鄴鄴臨漳成安三縣俱治京城故分置七尉亦沿晉魏舊制也

後周無考

隋

〔隋書百官志〕隋每坊置坊主一人佐二人煬帝三年京都坊改爲里皆省除里司官以主其事

謹案北魏京城里巷始以坊名至隋而坊主坊佐里司官遂以入衙實爲今司坊官所自昉也

唐

（舊唐書職官志）殿中侍御史凡兩京城內則分知左右巡各察其所巡之內有不法之事

（新唐書百官志）監察御史分左右巡糾察違失左巡知京城內右巡知京城外盡雍洛二州之境月一代將晦即巡刑部大理東西徒坊金吾縣獄蒐狩則監圍察斷絕失禽者其後以殿中掌左右巡

（通典）監察御史分左右巡糾察違失以承天朱雀街爲界每月一代開元中華以殿中掌左右巡監察或權掌之非本任也

（唐會要）貞元十年勅准六典殿中侍御史兩京城分知左右巡察其不法之事謂左降流移停匿不去及妖訛宿宵蒱博盜竊獄訟冤濫賦斂違法如此之類方合奏聞比者因循務求細事旣甚煩碎頗失大猷宜令自

今以後據六典合舉之事所司有隱蔽者即具奏聞其餘常務不須處問

〔舊唐書代宗本紀〕大曆八年九月晉州男子郇模哭於東市請進三十字上召見館之禁中貶左巡使殿中侍御史楊護以其抑郇模而不上聞也

〔趙璘因話錄〕權寶子範爲殿中侍御史知巡有小吏從市求取者事發笞臀十數他日復有如此者白於臺長杖背十五同列疑其罪同罰異權對曰前吏所取者名屬左軍臺之威令不振久矣百司尙有不稟奉者況憑禁軍之勢耶彼受賄於此輩且是知抑豪強可以末減後吏則挾臺之威恐嚇百姓杖背全命猶爲至輕

〔胡三省資治通鑑註〕程大昌雍錄曰長安四郭之內縱橫皆十坊大率當爲百坊亦有一面不啻十坊者故六典曰一百一十坊也坊皆有垣有門隨晝夜鼓聲以行啓閉巡使掌左右街百坊之內謹啓閉儆巡者也宋白曰廣德二年九月命御史中丞兼戶部侍郎王延昌充左巡使御史中

丞源休充右巡使辛亥源休充都左右巡使元和八年薛存誠奏得兩巡御史狀以承平舊例兩街本屬臺司其所由每月衙集動靜申報如所報差繆舉劾悉在臺中

〔通典〕赤縣尉置六員

〔因話錄〕萬年縣捕賊官李鎔

〔冊府元龜〕萬年長安兩縣捕賊官領其徒受羅立言指使

謹案唐以御史知左右巡即今巡城御史所自始據因話錄載柳公權爲京兆尹於街中杖殺神策軍小將憲宗詰其何不奏公權曰臣合決不合奏上曰合何人奏對曰在街中本街使金吾將軍奏若在坊內左右巡使奏云云是當時都城各分地界以兩街屬金吾街使而左右巡使但主諸坊之內然考胡三省通鑑註所云則兩街亦臺司所並屬矣至唐以殿中監察知左右巡廣德中至以中丞爲之則其職益重而所轄官吏不見於史文案唐萬年長安二尉稱爲捕賊官各領邏卒卽如

今兵馬司之捕役疑亦當統屬於兩巡使也

五季無考

宋

〔宋史職官志〕咸平四年以御史二人充左右巡使分糾不如法者文官右巡主之武官左巡主之分其職掌糾其違失○開封府左右軍巡使判官各二人分掌京城爭鬬及推鞫之事左右廂公事幹當官四人掌檢覆推問凡鬬訟事輕者聽論決○臨安府城外內分南北左右廂各置廂官以聽民之訟訴許奏辟京朝官親民資序人充後以臣僚言罷城內兩廂官惟城外置焉又分使臣十一員以緝捕在城盜賊

謹案宋志軍巡判官分掌京城爭鬬及推鞫之事據魏泰東軒筆錄載有孫良孺爲軍巡判官押辟囚棄市一事則軍巡判官又有監刑之事與今大決之事五城司坊官畢至例同

〔李燾續資治通鑑長編〕大中祥符元年置京新城外八廂眞宗以都門

之外居民頗多舊例惟赤縣尉主其事至是特置廂吏命京府統之天禧五年增置九廂熙寧三年五月詔以京朝官曾歷通判知縣者四人分治京城四廂凡民有鬬訟事輕者得以決遣

〔文獻通考〕熙寧三年以京朝官分治開封府四廂其先差使臣並罷九月詔許留後使臣一員分左右廂管勾十一月臣僚言逐廂一月之內斷決事件不多欲止令京朝官二員分領二廂決斷所舊來四廂使仍舊存留以備諸般差使元祐四年知開封謝景温請於新城內外左右置二廂通爲四廂四年罷紹聖元年復置紹與中臨安府先依開封例於城外南北廂置主管公事近又於城內左右廂添置官二員分減在城詞訟其後以臣僚言將在城左右廂廢罷其廂官二員移往城南北廂

謹案宋眞宗以赤縣尉不足彈壓始特置廂吏是宋之四廂使卽前代六部尉之職正如今之五城兵馬司也

遼

（遼史百官志）五京警巡院職名某京警巡使某京警巡副使

（王圻續文獻通考）遼五京各置警巡院官曰警巡使東京別置軍巡院官曰東京軍巡使中京別置巡邏司官曰中京巡邏使與宗重熙十三年又置契丹警巡院

謹案遼於京城置警巡院軍巡院蓋本沿唐末節鎮牙職之稱而所掌實即唐左右巡之事歷代職名沿革至此而漸變其舊矣

金

（金史百官志）諸京警巡院使一員正六品掌平理獄訟警察別部總判院事副一員從七品掌警巡之事判官二員正九品掌檢稽失籤判院事

○武衛軍都指揮使司都指揮使從三品大定十九年以武衛軍六十人兵馬一員副都二員其職低故設使品正四承安三年陞副都指揮使二員副都一員判官一員掌防衛都城警捕盜賊

謹案金之警巡使副悉循遼制當如今之五城而武衛軍則本隸兵部

當如今巡捕五營之比然其官初設有兵馬一員則兵馬司之名實自此始今故並著於表焉

〔元好問中州集〕張德直召補省掾選授右警巡使李天翼遷右警巡使李獻甫兼右警巡使

謹案金史百官志警巡使無左右之名惟使副各一員而張德直李天翼等皆嘗爲右警巡使疑卽警巡院副之別名也

元

〔元史百官志〕大都路兵馬都指揮使司凡二掌京城盜賊姦僞鞫捕之事都指揮使二員副指揮使五員知事一員提控案牘一員吏十四人至元九年改千戶所爲兵馬司隸大都路凡刑名則隸宗正且爲宗正之屬二十九年置都指揮使等官其後因之一置司於北城一置司於南城司獄司凡三司獄一員獄丞一員一置大都路一置北城兵馬司皇慶元年分置一司於南城○左右警巡二院達嚕噶齊解見吏部篇各一員使各一員

副使判官各三員典史各三員司吏各二十五人至元六年置領民事及供需大都警巡院品職分置如左右院達嚕噶齊一員使一員副使判官二員典史二員司吏二十人大德九年置以治都城之南○上都兵馬司指揮使三員副指揮使二員知事一員提控案牘一員司吏八人至元二十九年置警巡院達嚕噶齊一員警巡使一員副使二員判官二員司吏八人

謹案元仍金制分警巡院為三兵馬司為二以參掌都城民事及姦盜鞫捕其兵馬司本屬右選當如今之巡捕營而南城北城之名實肇昉於此時洎明初裁省警巡院併入兵馬司又增置東中西三城而指揮副指揮遂設為文職之定名矣

明

（明史百官志）監察御史巡視皇城五城

（王圻續文獻通考）明警巡改置中東西南北城兵馬指揮司初設兵馬

指揮司指揮使副指揮知事城門設兵馬洪武十年改爲指揮副指揮革知事二十三年定爲兵馬指揮司增設吏目建文中又改指揮副指揮爲兵馬副兵馬靖難後復故本司各指揮一人副指揮五人指揮掌巡捕盜賊街道溝渠囚犯火禁之事副指揮爲之貳

（明會要）正統十三年令五城巡視御史凡事有姦弊聽其依法受理送問成化四年令錦衣衞五城兵馬司禁約賭博緝捕盜賊巡城御史通行提調凡九門守門官軍及九門鈔法俱巡視北城御史管帶提督整理清到軍士北城御史同給事中兵部委官存恤盔甲廠東城御史同給事中巡視

欽定歷代職官表卷二十

珍倣宋版印

欽定歷代職官表卷二十一

通政使司表

	通政使
三代	周太僕下大夫
秦	公車司馬令
漢	公車司馬令
後漢	公車司馬令
三國	公車司馬令
晉	公車令
宋齊梁陳	公車令 公車司馬令
北魏	監曹奏事令 登聞令
北齊	公車署令
後周	
隋	謁者臺大夫
唐	知四方館事 通事舍人 判四方館事 知匭使 獻納使 理匭使
五季	判四方館事 知匭使
宋	知通進銀臺司 提轄諸道進奏院 理檢使 判登聞鼓院 判登聞檢院
遼	知登聞鼓使 知匭使
金	知登聞鼓院 知登聞檢院
元	
明	通政使司通政使

副使	參議	經歷
周小臣上士	周御僕下士	
公車司馬丞		
公車司馬丞	公車司馬尉	
	通事謁者	
監進奏院官勾當鼓司		
左通進右通進		
同知登聞鼓院事同知登聞檢院事		
通政使司左通政通政使司右通政	通政使司左參議通政使司右參議	通政使司經歷司經歷

知事	筆帖式	登聞鼓廳筆帖式
銀臺司知事	銀臺司令史 銀臺司書令史	
		登聞鼓院知法 登聞檢院知法
通政使司知事		

通政使司

國朝官制

通政使司通政使滿洲漢人各一人（滿洲初係二品順治十五年改爲三品康熙六年復爲二品九年定滿洲漢人俱爲正三品）副使滿洲漢人各一人（滿洲初係三品順治十六年改爲四品康熙六年復爲三品九年定滿洲漢人俱爲正四品）參議滿洲漢人各一人（滿洲初係四品順治十六年定滿洲漢人俱爲正五品）

掌受天下章奏校閱送閣稽其程限而按其違失有不如式者劾論之順治元年初設通政使滿洲漢人各一人左通政滿洲漢人各一人右通政漢人二人左參議滿洲漢人各二人右參議漢人二人康熙三十八年省漢人右參議一人五十二年省漢人左參議一人乾隆十年省漢人右通政一人十三年省右通政員額改左通政爲通政副使又省參議滿洲漢人各一人並去左右銜

經歷滿洲漢人各一人（正七品）知事滿洲漢人各一人（初制四品後定爲正七品）

掌出納文移承受案牘經歷初稱司務後改爲經歷知事初置滿洲二人

漢軍一人後省漢軍員缺乾隆十七年改滿洲知事二人爲滿洲漢人各一人

筆帖式滿洲六人漢軍二人

初制滿洲八人漢軍二人後省滿洲二人（職事具吏部篇）

登聞鼓廳筆帖式滿洲漢軍各一人

凡軍民實有寃抑所司不受理擊登聞鼓陳訴者由司覈實奏聞下所司昭雪誣控越訴者論如法初順治元年設登聞鼓于都察院門日以御史一人監之十三年移置長安右門外以給事中或御史一人更替管理康熙六十一年始以其事併入通政使司置筆帖式以掌之

歷代建置

三代

〈周禮夏官〉大僕下大夫二人掌諸侯之復逆（鄭司農云復謂奏事也逆謂受下奏）小臣上士四人掌三公及孤卿之復逆（賈公彥曰諸侯是賓客其復逆太僕尊官掌之三公孤卿是臣在朝廷故小臣掌之）

也

御僕下士十有二人掌羣吏之逆及庶民之復鄭康成曰羣吏府史以下

謹案周官復逆太僕與小臣御僕實分之周太僕與今太僕寺之職不同說詳太僕寺篇蓋以僕臣之朝夕王所者使之出入傳達以防壅蔽與今中外臣僚劄子由奏事處呈遞者其制實相脗合然當時入告之體尙無所區分則大僕掌諸侯之復逆與今通政司受督撫章疏者職掌亦爲相近今故著之於表至唐虞納言出入王命爲後世尙書之職當如今之內閣及軍機處舊說以通政使司當之非也

秦

（宋書百官志）秦有公車司馬令

（史記秦始皇本紀）制曰可（裴駰集解）羣臣有所奏請尙書令奏之下有司曰制

謹案秦代上書之制史文不詳裴駰此解特據漢法以證之然尙書令實自秦始置以宦者爲之始皇本紀又稱百官奏事如故宦者輒從車

中可其奏云云當郎尚書令主章報之職蓋在廷諸臣有所奏請得由
尚書通進也至公車司馬令漢志不詳惟見於沈約宋書考資治通鑑
載二世三年章邯使長史司馬欣請事至咸陽留司馬門三日趙高不
見云云是當時郡縣及軍中言事者皆當詣司馬門而公車司馬令主
受天下章奏並如漢制矣

漢

（漢書百官公卿表）衛尉屬官有公車司馬令丞（顏師古注）漢官儀曰
公車司馬掌殿司馬門天下上事及闕下凡所徵召皆總領之令秩六百
石
（三輔黃圖）漢未央長樂甘泉宮四面皆有公車主受章疏之處○司馬門凡言
司馬者宮垣之內兵衛所在司馬主武事故謂宮之外門爲司馬門按漢
官衛令諸出入殿門公車司馬門者皆下不如令罰金四兩王莽改公車
司馬門曰王路四門分命諫大夫四人受章疏以通下情百官表衛尉屬

官有公車司馬令丞漢官儀云公車司馬掌殿司馬門夜徼宮中天下上事及闕下凡所徵召皆總領之令秩六百石

〔程大昌雍錄〕師古曰未央殿雖南嚮而上書奏事謁見之徒皆詣北闕公車司馬亦在此焉是似以北闕為正門矣而又有東闕至于西南兩面無門闕矣關中記曰未央東有蒼龍北有玄武闕元武闕即北闕已又有閶闔門止車門有門無闕也至廟記則曰未央有白虎闕屬車闕按漢書蒼龍玄武既為東北闕名則夫白虎也者當為西闕矣不知所記孰真也

禁中省中漢書章邯使長史請事留司馬門三日師古曰凡言司馬門者宮垣之內兵衞所在四面皆有司馬司馬主武事故總謂宮之外門為司馬門又初元五年令從官給事宮司馬中者得為大父母父母兄弟通籍應劭曰司馬中者宮內門也司馬主武兵禁之意也師古曰司馬門者宮之外門也衞尉有八屯衞侯司馬主衞士徼巡宿衞每面各二司馬故謂宮之外門為司馬門每面二司馬是四面八司馬也又張釋之為公車令

太子與梁王共車入朝不下司馬門釋之追上劾奏之如淳曰宮衛令諸衛出入殿門公車司馬門者皆下不如令罰金四兩成帝永始四年未央宮東司馬門災案此卽是宮門四面皆有司馬門自司馬門內則爲禁中孝元之后父名禁避諱改禁中爲省中禁者有所禁止也省者察也漢制官於禁中者皆有二尺竹籍記人之年名字物色垂之宮門案省相應乃得入也初元之制凡從官給事官司馬門中得爲親屬通籍則夫禁中之門立籍以行案省者正以防禁省察爲義也

（漢書東方朔傳）待詔公車顏師古注公車令上書者所詣也

（司馬光資治通鑑）有男子自謂衛太子公車以聞

（胡三省注）公車主受章奏

（後漢書百官志）公車司馬令一人六百石掌宮南闕門凡吏民上章四方貢獻及徵詣公車者丞尉各一人

（蔡邕獨斷）凡羣臣上書于天子有四名一曰章二曰奏三曰表四曰駁

議章者稱稽首上書謝恩陳事詣闕通者也奏者京師官但言稽首下言稽首以聞其中所請若罪法案劾公府送御史臺公卿校尉送謁者臺也表者上言臣某言下言臣某誠惶誠恐頓首頓首死罪死罪文多用編兩行文少以五行詣尚書通者也凡章表皆啓封其言密事得皁囊盛其有疑事公卿百官會議其獨執異意者曰駮議

謹案漢代上書之制據獨斷所言惟章以詣闕通進當爲公車令所受而奏以上御史謁者二臺表以上尚書皆徑送臺省似通達奏牘本非一處然參考史傳及兩漢所遺金石刻文則當時上事實無不由尚書者史記三王世家大司馬臣去病昧死再拜上疏皇帝陛下御史臣光守尚書令奏未央宮制曰下御史六年三月乙亥御史臣光守尚書令丞非（索隱曰奏狀有尚書令官位而史闕其名丞非者或尚書左右丞非其名也）下御史書到又洪适隸釋載後漢史晨祠孔廟碑前云建寧二年三月己酉魯相臣晨長史臣謙頓首死罪上尚書末云臣晨誠惶誠恐頓首頓首死罪死罪上尚書副

言太傅太尉司徒司空大司農府（樊毅復華下民租碑與此同）又無極山碑前云光和四年某月壬子太常臣耽丞敏頓首上尚書末云臣耽愚戇頓首頓首上尚書制曰可太常承書從事十七日丁丑尚書令忠奏雒陽宮光和四年八月辛酉朔十七日丁丑尚書令忠下云云二書所載皆當日文疏格式可知內外章奏每事必經尚書傳達御史雖稱受公卿奏事而三王世家所列乃與尚書令聯銜則亦仍以尚書爲主其謁者奏事惟見於漢書魏相傳所引明堂月令之文（相奏明堂月令曰大謁者臣章受詔長樂宮曰令羣臣議天子所服相國臣何御史大夫臣昌謹與將軍臣陵等議云云大謁者臣章奏制曰可）疑本漢初舊制其後謁者職司儐贊則所受者但當爲公卿朝賀請謝之事而宅無預焉故漢之尚書奏下衆事其職實如今之內閣及奏事處也惟是尚書地居禁近非外僚所得出入而公車令總領天下上事當必先受之以送尚書如今本章送閣之比則公車令正如今之通政使司而所謂副言三公府者乃如今之揭帖耳

又案漢章奏之式有二其一不加函封如今之中外題本後漢書李雲傳露布上書章懷太子李賢注露布謂不封之卽獨斷所謂章表皆啓封者是也其一實封進御如今之摺子蓋始自宣帝令吏民得奏封事其後相承言密事者皆得封上蔡邕傳以皁囊封上實武傳武奏收曹節長樂五官史朱瑀盜發武奏是也又邊郡兵事警急則有奔命書由驛馳送如今之軍報考丙吉傳稱馭吏嘗出適見驛騎持赤白囊邊郡發奔命書馳來至馭吏因隨驛騎至公車刺取知匈奴入雲中代郡云云是驛上之書亦由公車進納足知公車司馬令實上書者之總匯矣

三國

(三國魏志管寧列傳)元年十一月被公車司馬令所下州郡八月甲申

詔書徵臣

謹案曹魏亦承漢制章奏由尚書通進曹爽傳稱爽白天子轉宣王爲太傅欲令尙書奏事先來由己得制其輕重又稱爽得宣王奏事不宣

廹窘不知所爲侍中許允説爽早自歸罪乃通宣王奏事是其明證也

至公車令惟見于管寧傳當亦在司馬門主受章奏之官而徵召詔書

並由其行下則又兼司出納之事矣

晉

〔晉書職官志〕衞尉統公車令

〔晉書齊王冏列傳〕冏率衆入洛頓軍通章署

謹案晉制初以通事舍人掌呈奏案而南史王韶之傳稱晉帝自孝武以來常居內殿武官主書于中通呈則後又改用武人然此皆居中呈進之職其在外受章奏者史不詳爲何官以歷代通制考之當亦屬之公車令也至齊王冏傳所云通章署疑即通章表之地故有此名而規制已不可考今附見于此以備參核焉

宋齊梁陳

〔宋書百官志〕公車令一人掌受章奏隸侍中 本秦漢公車司馬令晉江左以來直言公車令

〔南齊書百官志〕公車令一人屬起部亦屬領軍

〔隋書百官志〕梁衞尉卿統公車司馬令陳承梁皆循其制官

〔南史顏師伯列傳〕師伯子舉周旋寒人張奇爲公車令上以奇資品不當使兼市買丞以蔡道惠代之

謹案劉宋公車令隸侍中後世以通進銀臺司屬門下省者權輿蓋本於此至宋孝武以公車令資品失序至親爲擇人除授當亦因其有通呈章奏之責故特重其選耳

北魏

〔魏書楊津列傳〕轉振威將軍領監曹奏事令

〔魏書崔挺列傳〕挺爲中書侍郎轉登聞令

謹案魏世奏事令登聞令二職俱不載於官氏志僅列傳中一見之循名核實奏事令當主受章奏蓋卽前代公車令之職登聞令當掌達冤訴則如今之登聞鼓廳也

北齊

（隋書百官志）後齊衞尉寺領公車署令掌尙書所不理有枉屈經判奏聞

謹案北齊公車令專令奏聞枉屈則所司僅如後世之監登聞鼓院逮隋而益爲宂職無復秦漢受納章疏之任矣

後周無考

隋

（隋書百官志）煬帝置謁者臺大夫一人通事謁者二十人尋詔門下內史御史司隸謁者五司監受表以爲恆式不復專謁者矣

謹案南北朝中外章疏居中通呈者大抵屬之中書門下省而在外受事之職則其制不詳至隋而以門下內史御史司隸謁者五官同主受表則所掌益紛意當時必各有應行承受之事分析立制觀隋書紀傳所載有於朝堂上表者陸知命傳詣朝堂上表請使高麗有于建國門上表者煬帝紀奉信郎

國門上表諫崔民象于建並非一地殆亦以所主者之不同耳至張虔威傳稱虔威爲謁者大夫淮南太守楊綝與十餘人同見帝問虔威首立者爲誰虔威下殿審視而答帝曰卿爲謁者不識參見人何也對曰臣非不識但慮不審所以不敢輕對據此則凡朝參引對皆謁者司之正如今之奏事處又不但傳達章奏已也

唐

〔唐六典〕唐朝廢謁者臺改謁者爲通事舍人隸四方館屬中書省掌朝見引納凡四方通表皆受而進之

謹案唐通事舍人據六典掌朝見引納則兼今奏事處之職凡近臣入侍文武就列則引以進退而告其拜起出入之節則兼今鴻臚寺之職華夷納貢受而進之則兼今四譯館之職惟四方通表受而進之則今通政使之職也

〔晏殊類要〕舊儀四方館于通事舍人中以宿長一人總知館事謂之館

主凡四方貢納及章表皆受而進之唐自中世以後始以他官判四方館事

(胡三省資治通鑑注)唐制凡四方章表皆閤門受而進之

(資治通鑑)唐懿宗咸通十三年五月國子司業韋殷裕詣閤門告郭淑妃弟敬述陰事上大怒杖殺殷裕閤門使田獻銛奪紫改橋陵使以其受殷裕狀故也

謹案唐代四方館及閤門俱得受四方章表而不詳其異同之制考唐自中世以後京僚上奏大抵在閤門投進如韓愈集沂國公先廟碑稱詣東上閤門拜疏辭謝元微之集論西川討賊等表呂溫集進農書表文苑英華載于卲論潘炎表俱云詣東上閤門拜表以聞其閤門使則以宦者爲之當屬内諸司使之一蓋唐諸帝常御大明宮而東上閤門西上閤門在宣政殿左右次西曰延英門宣政之北曰紫宸門其右光順門其内紫宸殿殿東曰左銀臺門西曰右銀臺門當時奏事自閤門

以外亦有詣延英門者（舊唐書代宗紀廣德二年自三月一日廢朝至于晦日百僚詣延英門通名起居）亦有詣光順門者（韓愈論權停選舉狀詣光順門奉狀以聞）而右銀臺門亦有客省以處上書言事者（見舊唐書德宗紀）據通鑑于頔上表請罷閤門以無印引不受是必諸司門籍內引各有定所故分地承受而以閤門總領之蓋如今之奏事處至四方館所受章表則惟主在外之節鎮州郡以至藩國朝貢而京官不與焉蓋如今之通政使司也又案裴庭裕東觀奏記載李玨左遷下邳令丁母憂免喪諸侯羔雁四府齊至門皆不就牛僧孺爲武昌節度使奏章先達銀臺授殿中侍御史掌書記而劉肅大唐新語亦稱李輔國栖止帷幄宣傳詔命常于銀臺門決事蓋唐之銀臺門在紫宸殿左右迫近玄武門密邇內禁門外又有客省以處上書言事之人疑閤門所受章奏由此通進者爲多故文人紀事每舉此以爲詞而宋遂採其名以爲官號也

〔唐六典〕知匭使掌申天下之冤滯以達萬人之情狀立匭之制一房四

面各以方色東曰延恩懷材抱器希于聞達者投之南曰招諫匡正補過

裨于政理者投之西曰申寃懷寃負屈無辜受刑者投之北曰通元獻賦

作頌諭以大道及涉于元象者投之初置有四門其制稍大難于往來後

遂小其制度同爲一匭依方色辨之其匭出以辰前入以未後

〔舊唐書職官志〕知匭使天后置匭以達寃滯其制一房四面各以方色

東曰延恩西曰申寃南曰招諫北曰通元所以申天下之寃滯達萬人之

情狀蓋古進善旌誹謗木之意也天寶九年改匭爲獻納乾元元年復名

曰匭垂拱已來常以諫議大夫及補闕拾遺一人充使受納訴狀每日暮

進內而晨出之也

〔新唐書百官志〕武后垂拱四年鑄銅匭四塗以方色列于朝堂青匭曰

延恩在東告養人勸農之事者投之丹匭曰招諫在南論時政得失者投

之白匭曰伸寃在西陳抑屈者投之黑匭曰通元在北告天文祕謀者投

之以諫議大夫補闕拾遺一人充使知匭事御史中丞侍御史一人爲理

匭使其後同爲一匭天寶九載玄宗以匭聲近鬼改理匭使爲獻納使乾元元年復舊寶應元年命中書門下擇正直清白一人知匭以給事中中書舍人爲理匭使建中二年以御史中丞爲理匭使諫議大夫一人爲知匭使投匭者使先驗副本開成三年知匭使李中敏以爲非所以廣聰明而慮幽枉也乃奏罷驗副封

謹案唐創置匭函列於朝堂設官掌之以達寃滯蓋卽今登聞鼓廳所自始然考文苑英華載李邕妻溫氏爲夫請罪表有云匭使朝堂潛皆守捉號天訴地誰肯爲聞則是當時雖有此制抱寃者仍多爲權勢遏抑不能自通而新唐書宦官傳載李涉投匭言吐突承璀等寃狀致爲知匭使孔戣詰責不受則胥人反得借此以行私於立法之意殊爲乖剌至册府元龜載河南參軍鄭銑朱陽丞郭仙舟投匭獻詩而楊譚進孝鳥頌杜甫進西嶽賦亦皆投延恩匭則其後幷爲文人媒衒之地益非達情納諫之本指矣

〔劉肅大唐新語〕大理寺直王景初與刑部郎中唐枝議讞不平景初坐貶潭州司戶參軍制下景初撾登聞鼓稱寃再貶昭州司戶制曰不遵嚴譴輒冒登聞以懲不恭也

〔雍錄〕登聞鼓肺石唐六典大明宮有含元殿有兩閣左曰翔鸞右曰棲鳳兩閣下皆爲朝堂東朝堂置肺石西朝堂置登聞鼓太極宮之太極殿其朝堂亦皆夾殿而左右對出故鼓石皆在殿旁朝堂之內也卽六典所敘謂大明悉同承天之制者也沈括筆談曰唐長安故宮闕前有唐肺石尙在其制如佛寺所擊響石甚大可長八九尺形如垂肺卽秋官大司寇以肺石達窮民者也原其義乃伸寃者擊之如今撾登聞鼓也括之此言必有所本然朝堂不在殿門之外此石何由外出豈其唐亡宮殿已廢或欲移而宅之緣重而棄乃在闕外耶因其言而知肺石形象亦略有補然恐沈未得確也唐之有登聞鼓自高宗始會要曰時有抱屈人齎鼓于朝堂訴事乃命東西廊朝堂皆置鼓則不獨太極大明兩宮有之雖東洛朝

堂亦有也按通典刑法門載隋文帝制曰四方寃訟州縣及省不爲治者聽撾登聞鼓有司錄狀以聞然則晉隋閒已嘗置鼓矣會要謂抱屈人齎鼓詣堂當是唐人知隋世已自有鼓許之訴事故齎鼓自詣也然則朝堂置鼓已在唐前矣沈獨以鼓例石是但知登聞院有鼓而不知西洛朝堂已自有石也六典于刑部又曰寃滯不達聽撾登聞鼓又惸獨老幼不能自伸者乃立肺石之下立石者左監門衞奏聞撾鼓者右監門衞奏聞然則鼓可撾矣而肺不可擊也但見人立石旁卽知其有寃欲直也垂拱元年勑朝堂登聞鼓及肺石不須防守其有撾鼓立石者令御史受狀爲奏則與沈語又復乖異也沈以意料而六典會要自載其時制法其可疑可信固有閒矣

五季

（馬端臨文獻通考）石晉有爲卿監專掌判四方館者

謹案五季制度草略而判四方館一官尙沿唐舊當亦兼掌四方章表

及外藩朝貢之事今故互見于此別詳禮部會同四譯館篇

（五代史蕭希甫列傳）明宗召希甫爲諫議大夫復置匭函以希甫爲使希甫建言自兵亂相乘侵淩欺奪何可勝紀匭函一出投訴必多乃自天成元年四月以前大辟已上皆赦除之然後出匭函以示衆

宋

（宋史職官志）通進司隸給事中掌受三省樞密院六曹寺監百司奏牘文武近臣表疏及章奏房所領天下章奏案牘具事目進呈而頒布於中外進奏院隸給事中掌受詔勅及三省樞密院宣劄六曹寺監百司符牒頒於諸路凡章奏至則具事目上門下省若案牘及申稟文書則分納諸官司凡奏牘違戾法式者貼說以進熙寧四年詔應朝廷擢用才能賞功罰罪事可懲勸者中書檢正樞密院檢詳官月以事狀錄付院謄報天下元祐初罷之紹聖元年詔如熙寧舊條靖康元年詔諸道監司帥守文字應邊防機密急切事許進奏院直赴通進司投進舊制通進銀臺司知司

官二人兩制以上充

〔永樂大典〕宋會要通進司在垂拱殿門內掌受銀臺司所領天下章奏案牘閤門京百司文武近臣表疏進御復頒布之內侍二人領之又有樞密院令史四人銀臺司掌受天下奏狀案牘鈔寫條目進御發付糺其違失樞密院知事二人書令史八人貼房十一人掌之太宗淳化四年八月二十一日詔銀臺司承受奏狀批鑿事宜發付中書樞密院三司外仍逐日具所承領奏都數一本進內所發逐處奏狀係急速事限五日常事限半月仍令逐處行遣訖旋具事宜關報銀臺司點檢勾鑿有稽滯者依條舉奏其年閏十月詔中書樞密院三司各置急慢公事板簿急事限次月六日慢事限次月十六日送銀臺司重行點檢自是止令據板簿檢勘更不關報

〔江少虞事實類苑〕銀臺司兼門下封駁乃給事中之職當隸門下省故事乃隸樞密院下寺監皆用劄子寺監具申雖三司亦言上銀臺主判不

以官品初冬獨賜翠毛錦袍學士以上自從本品行案用樞密院雜司人吏主判食樞密廚蓋樞密院子司也

〔文獻通考〕唐藩鎮皆置邸京師以大將主之謂之上都留後大曆十二年改爲上都知進奏院官宋緣舊制皆本州鎮補人爲進奏官逐州就京師各置進奏院太平興國六年簡知後官得李楚等百五十人並充進奏官命供奉官張文璨提轄諸道進奏院監官以京朝官及三班使臣充掌受詔勅及諸司符牒辨其州府軍監以頒下之并受天下章奏案牘狀牒以奏御及分授諸司中興以來隸門下後省給事中點檢訖乾道九年依舊隸後省合傳報事領後省錄付報行

〔王闢之澠水燕談錄〕國初州郡自置邸吏散在都下外州將吏不樂久居京師又符移行下率多稽遲或漏下機事太平興國初起居郎何保樞奏置鈐轄諸道都進奏院以革其弊人給銅朱印一紐

〔魏泰東軒筆錄〕慶曆中蘇舜欽提舉進奏院至秋賽承例賣拆封紙以

充

謹案宋初置通進銀臺司以兩制以上二人充其任於是承受章疏始有專曹今通政司之稱銀臺其源蓋本于此然當時令其檢察稽滯則兼有今內閣稽察房六科注銷事件之職不獨通呈奏牘也至進奏院本出於漢之郡國置邸京師朱買臣傳買臣常從會稽守邸者寄居飯食則已設官主之蓋即所謂邸吏在唐爲進奏院主諸道邸務各領以大將亦稱邸官而唐季藩鎮跋扈邸官皆得入見天子新唐書宦官傳左右軍及十道邸官兪譚等詣思玄門請對至五季而進奏官恣橫益甚五代史盧文紀傳文紀爲御史中丞初上事百官臺參吏白諸道進奏官賀文紀問當如何吏曰朝廷在長安時進奏官見大夫中丞如胥史自唐衰天子微弱諸侯強盛貢奉不至朝廷姑息方鎮假借邸吏大夫中丞上事進奏官至客次通名勞以茶酒而不相見相傳爲故事文紀曰吾雖德薄敢隳舊制進奏官不得已入見文紀據牀端笏臺吏通名贊拜既出恚怒不自勝相率詣閤門以狀訴明宗問宰相趙鳳進奏吏比外何官鳳曰州縣發遞知後之流也明宗怒曰乃吏卒爾安得慢吾法官皆杖而遣之宋太宗始以京朝官充監官爲六院官之一

國朝定制各省設在京提塘官隸于兵部以本省武進士及候補候選守

備爲之由督撫遴選送部充補三年而代凡疏章郵遞至者提塘官恭

送通政司通政使副使參議校閱封送內閣五日後以隨疏齎到之牒

應致各部院者授提塘官分投若有

賜於其省之大吏亦提塘官受而齎致之

諭旨及奏疏下閣者許提塘官謄錄事目傳示四方謂之邸鈔蓋即如唐宋之進奏院而法制詳愼其奉職倍爲謹凜矣

（宋史職官志）登聞檢院隸諫議大夫登聞鼓院隸司諫正言掌受文武官及士民章奏表疏凡言朝政得失公私利害軍期機密陳乞恩賞理雪冤濫及奇方異術改換文資改正過名無例通進者先經鼓院進狀或爲所抑則詣檢院並置局於闕門之前

（王栐燕翼貽謀錄）唐有理匭使五代以來無聞太宗皇帝淳化三年五月辛亥詔置理檢使以錢若水領之其後改曰登聞院又置鼓於禁門外以達下情名曰鼓司眞宗景德四年五月戊申詔改鼓司爲登聞鼓院登

聞院爲檢院應上書人並詣鼓院如本院不行則詣檢院以朝官判之判

院之名始於此

謹案宋祁集張詠行狀稱詠於景德三年已判登聞檢院與此歲月互

差未詳孰是

〔謝維新合璧事類〕登聞鼓院國朝曰鼓司以內臣掌之鼓在宣德門南

街北廊至道三年命太子中舍王濟勾當鼓司用朝臣勾當自此始景德

四年詔改爲登聞鼓院建炎三年隸檢院登聞檢院雍熙七年改匭爲檢

景德四年改爲登聞檢院命樞密直學士張詠判仍差內品監門不得關

預公事掌文武官及士民章奏表疏皆受以通達凡進狀者先鼓院若爲

所抑則詣檢院外有理檢使今不置始於淳化三年置理檢使於朝元門

之西北廊以知制誥錢若水領之復唐制也至道三年廢天聖七年上因

讀唐史見匭函達下民寃枉之事乃謂左右曰天下九州之大豈無寃枉

之人若至京師檢院鼓院理雪者必是州縣吏提點刑獄轉運使不能理

雪又若不爲申理則赤子無告矣乃置匭函仍專命御史中丞爲理檢使

謹案宋世臣僚閤門封奏由通進司納入者例有定格其不能在閤門上章者則別置登聞鼓院登聞檢院以受之非若前世之祗達寃訴也至內官轉對及外官過闕入對者亦得面進奏疏對御宣讀又不在通進登聞所受之數李燾長編載仁宗天聖七年六月命資政殿學士晏殊等看詳轉對章疏及登聞檢院所上封事類次其可行者以聞據此則其所陳必關係時政得失若諸司公事取旨則固專在閤門矣

遼

（遼史百官志）門下省通進司有左通進右通進登聞鼓院有登聞鼓使匭院有知匭使

金

（金史百官志）登聞鼓院知登聞鼓院從五品同知登聞鼓院事正六品掌奏進告御史臺登聞檢院理斷不當事承安二年以諫官兼知法二員

從八品各一員女直漢人登聞檢院知登聞檢院從五品同知登聞檢院正六品掌奏御進告尚書省御史臺理斷不當事知法從八品各一員女直漢人

元

謹案金元二代通章奏者史無其官惟元之中書省置有直省舍人三十三員史稱其掌奏事給使差遣之役似當主呈奏之職然其官僅中書掾屬則所奏者乃中書衆事未必中外章疏悉由之以通達也今故不著于表

明

（明史百官志）通政使司通政使一人正三品左右通政各一人謄黃右通政一人正四品左右參議各一人正五品其屬經歷司經歷一人正七品知事一人正八品通政使掌受內外章奏敷奏封駁之事凡四方陳情建言申訴寃滯或告不法等事於底簿內謄寫訴告緣由齎狀奏聞凡天下臣民實封入遞卽于公廳啓事節寫副本然後奏聞卽五軍六部都察院等衙門有

事關機密重大者其入奏仍用本司印信凡諸司公文勘合辨驗允當編號注寫公文用日照之記勘合用驗正之記關防之凡在外之題本奏本在京之奏本並受之于早朝彙而進之有徑自封進者則參駁午朝則引奏臣民之言事者有機密則不時入奏有違誤則籍而彙請凡鈔發照駁諸司公移及勘合訟牒勾提件數給繇人員月終類奏歲終通奏凡議大政大獄及會推文武大臣必參預初洪武三年置察言司設司令二人掌受四方章奏尋罷十年置通政使司以曾秉正爲通政使劉仁爲左通政諭之曰政猶水也欲其常通故以通政名官卿其審命令以正百司達幽隱以通庶務當執奏者勿忌避當駁正者勿阿隨當敷陳者勿隱蔽當引見者勿留難十二年撥承敕監給事中殿廷儀禮司九關通事使隸焉建文中改司爲寺通政使爲通政卿通政參議爲少卿寺丞增置左右補闕左右拾遺各一人成祖復舊制成化二年置提督謄黃右通政不理司事錄武官黃衛所襲替之故以徵選事萬曆九年革

〔陸容菽園雜記〕通政司所以出納王命爲朝廷之喉舌宣達下情廣朝廷之聰明于政體關繫甚重也洪武永樂間實封皆自御前開拆故奸臣有事卽露無倖免者自天順間有投匿名書言朝廷事者于是始有關防然其時但拘留進本人在官候旨旨出卽縱之未嘗窺見其所奏事也後不知始于何年乃有拆封類進及副本備照之說一有訐奏左右內臣及勳戚大臣者本未進而機已洩被奏者往往經營倖免原奏者多以虛言受禍祖宗關防奸黨通達下情之意至是無復存矣

〔孫承澤春明夢餘錄〕登聞鼓院在西長安門小廳三間東向傍一小樓懸鼓俾寃民擊之每日科道官各一員錦衣衛官一員輪司其事民有寃抑有司不爲審理具狀通政司又不爲轉奏審實列其狀以聞

謹案周官復逆之職以太僕小臣御僕三官分任厥事誠以職親地近凡事皆可旋至立達故姦蔽無自而生秦漢始置公車司馬令主受章表而奏事乃悉由尚書漢書魏相傳稱故事諸上書者皆爲二封署其

一曰副領尚書者先發副封所言不善屏去不奏故霍山等得藉以行其私意自宣帝從相所白令羣臣得奏封事不關尚書而權姦始克敗露蓋職太專而權太重其流弊有已見于漢時者明太祖創置通政使司以承受本章列于九卿職守較前代爲益隆然委寄過重凡四方章疏必先由司啓視而後奏聞甚至事關機密重大亦必用本司印記乃得入奏若徑自封奏則參駁隨之是以通政一官竟爲朝廷喉舌之總匯其後紀綱廢弛爲通政者多出政府親暱往往視其意指爲之遏抑讜言其或白簡所彈則陰洩事機俾得營求苟免遲速高下百弊叢生明史姦臣傳稱嚴嵩念己過惡多得私人在通政劾疏至可預爲計故以趙文華任之即其顯證營私蠹政實有視漢之副封而尤甚者我

國家達聰明目規制周詳凡臣工封事皆許詣

宮門由奏事處恭遞直達

御前其向來題本奏本概併爲題本在內各部院則徑送內閣在外督撫等

則通政使司校閱送閣條格益昭簡備

皇上躬親

批答

聽覽日勤銀臺閤門無不凜遵定制恪守官常諸弊肅清洵爲超軼萬古矣

欽定歷代職官表卷二十一

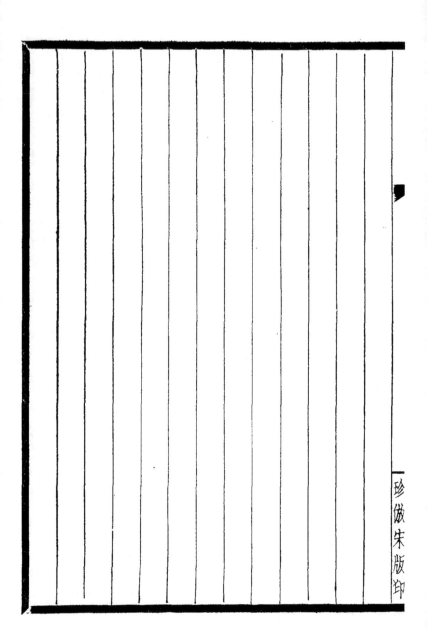

欽定歷代職官表卷二十二

大理寺表

	大理寺卿
三代	夏大理
秦	廷尉
漢	廷尉大理
後漢	廷尉
三國	魏大理廷尉吳大理廷尉
晉	廷尉
宋齊梁陳	廷尉廷尉卿
北魏	廷尉卿
北齊	大理寺卿
後周	
隋	大理寺卿
唐	大理寺卿
五季	大理寺卿
宋	大理寺卿
遼	提點大理寺大理卿
金	大理寺卿
元	
明	大理寺卿

少卿	左右寺丞	左右評事
	獄正	
	廷尉正 廷尉監	
	廷尉正 廷尉右監	廷尉評
	廷尉正 廷尉左監	廷尉左評
	魏廷尉正 廷尉監 吳廷尉監	魏廷尉評
	廷尉正 廷尉監 廷尉丞	廷尉評
	廷尉丞 廷尉正 廷尉監	廷尉評
廷尉少卿	廷尉監 廷尉丞	廷尉評
大理寺少卿	大理寺正 大理寺監	大理寺評
大理寺少卿	大理寺正 大理寺丞 大理寺勾檢官	大理寺評事
大理寺少卿	大理正 大理丞	大理寺評事
大理寺少卿	大理寺法直官	
大理寺少卿	大理寺正 大理寺斷刑寺丞 大理寺治獄寺丞	大理評事
大理少卿	大理正	
大理寺少卿	大理正 大理丞	大理評事
大理寺少卿	大理寺左右寺正 大理寺左右寺副	大理寺左右評事

司務	筆帖式
	廷尉奏曹掾 廷尉史
廷尉主簿	廷尉明法掾
	大理寺明法掾
	明法
大理寺主簿 大理寺錄事	大理寺史 大理寺司直史 大理寺評事史
大理寺主簿	
	大理寺知法 大理寺明法

大理寺

國朝官制

大理寺卿滿洲漢人各一人滿洲初係二品順治十六年改爲三品康熙六年復爲二品九年定滿洲漢人俱爲正三品少

卿滿洲漢人各一人滿洲初係三品順治十六年改爲四品康熙六年復爲三品九年定滿洲漢人俱爲正四品

掌平反重辟以貳邦刑與刑部都察院爲三法司凡直省案件寺受其牘下左右寺官準律定讞卿受其中竢刑部筋正旣孚致辭於寺迺參覈焉議合者弊之不合者反之凡刑部重辟因以左右寺司讞者暨御史會刑司察其辭辨其死刑之罪而要之致辭於卿迺詣刑部暨都御史會聽之各麗其法以議獄議合者弊之不合者覆之必盡合乃會疏以上異則另爲一議具奏凡有應議大政大獄與六部都察院通政使司稱九卿會議焉卿順治元年置額少卿初置滿洲一人漢人二人乾隆十三年省漢人

少卿一人

左寺丞滿洲漢軍漢人各一人滿洲漢軍初係四品順治十六年改爲六品康熙六年改爲五品九年定滿洲漢軍漢人俱爲

正六品左評事漢人一人正七品右寺丞滿洲漢軍漢人各一人右評事漢人一人

堂評事滿洲一人

分掌

京師五城順天府屬直省府州縣衞死罪之刑

國初置左右寺正左右寺副左右評事等員後復改左右寺正爲左右寺丞

康熙三十八年省左寺副尋並省右寺副又有漢軍堂評事一人亦康熙

三十八年省

司務廳司務滿洲漢人各一人

掌收發文移承受案牘順治元年置額

筆帖式滿洲四人漢軍二人

俱順治元年定額康熙中增置滿洲筆帖式二人尋又省職事見吏部篇

歷代建置

三代

〔禮記月令〕命理瞻傷察創視折審斷決獄訟必端平〔鄭康成注〕理治獄官也有虞氏曰士夏曰大理周曰大司寇

謹案康成月令注云有虞氏曰士夏曰大理故尚書臯陶作士孔傳以爲理官蔡邕獨斷唐虞曰士官齊職儀大理古官也唐虞以臯陶作士後漢崔駰大理箴云邈矣臯陶翊唐作士是唐虞以前名士也但攷春秋元命苞曰堯爲天子得臯陶爲大理淮南子主術訓文子原道篇並云臯陶瘖而爲大理史記臯陶爲大理平民各伏得其實北史序傳庭堅爲大理唐宗室表臯陶爲堯大理然則有虞以前似已有大理之名不始於夏矣豈諸書皆以後代之名名唐虞官乎古者刑獄之職通稱爲理故國語晉語云生子輿爲理韓詩外傳晉文公使李離爲理說苑楚令尹子文之族干法廷理拘之新序石奢爲理呂氏春秋齊宏章爲大理管子五行篇后土辨乎北方故使爲李注云李獄官也李理通韓子外儲說管子曰夷吾不如絃商請立以爲大理是唐虞三代爲刑官者

雖有士及司寇之異名要皆可以理概之也迨秦漢之世猶然故皆以廷尉大理當周司寇之職自隋唐準六典定制秋官所掌始全歸之刑部而大理仍並建不廢與御史臺稱爲三司於是官號乃各有定名判而爲二矣今以周官司寇之屬及歷代尙書諸曹繫諸刑部篇內其理官沿革則具載於此庶源委可以考見云

〔禮記王制〕成獄辭史以獄成告於正正聽之〔鄭康成注〕正於周鄉師之屬今漢有正平丞秦所置〔孔穎達疏〕此王制多是殷法秦則放殷制之

謹案漢志無廷尉丞康成王制註謂漢廷尉有丞與漢志不合考玉海卷百二十三引王制此註丞作承則承字屬下謂亦承秦之制耳

秦

〔冊府元龜〕秦制廷尉掌刑辟秩二千石

〔顏師古前漢書註〕應劭曰聽訟必質諸朝廷與衆共之兵獄同制故曰廷尉師古曰廷平也治獄貴平故以爲號

〔太平御覽〕韋昭辨釋名曰凡掌賊及司察之官皆曰尉尉罰也言以罪罰姦非也

〔杜佑通典〕秦置廷尉正廷尉監

漢

〔漢書百官公卿表〕廷尉秦官掌刑辟有正左右監秩皆千石景帝中六年更名大理武帝建元四年復爲廷尉宣帝地節三年初置左右平秩皆六百石哀帝元壽二年復爲大理

〔漢書刑法志〕宣帝卽位詔曰吏用法巧文寖深決獄不當使有罪與邪不辜受戮朕甚傷之今遣廷史與郡鞫獄任輕祿薄其置廷平秩六百石員四人務平之以稱朕意

〔漢書宣帝紀〕初置廷尉平四人秩六百石諫議大夫鄭昌上疏言今明主躬垂明聽惟不置廷尉平獄將自正若開後嗣不若刪定律令律令一定愚民知其所避畏姦吏無所弄權柄今不正其本而齊其末世衰毀則

廷尉平持權而爲亂首矣

（漢書黃霸列傳）帝聞霸持法平召以爲廷尉正

（後漢書何敞列傳）敞六世祖比干武帝時爲廷尉正與張湯同時

謹案太平御覽引三輔決錄注謂何比干當武帝時公孫弘舉爲廷尉右平不知廷平宣帝始置武帝時尚無此官其誤顯然張湯傳上意所便引正監掾史賢者議張湯但言正監則其時無平可知又杜佑通典引何比干事誤以比干爲何敞之字遂稱敞與張湯爭治獄尤爲紕繆也

（漢書丙吉列傳）吉爲魯獄史積功勞稍遷至廷尉右監

（章懷太子李賢後漢書注）漢官曰廷尉員吏百四十人其十一人四科十二人二百石廷吏文學十六人百石十二人獄史二十七人佐二十六人騎史三十人假佐一人官醫

（漢書兒寬列傳）寬補廷尉文學卒史時張湯爲廷尉廷尉府盡用文史

法律之吏寬以儒生在其閒見謂不習事不署曹除爲從史會廷尉時有疑奏已再見卻使寬爲奏卽時得可湯以寬爲奏讞掾以古法義決疑獄〔漢書張湯列傳〕湯決大獄欲傅古義乃請博士弟子治尚書春秋補廷尉史平亭疑法奏讞疑

〔漢書路溫舒列傳〕廷尉光請溫舒署奏曹掾守廷尉史

〔揚雄廷尉箴〕天降五刑惟夏之績亂兹平人不回不辟昔在蚩尤爰作淫刑延於苗民夏氏不寧穆王耄荒甫侯伊謀厥後陵遲上帝不孤周輕其制秦繁其辜五刑紛紛靡遏靡止寇賊滿山刑者半市昔在唐虞象刑天民是全紂作炮烙墜人于淵故有國者無云何謂是刖是劓無云何害惟虐惟殺人其莫泰殷以刑顚秦以酷敗獄臣司理敢告執謁

謹案廷尉在西漢亦稱大理故百官表二名互見又號爲理官禮志謂叔孫通所撰禮儀與律令同錄藏於理官是也當日尚書雖有三公曹主斷獄而廷尉專掌邦刑實卽司寇之任然考之於史則御史中丞司

隸校尉亦各有治獄奏讞之責不盡在廷尉如薛宣傳宣子況遮斫由咸中丞奏當棄市廷尉以爲當完爲城旦公卿皆是廷尉此則廷尉與中丞兩議以上也蓋寬饒傳寬饒爲司隸校尉劾奏衆多廷尉處其法半用半不用此則司隸所奏由廷尉覆治也陳湯傳丞相御史奏湯惑衆不道廷尉增壽議湯不可謂惑衆非所宜言大不敬制曰廷尉當是此則兩府所治廷尉亦得駮奏也蓋廷尉與中丞司隸頗似今之三法司而丞相御史奏當者則如今之大學士九卿會議耳

〔後漢書百官志〕廷尉卿一人中二千石掌平獄奏當所應凡郡國讞疑罪皆取當以報正左監各一人左平一人六百石掌平決詔獄

〔崔駰大理箴〕邈矣臯陶翊唐作士設爲犴陛九州允理如石之平如淵之清三槐九棘以賢以德罪人斯殛凶族斯迸熙乂帝載旁施作明昔在仲尼哀矜聖人子罕理刑衞人釋艱釋之具忠勳亮孝文于公哀寡定國廣門敻哉邈矣舊訓不遵主慢臣驕虐用其民賞以崇欲刑以歸忿紂作

炮烙周人滅殷商用淫刑湯誓其軍衞鞅酷烈卒殞於秦不疑知害禍不及身嗟茲大理慎於爾官賞不可不思斷不可不虔或有忠能被害或有孝而見殘吳沈伍胥殷剖比干莫遂爾情是截是刑無遂爾志以速以亟天鑒在顏無細不錄福善禍惡其效甚速理臣司律敢告執獄

（通典）後漢光武省右平唯置左平省右監惟有左監一人

（馬端臨文獻通考）後漢廷尉皆以世家爲之而郭氏尤盛郭躬爲廷尉躬家世掌法務在寬平建安中復爲大理

謹案建安復改廷尉爲大理而後漢志不載者蓋其時曹操已爲魏王擅自更革本非漢廷之意也又考後漢書張晧傳稱晧拜廷尉留心刑斷數與尚書辨正疑獄多以詳當見從當時尚書未建六曹而議獄之事已多歸之臺閣是後世刑部與大理分職其原已肇於東漢矣

三國

（冊府元龜）魏初改廷尉爲大理黃初元年復以大理爲廷尉

（三國魏志司馬芝列傳）芝遷大理正芝之子岐從河南丞轉廷尉正遷陳留相遂超爲廷尉

（三國魏志鮑勛列傳）勛收付廷尉廷尉法議正刑五歲三官駮依律罰金二斤帝大怒收三官以下付刺姦

（孫逢吉職官分紀）魏廷尉三官通視蘭臺治書舊爲尚書郎下遷謹案自漢而後以正監平爲廷尉三官而如鮑勛傳所言則廷尉所處當者三官又將爲駮議是三官雖屬廷尉實各舉其職不必盡相咨稟矣

（宋書百官志）廷尉律博士一人魏武初建魏國置

（三國吳志顧雍列傳）雍累遷大理奉常

（三國吳志三嗣主傳）孫亮太平二年會稽南部反廷尉丁密討之

（三國吳志胡綜列傳）青州人隱蕃歸吳用爲廷尉監廷尉郝普九與之親善

謹案吳志大理廷尉其文互見考經傳多有官同而名異者非必由于前後易名也如昭十四年傳士景伯如楚叔魚攝理杜預注士景伯晉理官晉語云士景伯如楚叔魚爲贊理孔晁云景伯晉理官是同一官旣以士名又以理名也又韓詩外傳晉文公使李離爲大理過聽殺人自拘于廷尉是廷尉大理一事互見其不由於前後更易明矣季漢以後大理一官稱名錯出卽此類也

晉

〔晉書職官志〕廷尉主刑法獄訟屬官有正監平并有律博士員

謹案華陽國志晉何攀除滎陽令進廷尉評有盜開城門下關者法據大辟攀駮之曰上關執信之主下關儲備之物設有開上關何以加刑遂減死多所議讞然則廷評主平反之職自漢以後爲尤重

〔唐六典〕大理寺晉置丞主簿明法掾

〔通典〕晉武咸寧中曹志上表請廷尉置丞

謹案晉置丞爲廷尉屬歷代並同至明始以大理寺丞升居卿少之次國初尚沿其制設寺丞漢人一人秩正五品爲堂上官康熙三十八年省其後改左右寺正爲寺丞秩正六品於是復爲屬官矣

宋齊梁陳

（宋書百官志）廷尉一人丞一人掌刑辟廷尉正一人廷尉監一人廷尉評一人廷尉律博士一人

（南齊書百官志）廷尉府置丞一人正一人監一人評一人律博士一人

（孔稚珪上新定法律表）臣以疏短謬司大理陛下發自聖衷憂矜刑網御延奉訓遠照民瘼臣謹仰述天官伏奏雲陛所奏繆允者宜寫律上國學置律助教依五經例國子生有欲讀者策試上過高第卽便擢用使處法職以勸士流

（冊府元龜）梁初曰大理天監元年復爲廷尉廷尉視祕書監丞視皇子行佐正視正王佐正監平三人比舊選少重服獬豸冠絳幘阜衣銅印墨

綬又置建康縣獄三官視給事中以尚書郎爲之冠服同廷尉三官元會廷尉三官與建康三官皆法冠皁衣朝服以監東西中華門手執方木長三尺方一寸謂之執方器又置律博士視員外郎

（徐堅初學記）梁如卿字曰廷尉卿後並因之

（唐六典）宋齊皆爲廷尉梁爲秋卿班第十三陳因之

（鄭樵通志）丞梁陳置一人

謹案南史裴子野傳子野兼廷尉正時三官通署獄子野嘗不在同僚輒署其名奏有不允子野從坐免職是梁陳以前治獄者皆得各自下議至梁而始令通署卽今聯銜畫稿之判所自昉也

北魏

（冊府元龜）後魏孝文帝太和中廷尉卿品第二上少卿品第三上正監評丞品第五二十三年復次職令廷尉品第三少卿品第四正監評品第六丞品第七永安二年復置司直十人視五品上不署曹事覆治御史檢

劾事

〔唐六典〕永安二年御史中尉高穆奏置司直十人隸廷尉位在正監上

〔職官分紀〕後魏職令廷尉少卿第四品上第二清用思理平斷明刑識法者

謹案魏書韋閬傳稱天水姜儉父昭自平憲司直出爲兗州安東長史官氏志無平憲司直之名其爲廷尉屬官與否已不可考謹附識於此

北齊

〔隋書百官志〕後齊大理寺掌決正刑獄正監評各一人律博士四人明法掾二十四人檻車督二人掾十人司直明法各十人

〔文獻通考〕北齊曰大理寺置卿少卿各一人

〔通典〕晉荀勖曰九寺可併於尚書後魏亦有三府九寺則九卿稱寺久矣然通異名不連官號其官寺連稱自北齊始也

謹案秦漢凡府庭所在皆謂之寺說文曰寺廷也有法度者也風俗通

曰寺者嗣也理事之吏嗣續於其中也唐書楊收傳漢制總羣官而聽曰省分務而專治曰寺其解不一然要爲官舍之通稱故漢時雖有九寺大卿之目而所謂寺者實不止九卿諸官府皆得稱之如後漢書安帝紀皇太后幸雒陽寺此雒陽縣治所也漢書何並傳並爲長陵令侍中王林卿令騎奴至寺門剝其建鼓此長陵縣治所也後漢書張湛傳告歸平陵望寺門而步此平陵縣治所也又元帝紀初元二年地震敗豲道縣城郭官寺馬援傳歸守寺舍此類甚多蓋猶今之言衙署耳自北齊以官寺連稱遂與省臺府衞等俱爲分職之名至今沿爲永制焉

後周

謹案杜佑通典以後周刑部中大夫入之大理卿沿革蓋因周世未有六曹定制故仍以當古理官然刑部稱名所自實原於此未可相混今故繫諸刑部篇不列於此表焉

隋

（隋書百官志）高祖受命置大理寺卿少卿各一人不統署又有正監評各一人司直十人律博士八人明法二十人開皇三年罷大理寺監評及律博士員加置正爲四人煬帝卽位大理寺丞改爲勾檢官增正員爲六人分判獄事置司直十六人降爲從六品後加至二十人又置評事四十八人掌頗同司直

（隋書盧思道列傳）思道爲散騎侍郎於時議置六卿將除大理思道上奏曰省有駕部寺留太僕省有刑部寺除大理斯則重畜產而賤刑名誠爲未可上嘉納之

（通典）隋初與北齊同至煬帝加置少卿二人

謹案自隋定六部之制始設刑部以擬秋官而大理以盧思道言並建不廢歷代因之其與都察院爲三法司則又沿唐之制也（說詳刑部篇）至廷尉在漢卽爲刑獄總滙然當時守令權重得自論決如王尊行美陽令事取不孝子縣磔著樹使騎吏張弓射殺之嚴延年爲涿郡太守遣掾

趙繡按高氏繡心懼爲兩劾延年卽收送獄夜入晨將至市論殺之張敞爲京兆尹以掾絮舜不肯爲敞竟事收繫獄冬月未盡數日案事吏晝夜驗治舜竟致其死事弃舜市（事皆見各本傳）皆以頃刻定獄並不上請待報迨後漢而請讞之制稍嚴然觀襄楷傳稱永平舊典諸當重論皆須冬獄先請後刑頃數十歲以來州郡翫習又欲避請讞之煩輒託疾病多死牢獄云云則亦不必盡上於廷尉自隋文帝開皇十二年制天下死罪諸州不得便決皆令大理覆治（見隋書本紀）嗣後刑辟奏當乃無不由省寺核覆者矣

唐

〈唐六典〉大理寺卿一人從三品少卿二人從四品上大理卿之職掌邦國折獄詳刑之事以五聽察其情以三慮盡其理少卿爲之貳凡諸司百官所送犯徒刑已上九品以上犯除免官當庶人犯流死以上者詳而質之以上刑部仍於中書門下詳覆（其杖刑以下則決之）若禁因有推決未盡留繫未

結者五日一慮若淹延久繫不被推詰或其狀可知而推證未盡或訟一人數事及被訟人有數事重事實而輕事未決者咸慮而決之凡中外官吏有犯經斷奏訖而猶稱冤者則審詳其狀凡吏曹補署法官則與刑部尚書侍郎議其人可否然後注擬

〔新唐書百官志〕大理正二人從五品下掌議獄正科條凡丞斷罪不當則以法正之五品以上論者涖決巡幸則留總持寺事丞六人從六品上掌分判寺事正刑之輕重徒以上囚則呼與家屬告罪問其服否主簿二人從七品上掌印省署鈔目句檢稽失司直六人從六品上評事八人從八品下掌出使推案錄事二人史五十六人司直史十二人評事史二十四人

〔李涪刊誤〕近代惟大理得言棘卿下寺則否九卿皆樹棘木大理則於棘下訊鞫其罪所謂大司寇聽刑於棘木之下

〔通典〕龍朔二年改大理爲詳刑咸亨元年復舊光宅元年改爲司刑神

龍元年復舊

〔唐會要〕大理少卿本一員永徽六員加一員丞本八員天冊三年省兩員評事貞觀十二年置十員掌出使推事元和十五年減二員

謹案唐制有大獄則以刑部御史臺大理寺長官爲三司使其以御史刑部郎大理司直評事等官任之者謂之小三司使郎令三法司之權輿玉泉子李克勤爲大理卿昭宗在華州時鄭縣令崔鑾有民告舉放絁絹價刺史韓建令計以爲贓奏下三司定罪御史臺刑部奏罪當絞大理寺數月不奏此大三司使相持之證也東觀奏記大理寺直王景初與刑部郎中唐枝議讞不平景初坐貶潭州司戶參軍制下景初撾登聞鼓稱冤再貶昭州司戶制曰不尊嚴譴輒冒登聞以懲不恭此小三司使相持之證也然考冊府元龜載文宗時治宇文鼎獄以大理少卿裴充刑部郎中張諷侍御史盧宏正同推鞫又治楊憑獄以大理少卿胡珦左司員外郎胡証侍御史韋顗同推鞫是大理少卿可充小三

司使而左司員外亦非刑曹本職殆以擇人而任故不同常制歟

五季

（太平御覽）後唐書曰長興二年八月勑令後大理寺官員宜同臺省官例外進其法直官比禮直官任使

（職官分紀）五代職官志後唐同光元年諸寺各置大卿一員

宋

（宋史職官志）大理寺舊置判寺一人兼少卿事一人凡獄訟之事隨官司決劾本寺不復聽訊但掌斷天下奏獄送審刑院詳訖同署以上於朝詳斷官八人以京官充國初大理正丞評事皆有定員分掌斷獄其復擇他官明法令者若常參官則兼正未常參則兼丞謂之詳斷官舊六人後加至十一人又去兼正丞之名咸平二年始定置法直官二人以幕府州縣官充改京官則爲檢法官元豐官制行置卿一人少卿二人正二人推丞四人斷丞六人司直六人評事十有二人主簿二人卿掌折獄詳刑鞫讞之事凡職務分左右天下奏劾命官將校及大辟囚以下以疑請讞者隸左斷刑則

司直評事詳斷丞議之正審之若在京百司事當推治或特旨委勘及係官之物應追究者隸右治獄則丞專推鞫蓋少卿分領其事而卿總焉凡刑獄應審議者上刑部被旨推鞫及情犯重者卿同所隸官請對奏裁若獄空或斷絶則御史按實以聞分案十有一置吏六十有九

〔文獻通考〕宋大理寺以朝官一員或二員判寺事一員兼少卿事建隆二年以工部尚書竇儀判寺事熙寧九年神宗謂國初廢大理獄非是以問孫洙洙對合旨於是下詔以京師官寺凡有獄皆繫開封府司錄司及左右軍巡三院囚逮猥多難於隔訊又暑多瘐死因緣留滯動涉歲時稽參故事宜屬理官可復置大理獄天下奏案刑部審刑院詳斷置卿一少卿二丞四始命崔台符知卿事蹇周輔楊汲爲少卿各舉丞及檢法官凡官屬依御史臺例謁有禁官制行左斷刑右治獄各五案元祐間因鮮于侁所請廢大理獄後復建炎三年併省寺監而大理如故省卿而斷刑治獄少卿各一員寺正神宗復置大理獄後置寺正寺丞國初爲寄祿官視

後來宣教郎神宗正官名置獄丞四員命卿少舉官元豐五年命莫君陳等九人爲大理寺丞始自朝廷差官也舊制斷刑寺丞六員建炎三年減三員治獄寺丞減二員司直元豐時命程嗣先等四人爲之建炎元年詔斷刑司直兼治獄司直其治獄司直罷評事國初爲京官寄祿視後來承事郎元豐正官名命張仲穎等十二人爲評事隆興二年詔評事以八員爲額以雷霆號令星斗文章爲號

（王巖叟請罷試中斷案人入寺疏）臣伏覩祖宗時審刑大理長官及其僚屬皆擇天下君子長者道物情知義理者以爲之後專尚刑名法術之學而慘刻之吏多在此選也試以斷案巧則巧矣然不足以得正人而足以得校吏委理卿獨舉專則專矣然不足以任至公而足以得偏見臣愚伏乞檢會舊大理舉官法及祖宗置審刑院大理相持並行之初意今後罷試斷案人則釋之之徒將自爲陛下用稍復刑措之治天下幸甚

（章俊卿山堂考索）大理左右各五案左廳斷刑曰詳刑詳讞宣黄分簿

奏表右廳治獄曰左推右推寺案知雜檢法

（謝維新合璧事類）元豐五年刑部奏乞分評事司直與正爲斷司丞長貳爲議司凡斷案先上正看詳當否論難改正然後過議司覆議

謹案今大理之分左右寺其制始於宋時然宋以左寺斷刑右寺治獄今則推鞫悉主之刑部大理不司治獄故左右寺官分署京城及各省大辟奏案皆斷刑之事也至唐代刑名皆經大理審斷自杖以下得專決其徒刑以上則送刑部而質正焉故唐時刑部奏獄多有據大理寺申云云之文是其法先寺而後部明代三法司會審初審刑部都察院爲主覆審大理寺爲主則其法又先部而後寺各有不同惟宋世大理斷天下奏獄送審刑院詳訖同署以上於朝則今三法司會題之例所由昉矣

遼

（遼史百官志）大理寺有提點大理寺有大理正聖宗統和十二年置

（遼史劉伸列傳）伸登進士第歷大理正因奏獄上適與近臣語不顧伸進曰臣聞自古帝王必重民命願陛下省臣之奏上大驚遷大理少卿人以不冤陞大理卿改西京副留守加諫議大夫提點大理寺

（遼史耶律儼列傳）太康初改少府少監知大理正賜紫六年遷大理少卿奏讞詳平明年陞大理卿大安二年同知宣徽院事提點大理寺

謹案遼代以伊勒希巴（解見刑部篇）主刑法而大理之職亦獨重其選故劉伸耶律儼等皆以平允見稱其提點大理寺則如今之大臣兼管部務也

金

（金史百官志）大理寺天德二年置自少卿至評事漢人通設六員女直契丹各四員卿正四品少卿從五品正正六品丞從六品掌審斷天下奏案詳讞疑獄司直四員正七品掌參議疑獄披詳法狀（舊有契丹司直一員明昌二年罷）評事三員正八品掌同司直（明昌二年省契丹評事二員大安二年省漢人一員）知法十一員從八

品（女直司五員漢人司六員）掌檢斷刑名事明法二員從八品與定二年置同流外四
年罷之

元

（元史百官志）都護府秩從二品掌領舊州城及輝和爾（部名也原作畏吾兒今改正）
之居漢地者有詞訟則聽之大都護四員同知二員副都護二員至元二
十年改大理寺二十二年復爲大都護
謹案元代惟有刑部不置三法司故無大理寺官其都護府乃主輝和
爾與漢人交涉詞訟正如今理事同知所掌蓋偶襲大理以爲名非古
來廷平之職也

明

（明史職官志）大理寺卿一人（正三品）左右少卿各一人（正四品）左右寺丞各
一人（正五品）其屬司務廳司務二人（從九品）左右二寺各寺正一人（正六品）寺副
二人（從六品後革右寺副一人）評事四人（正七品初設右評事八人後革四人）卿掌審讞平反刑獄之政

令少卿寺丞贊之左右寺分理京畿十二布政司刑名之事凡刑部都察院五軍斷事官所推問獄訟皆移案牘引囚徒詣寺詳讞左右寺寺正各隨其所轄而覆審之初吳元年置大理寺卿秩正三品洪武元年革三年置磨勘司凡諸司刑名錢糧有冤濫隱匿者稽其功過以聞尋亦革洪武三年置磨勘司設司令司丞七年增設司令一人司丞五人首令官五人分爲四科十年革十四年復置磨勘司設司令一人左右司丞各一人左右司副各一人二十年復罷十四年復置大理寺改卿秩正五品左右少卿從五品左右寺丞正六品其屬左右寺正各一人寺副各二人左評事四人右評事八人又置審刑司共平庶獄凡大理寺所理之刑審刑司復詳議之審刑司設左右審刑各一人正六品詳議各三人正七品十七年改建刑部都察院大理寺審刑司五軍斷事官署於太平門外名其所曰貫城十九年罷審刑司二十二年復卿秩正三品少卿二人正四品丞三人正五品其左右寺官如故二十九年又罷盡移案牘於後湖建文初復置改左右寺爲司寺正爲都評事司務爲都典簿司務洪武二十六年置成祖初仍置大理寺其左右寺設官復如洪武時又因左右二寺評事多寡不等

所治事亦繁簡不均以二寺評事均分左右各六人如刑部都察院十二司道各帶管直隸地方審錄永樂二年仍復舊後定都北京又改分寺屬弘治元年裁減右評事四人萬曆九年更定左右寺分理天下刑獄浙江福建山東廣東四川貴州六司道左司理之江西陝西河南山西湖廣廣西雲南七司道右寺理之以能案律出入罪者爲稱職司務典出納文移

謹案明代定三法司之制以刑部受天下刑名都察院糾察大理寺駁正凡刑部重囚皆送大理覆訊大理擬覆平允而後定案故當時重其選每以他官領之如楊守隨以工部尚書掌大理寺是也見明史本傳自孝宗以後大理乃止閱案卷囚徒俱不到寺而每歲審錄猶於大理寺行之然刑名之柄實爲廠衛侵奪法司不能持平甚者爲之扶同傅會而內官得與大審至踞坐大理寺中堂奔走列卿出入高下聽其意指刑罰之失中至明季而其弊尤甚我

朝慎重邦刑凡大辟案皆令三法司同署直省請讞奉

旨下法司核擬者刑部具牘送都察院大理寺於十日内審允還部會疏
奏聞其刑部繫囚則必三法司會審明確而後蔽罪具
奏既有刑部閱其實又有都察院大理寺覈其孚而
大聖人欽恤深仁猶必反覆研求折衷
指示務使庶獄咸歸平允好生之德洽於民心洵遠軼虞廷盛軌矣

欽定歷代職官表卷二十二

欽定歷代職官表卷二十三

翰林院表

	掌院學士
三代	周 內史中大夫
秦	
漢	
後漢	
三國	蜀 東觀令 魏 崇文觀祭酒 吳 東觀令
晉	大著作
宋齊梁陳	東觀祭酒 大著作
北魏	領著作
北齊	大著作 判文林館事
後周	內史中大夫
隋	
唐	翰林學士承旨 翰林學士
五季	翰林學士承旨 翰林學士 奉旨翰林學士
宋	翰林學士承旨 翰林學士
遼	北面都林牙 北面林牙承旨 翰林學士承旨 翰林學士 翰林都林牙
金	翰林學士承旨 翰林學士
元	翰林國史院承旨 翰林國史院學士
明	翰林院學士

侍讀學士	侍講學士	侍讀
周外史上士	周外史上士	周外史中士
文學中大夫郎中	文學中大夫郎中	
魏著作郎吳左國史	魏著作郎吳右國史	魏著作佐郎
著作郎	著作郎	佐著作郎
著作郎撰史學士士林學士直省學士	著作郎撰史學士士林學士直省學士	著作佐郎
著作郎	著作郎	著作佐郎侍讀
著作郎文林館學士	著作郎文林館學士	著作佐郎
外史下大夫麟趾殿學士	外史下大夫麟趾殿學士	著作上士
著作郎	著作郎	著作佐郎
集賢侍讀學士著作郎	集賢侍講學士著作郎	侍讀著作佐郎
		著作佐郎
翰林侍讀學士著作郎	翰林侍講學士著作郎	侍讀著作佐郎
左林牙	右林牙	
翰林侍讀學士	翰林侍講學士	
翰林國史院侍讀學士	翰林國史院侍講學士	
翰林院侍讀學士	翰林院侍講學士	翰林院侍讀

侍講	修撰	編修
周外史中士	周外史下士	周外史下士
侍講		
魏著作佐郎 吳侍講		
佐著作郎		
著作佐郎		
著作佐郎 侍講		
著作佐郎		
著作上士	著作中士	著作中士
著作佐郎		
著作佐郎	史館修撰	
侍講 著作佐郎	史館修撰	
侍講 著作佐郎	史館修撰 實錄院修撰 集賢殿修撰	史館編修
	史館修撰	
	翰林修撰	國史院編修官
	翰林國史院修撰	翰林國史院編修官
翰林院侍講	修撰	編修

檢討	庶常館教習	庶吉士
周外史下士		
著作中士		
檢討官		
史館檢討		
檢討	教習學士教習吏禮二部侍郎	翰林院庶吉士

典簿	孔目	待詔
		學士院待詔
	翰林孔目	翰林待詔
翰林國史院典籍		
翰林院典籍	翰林院孔目	翰林院待詔

筆帖式

著作令史

著作令史

著作令史

著作令史

著作令史

著作令史

翰林國史院史譯史蒙古筆目齊

翰林院

國朝官制

翰林院掌院學士兼禮部侍郎滿洲漢人各一人初制正五品以兼禮部侍郎銜爲正三品後與內閣學士俱升爲從二品侍讀學士滿洲漢人各三人初制從五品雍正三年定爲從四品侍講學士同侍講學士滿洲漢人各三人

掌

國史圖籍制誥文章之事凡

南書房侍直

尚書房教讀自讀講學士以下咸得預選祭告

郊

廟神祇則擬上祝文恭上

徽號

冊立

冊封則擬上
冊文寶文內外文武官碑文祭文皆撰詞以
進而行之修輯諸書則以掌院學士充總裁官讀講學士以下充纂修官其直
省考官及提督學政磨勘鄉會試卷凡翰林官皆預焉
國初設文館於
盛京天聰十年改建內三院順治元年設翰林院置漢人掌院學士一人侍
讀學士侍講學士各一人二年省併內三院十五年復設如元年制增置
滿洲掌院學士一人漢人侍讀侍講學士各二人十八年仍省入內三院
康熙九年始定設翰林院增置滿洲侍讀侍講學士各三人二十八年五
月以大學士徐元文兼管翰林院掌院學士事始用重臣兼領自乾隆元
年以來皆以大學士及尚書侍郎
特簡兼攝以重其任其學士員額不別加除授凡滿洲讀講學士侍讀侍講等
缺用各部應陞科目出身之郎中等官一人庶吉士出身之翰林官一人

分班遞補漢人則皆由編修檢討序陞焉

侍讀滿洲漢人各三人初制正六品雍正三年定爲從五品侍講同侍講滿洲漢人各三人修撰編修檢討無定員修撰從六品編修正七品檢討從七品

掌撰述編輯儤直

經幄順治元年置漢人侍讀侍講各二人十五年各增置一人康熙九年增置滿洲侍讀侍講各三人修撰以授第一甲第一名進士編修以授第一甲第二第三名及第二甲進士檢討以授三甲進士皆以庶吉士散館者充之其試博學鴻詞科入式及奉

特旨改館職者亦間得除授不爲定額

庶常館教習大臣滿洲漢人各一人小教習翰林官六人庶吉士無定員

凡每科

殿試傳臚後集諸進士於

保和殿試以論詔奏議詩賦錄其佳者進

御掌院學士乃以諸進士引

見蒙

擢者改爲庶吉士入館分清漢書肄業不任以事吏部疏請

簡用大臣二人掌教習事月考其學業而成就之以侍讀侍講以下學優品端

者分司訓課比三年期滿教習大臣疏請散館試以詩賦

上親定甲乙越日引

見留館者授職餘以主事知縣用有差

國初教習多以內院學士爲之侍讀等亦間有預者自康熙九年後皆以掌

院學士領其事而內閣學士時參用焉六十一年辛丑科始以工部尚書

陳元龍領教習事嗣後尚書侍郎之不兼院事者均得爲之皆由

特簡無常制小教習始置於康熙三十三年雍正八年停罷乾隆十年復置如

庚戌以前定例皆教習大臣會同掌院學士掄選

奏充焉

典簿廳典簿滿洲漢人各一人從八品孔目滿洲漢人各一人從九品待詔廳待詔滿洲漢人各一人從九品

典簿掌出納文移孔目掌收貯圖籍待詔掌校對章疏文史順治元年置漢人典簿孔目十五年復增置滿洲漢人待詔滿洲典簿孔目

筆帖式滿洲四十人漢軍四人

初制滿洲四十八人漢軍八人康熙三十四年省滿洲八人漢軍四人職事具吏部篇

謹案翰林院不設司屬凡有陳奏及往來文牒舊例以典簿筆帖式具稿呈堂雍正元年以官輕滋弊令掌院學士於俸淺編修檢討内擇才守優長者滿洲漢人各二人充作司官名曰辦院事後復增置協辦院事二人由掌院學士掄充有闕遞補以非院官正額故不入於表謹附識於此

歷代建置

謹案翰林院爲儒臣華選前代爲是官者多視朝廷簡用而未嘗設爲定制自漢以來或在內省或在外司或爲專職或爲兼領其建置紛殊名號同異未可僕數世之綴述舊聞者以其均有文翰耑司一概徵引以爲詞林故事而詳考其實與今之翰林院固有未能一一相準者蓋嘗折衷而榷論之自古文學之任爲儒臣典領者曰制誥曰國史曰撰輯曰書籍大約不外此數端而又有侍從左右以備顧問者則並無定制綜其大概如周之左史中及漢東觀唐宋史館之類爲國史之任歷代著作爲撰輯之任漢魏以來祕書及唐宋昭文集賢之類爲書籍之任皆有省署員額爲職事官如漢之待詔金馬門諸吏文學及宋總明觀梁壽光殿陳西省北齊文林館後周麟趾殿之類則卽所謂侍從左右者皆用他官入直而未嘗置爲定職若夫翰林之名則其初專爲制誥而設蓋自周官內史掌策命外史掌外令已爲珥筆權輿漢魏以來職在尚書中書至唐特建翰林院於禁中置學士以專司內命而翰林

之官始重沿襲至今稱爲華選然唐宋所謂翰林學士者其職在於參
受密命發演絲綸乃如今軍機大臣之承淨
旨書宣而於他事固無所預故其時國史著作之官仍以文史著述各守職
司別爲一署不相統攝自明代改定官制舉歷代所爲國史著作之屬
悉廢不置獨併其所掌於翰林院於是翰林遂爲職事官雖沿用唐宋
學士院舊名其實卽歷代國史著作之任與唐宋之典內廷書詔者迥
不相同矣我
朝稽古建官斟酌盡善
國初翰林與內閣通爲內三院其後改設專署而凡
詔冊詞命之事尚多由院撰擬雖其事皆唐宋中書所行之外制與學士院
內命稍殊而典誥司存實與翰林本制相合至侍從禁近自康熙十六
年始
命侍講學士張英等入直

南書房嗣後供奉筆墨者率由詞臣掄選即
擢至卿貳亦稱
內廷翰林實爲西清專職蓋如古侍中待詔之比而
恩遇倍優謹採摭崖略與史館著作省諸官同加考覈著之於表以徵沿革
至祕書職司典籍前代以爲儒臣貼職僅屬虛名今則
冊府宏開瑯環萃美鼎建
崇閣縹帙充盈勑置官僚用專職守文治之盛亙古無儔故祕書監三館
諸官悉別繫之
文淵閣諸閣職表內以符其實而說書進講及起居郎舍諸職則又別以
經筵
日講
起居注官合爲一表次之於後俾儒官職事異同分合開卷釐然永昭
右文之盛軌焉

三代

（孔穎達春秋正義）禮記內則稱五帝有史官吳華覈曰五帝三王皆立史官

（後漢書班彪傳）唐虞三代詩書所及世有史官以司典籍

（周禮春官）內史中大夫一人下大夫二人上士四人中士八人下士十有六人府四人史八人胥四人徒四十人掌王之八枋之灋以詔王治凡命諸侯及孤卿大夫則策命之凡四方之事書內史讀之王制祿則贊為之以方出之內史掌書王命遂貳之（鄭康成注贊為之為之辭也以方出之以方版書而出之賈公彥疏王有詔敕則副寫一通藏之以待校勘也）外史上士四人中士八人下士十有六人胥二人徒二十人掌書外令掌四方之志掌三皇五帝之書掌達書名於四方若以書使於四方則書其令（鄭康成注外令王命下畿外志記也謂若魯之春秋晉之乘楚之檮杌三皇五帝之書左傳所謂三墳五典）

謹案王子年拾遺記稱黃帝置四史以主圖籍其後代有史官俾領典

冊之任今翰林院專掌文翰其源實本於此然世稱翰林官爲太史則稽之古制殊未盡然蓋周官五史雖以太史爲之長而其職專在稽天道以建典則與司記載者全不相符故漢魏以來其名專屬之日官而詞臣珥筆者未嘗沿以爲號惟內史掌策命外史掌外令及書志郎如後世制誥書籍皆爲今翰林院之一職故互見於此表焉內史又見內閣篇外史又見文淵閣職篇

秦

謹案冊府元龜稱戰國之世咸有史官秦幷天下有太史令胡毋敬之然秦之太史令自掌天文並非秉筆之任唐六典稱周末凌替史官放絕秦滅先王之典其制莫存者是也今故不著於表

漢

（漢書嚴助傳）武帝擢助爲中大夫後得朱買臣吾邱壽王司馬相如主父偃徐樂嚴安東方朔枚臯膠倉終軍嚴葱奇等並在左右助爲會稽太

守上書願奉三年計最因留侍中有奇異輒使爲文及作賦頌數十篇

（漢書東方朔傳）朔待詔公車久之使待詔金馬門稍得親近以爲常侍郎

（漢書枚乘傳）乘子皐上書自陳帝召入見待詔拜爲郎從行離宮館臨山澤弋獵上有所感輒使賦之

（漢書王褒傳）宣帝時修武帝故事講論六藝羣書召高材劉向張子僑華龍柳褒等待詔金馬門

（漢書蕭望之傳）周堪白令鄭朋待詔金馬門

謹案漢時翰林未有專官而武帝令賢良文學待詔金馬門應制奏賦卽馬端臨所謂以言語文字被顧問者蓋如今內廷翰林之職也至西漢太史令屬太常乃術數之官不司著述故司馬遷亦自稱近於卜祝之閒其所著書大抵私家撰述並無纂輯之職實與今翰林官不同故別系之欽天監篇不著於此表

〔漢書西域傳〕諸大夫郎爲文學者〔顏師古注〕爲文學謂學經書之人

〔漢書霍光傳〕諸吏文學光祿大夫臣遷太中大夫臣德等

謹案漢制諸吏爲加官所加或列侯將軍卿大夫將都尉郎中無員漢儀注謂諸吏給事中日上朝謁平尚書奏事分爲左右曹其職最稱親近諸吏文學者蓋以文學之臣選爲諸吏正如今翰林官之入直內廷者耳至當時如嚴助朱買臣爲中大夫吾邱壽王爲中郎主父偃徐樂嚴安爲郎中皆以文章經術侍從左右蓋卽西域傳所稱諸大夫郎爲文學者也

〔徐堅初學記〕東漢圖籍在東觀名儒碩學多著作東觀然皆他官假著作之名而未立著作之官

〔後漢書延篤傳〕篤以博士徵拜議郎與朱穆邊韶共著作東觀

〔後漢書盧植傳〕植徵拜議郎與諫議大夫馬日磾議郎蔡邕楊彪韓說等並在東觀續漢記

謹案後漢東觀典司著述卽今翰林之職然不置省署僚屬僅以他官兼之而已至學士之名舊說以爲始於漢之鴻都門然攷後漢書靈帝開鴻都門學召諸生之能爲尺牘詞賦及工書鳥篆者處其中故靈帝紀有光和九年始置鴻都門學生之文蓋指鴻都諸生而言非學士也

（馬端臨文獻通考）漢張酺侍講御前有號無名

（方以智通雅）漢有講郎侍講所自也章帝詔高材生雖不立學官然皆擢高第爲講郎張輔子蕃以郎侍講趙典拜議郎侍講禁內此其端矣

謹案侍講之名起於東漢范書所載如劉寬郅惲胡憲桓郁桓彬楊賜黃瓊荀悅孔融等或侍講殿中或侍講禁中或侍講華光殿不可殫數然皆以他官兼領未爲員額也

三國

（冊府元龜）蜀有王崇補東觀令

（三國蜀志許慈傳）先主定蜀鳩合典籍許慈胡潛並爲學士與孟光來

敏等典掌舊文

（三國魏志明帝本紀）青龍四年夏四月置崇文觀徵善屬文者以充之

（三國魏志王肅傳）肅領祕書監兼崇文觀祭酒

（冊府元龜）魏明帝太和中詔置著作郎一人佐郎一人並隸中書省專掌國史亦有他官兼領衞覬以侍中充著作是也其後增佐郎爲三人

（三國魏志三少帝紀）正始四年講尚書經通賜侍講者有差

（三國吳志薛瑩傳）瑩徙廣州還爲左國史（華覈傳）遷東觀令領右國史（韋曜傳）諸葛恪表曜爲太史令撰吳書孫休踐阼欲延曜侍講張布不可常領左國史

謹案蜀志始有學士之名然並非官號說見後魏吳皆有侍講亦沿後漢之制爲他官兼領惟著作郎始置於魏太和中卽今翰林之任崇文觀並掌文史而王肅爲之祭酒則又如今掌院學士之任矣

晉

（晉書職官志）晉受命武帝以繆徵爲中書著作郎元康二年詔曰著作舊屬中書而祕書既典文籍今改中書著作爲祕書著作郎於是改隸祕書省後別自置省而猶隸祕書著作郎一人謂之大著作專掌史任又置佐著作郎八人著作郎始到職必撰名臣傳一人

（文獻通考）晉著作郎進賢兩梁冠介幘絳朝服

（晉書元帝本紀）建武元年十一月置史官

謹案晉之大著作專總史任蓋如今掌院學士之職而考之晉書如張載以中書侍郎領著作張亢孫綽俱以散騎常侍領著作則亦多以他官兼領不必正除也

宋齊梁陳

（宋書百官志）著作郎一人佐郎八人掌國史

（南史宋明帝本紀）泰始六年九月立總明觀徵學士以充之置東觀祭酒訪舉各一人學士二十人分爲儒道文史陰陽五部

謹案學士之名始見於三國蜀志至劉宋又有總明觀學士之稱其後若梁士林陳西省周麟趾之類皆置學士唐宋之翰林學士其權輿蓋本於此然以史傳詳悉參覈則漢魏而後所謂學士者猶云有文學之士耳並非官號也漢書石顯傳顯恐天下學士姍己三國志秦宓傳張温問宓何人諸葛亮曰益州學士也來敏傳以耆儒學士見禮於世其所稱學士皆不過推崇學術之詞故南北朝之言學士者如南齊書竟陵王子良傳集學士抄五經百家爲四部要略梁書劉峻傳竟陵王招學士何允傳允撰新禮置學士二十人佐允撰錄魏書江式傳式求撰集古今文字并學士五人助臣披覽李修傳諸學士及工書者百餘人撰諸藥方隋書柳䛒傳引才學之士百餘人以充學士後周書蕭大圜傳開麟趾殿招集學士大圜預焉而隋百官志又稱儒林文林二郎皆上在藩以來直司學士據此則所云學士者乃指選擇才學之人以資訪問預編輯如今纂修供奉之比原不以爲分職之正名卽唐初秦王

府諸學士猶同斯例自景龍中置大學士學士直學士諸名始有員額

元宗因置翰林學士設學士院以居之於是學士始以入銜爲儒臣一

定之官秩矣

〔杜佑通典〕著作郎著作佐郎齊與晉同

〔冊府元龜〕齊太祖建元二年初置史官以散騎常侍檀超記室江淹掌

史職

〔隋書百官志〕梁置著作郎一人佐郎八人掌國史著作郎謂之大著作

梁初周捨裴子野皆以他官領之又有撰史學士亦知史書

〔南史張率傳〕率直文德待詔省俄直壽光省〔陸雲公傳〕召爲尚書儀

曹郎入直壽光省

〔通雅〕蕭梁有壽光殿學士之號殿學之名始此

〔陳書虞荔傳〕梁武帝置士林館用荔爲士林學士

〔顏之推集〕梁元帝在江陵詔直省學士王珪戴陵比校祕閣舊書

（陳書陸瓊傳）轉中庶子領大著作撰國史遷吏部尚書著作如故

（陳書高祖本紀）永定三年詔依前代置西省學士兼以伎術者預焉

（冊府元龜）自齊梁至陳著作佐郎多爲令僕子起家之選

謹案宋齊以後著作郎亦多以他官兼領南史所載如徐廣以散騎常侍何承天以率更令劉杳以步兵校尉褚球以祕書監皆領著作蓋以國史事鉅故特重其任耳又案吳曾能改齋漫錄引陶弘景傳以爲侍讀起於梁然考弘景爲齊高帝引爲諸王侍讀而梁書到洽傳亦稱洽爲太子舍人俄爲侍讀侍讀省仍置學士二人洽充其選是齊梁侍讀乃東宮及王邸之官其名雖𠩄見於此而實非今翰林侍讀之權輿也

北魏

（文獻通考）後魏有著作郎佐郎

（魏書高允傳）允爲中書侍郎以本官領著作郎（崔光傳）轉著作郎參撰國書遷中書監以黄門侍郎孫惠蔚代光領著作無所厝意於是詔光

還領著作正光二年光爲司徒著作如故韓興宗傳爲祕書郎參著作事

（魏書韓子熙傳）天平初爲侍讀與和中孝靜欲行釋奠勅子熙爲侍講

（北齊書崔㥄傳）魏天平中爲侍讀（封隆之傳）天平初魏靜帝詔爲侍講

（司馬光資治通鑑）魏著作令史閔湛

謹案侍讀與侍講並置實始於魏之天平中高承事物記原以侍讀爲始於唐明皇時者亦非也

北齊

（隋書百官志）後齊著作省郎二人佐郎八人校書郎二人

（北齊書魏收傳）轉祕書監仍兼著作郎（杜臺卿傳）歷中書黃門侍郎兼大著作修國史

（唐六典）齊有文林館學士掌著述

（隋書李德林傳）齊主留情文雅召入文林館令與黃門侍郎顏之推二

人同判文林館事

謹案顏之推傳稱齊文林館所進文章皆封署於進賢門奏之待報方出是所掌爲文章供奉之事蓋猶今之內廷翰林也

後周

（通典）後周官品正五命春官內史中大夫正四命春官外史下大夫正三命春官著作上士正二命春官著作中士

（文獻通考）後周著作上士中士掌綴國錄屬春官之外史

（唐六典）後周有麟趾殿學士掌著述

（後周書明帝本紀）常集公卿已下有文學者八十餘人於麟趾殿刊校經史

隋

（隋書百官志）著作曹置郎二人佐郎八人校書郎正字各二人煬帝即

位增著作郎階爲正五品又降爲從五品

〔唐六典〕自晉以來著作皆有令史史闕其員品

唐

〔舊唐書職官志〕著作局龍朔爲司文局著作郎二人從五品上龍朔爲司文郎中咸亨復也佐郎四人從六品上校書郎二人正九品上正字二人正九品下楷書手五人掌固四人著作郎佐郎掌修撰碑志祝文祭文與佐郎分判局事

〔通典〕唐武德初史官屬著作局至貞觀三年移史館於門下省北宰相監修自是著作局始罷史職其修撰史事以他官兼領或卑品而有才者亦直焉開元二十五年移於中書省北

〔冊府元龜〕憲宗元和四年令登朝官入史館者並爲修撰不過三員非登朝者並爲直館

謹案魏晉而後著作皆兼修起居注自後周置外史下大夫以書言動其後分爲門下省之職而著作遂專撰國錄蓋如今翰林院之又有

起居注衙門也唐以前史官皆屬著作唐初始移門下省後又改屬中書

蓋如今之別置

國史館設總裁纂修以內閣官提調而不屬於翰林院也

〔李肇翰林志〕唐初有中書舍人專掌詔誥雖曰禁省猶非密切故温大雅魏徵等時召草制未有名號乾封已後始曰北門學士玄宗初改爲翰林待詔又改爲翰林供奉開元二十六年劉光謙張洎爲學士始別建學士院於翰林院之南已後翰林始兼學士之名凡學士無定員皆以他官充下自校書郎上及諸曹尚書皆爲之元和以後院長一人別勅承旨或密受顧問獨召對敭居北壁之東閣號爲承旨閣子駕在大內卽於明福門置院駕在興慶宮則於金明門內置院今在右銀臺門之北第一門榜曰翰林之門入門直西爲學士院北廳西舍之南有二閤貯遠歲詔草又北回而東並待詔居之又東盡至於東垣爲典主堂待詔之職執筆硯以俟書寫多至五六員其選以能不以地故未嘗用士人時以居翰苑者皆

謂凌玉清遡紫霄豈止於登瀛洲哉亦曰玉署玉堂焉

（新唐書百官志）翰林院者待詔之所也唐制乘輿所在必有文詞經學之士下至卜醫伎術之流皆直別院以備宴見玄宗初置翰林待詔掌四方表疏批答應和文章既而又以中書務劇文書多壅滯乃選文學之士號翰林供奉與集賢學士分掌制詔書勅開元二十六年又改爲學士別置學士院專掌內命凡拜免將相號令征伐皆用白麻其後選用益重而禮遇益親至號爲內相

（胡三省通鑑注）唐置翰林學士之始無承旨永貞元年上始命鄭絪爲承旨大誥令大廢置丞相之密畫中外之密奏上之所甚注意者莫不專受專對

謹案自揚雄有翰林主人之稱其後李充有翰林論鍾嶸稱郭璞爲翰林詩皆文苑用相標目而已卽唐初置翰林院亦不過內廷供奉之所並不繫於職司自元宗置學士院後遂兼翰林之名稱爲翰林學士今

之翰林官制實肇見於此然其時皆以他官選充侍直禁廷不爲省署無可隷屬故唐百官志通典皆闕而不載而文章史冊之事則仍掌之著作史館諸官翰林惟司內命其他並無所預由五季迄宋猶然金元二代翰林始不專制誥然其官猶屬內廷至明因設翰林院爲外諸司盡移前代祕書著作之職以歸之而制誥別屬之內閣由是翰林之名雖存其實已與唐宋不同矣特明制以大學士統翰林院而入閣辦事者亦必由翰林官選用則職掌相通其由來固有所自耳

（文獻通考）唐玄宗開元三年始命馬懷素褚無量更日侍讀十三年置集賢院侍讀學士侍讀直學士

（章俊卿山堂考索）唐以令狐德棻請修近代史遂命修撰名始於此

（唐六典）集賢殿侍讀學士開元初康子元等爲之修撰官同直學士無常員以他官兼之又有留院官檢討官皆以學術別勅留之

謹案今侍讀侍講學士及修撰檢討官名皆權輿於此惟當時多以他

官兼之不爲定闕與今制爲不同耳

五季

（五代史李愚傳）李延光以經術事梁末帝爲侍講（李琪傳）除右散騎常侍侍講

（五代史賈緯傳）改起居郎史館修撰預修唐書

（五代史孫晟傳）莊宗以晟爲著作佐郎

謹案五季設官多闕略無考然既有著作佐郎則著作局固尚沿唐制矣至侍講修撰之名頗雜見於史蓋亦以他官兼銜未爲額闕也

（五代史姚顗傳）末帝時爲翰林學士（鄭珏傳）累拜中書舍人翰林學士奉旨

（五代會要）後唐同光元年四月置護鑾書制學士以尚書倉部員外郎趙鳳爲之時莊宗初建號故特立此名非故事也

（富大用事文類聚）後唐明宗天成八年勅翰林學士入院必以先後爲

定惟承旨一員出自朕意不計官資先後在學士之上

（五代史桑維翰傳）天福五年詔廢翰林學士案唐六典歸其職於中書舍人而端明殿學士樞密院學士皆廢及維翰爲樞密使復奏置學士而悉用親舊爲之

謹案翰林學士承旨至五季而其任益重當如今掌院學士之比其鄭珏傳又稱爲奉旨者蓋梁諱誠字故以嫌名改承爲奉也

宋

（宋史職官志）國史實錄院　舉國史監修國史提舉實錄院修國史同修國史史館修撰同修撰實錄院修撰同修撰直史館編修官檢討官校勘檢閱校正編校官

（文獻通考）宋制監修國史一人以宰相爲之修撰直館檢討無常員修撰以朝官充直館檢討以京官以上充

（山堂考索）仁宗慶曆四年史館王洙承旨單士寧編修例冊編修之名

自此始紹興中以修正史置編修二人又祥符中高紳爲史館修撰淳化中郭延澤董元亨爲史館檢討

謹案宋之國史實錄院雖別爲一所而不在諸省寺監之列蓋如今國史館之比故監修國史即如今之總裁官修撰編修檢討即如今之纂修官本應以他職兼領然考之於史如曾鞏李燾洪邁等皆嘗專爲史館修撰則後之置爲定闕者實已昉於宋世而編修檢討等至今猶稱爲史官其源亦本於此也

〔文獻通考〕日曆所隸祕書省著作佐郎掌以宰相時政記左右史起居注所書會集修撰爲一代之典舊於門下省置編修院專掌國史實錄修纂日曆官制行屬祕書省國史案初除林希爲大著豐稷爲小著皆一時選

謹案宋著作郎初爲寄祿官元豐正官制以掌日曆所事則仍爲史官故與國史院分併不一員額亦廢置無常其實與史館之修撰檢討並

無二職也

〔宋史職官志〕翰林學士院翰林學士承旨翰林學士知制誥直學士院翰林權直學士院權直掌制誥詔令撰述之事

〔山堂考索〕宋翰林學士掌內制凡制誥赦敕國書及宮禁所用之文詞凡后妃親王公主宰相節度使除拜則學士草詞授待詔書訖以進赦降德音則先進草大詔命及外國書則具本稟奏傳書亦如之凡他官入院未除學士謂之直院學士俱闕他官暫行文書謂之權直

〔李心傳建炎以來朝野雜記〕直學士院自開寶二年盧丞相多遜始權直學士院自開寶六年張舍人澹始翰林權直自乾道九年崔舍人敦詩始學士院權直自淳熙五年崔舍人敦詩始

〔文獻通考〕宋太宗始用著作佐郎呂文仲爲侍讀其後馮元爲翰林侍讀又有馬宗元爲侍講高若訥爲侍讀不加別名但供職而已

〔葉夢得石林燕語〕咸平中以侍讀侍講班秩未崇乃命揚徽之爲侍讀

學士邢昺爲侍講學士班翰林學士下講讀置學士自此始慶曆後凡自翰林學士出例換侍讀學士遂爲故事

（建炎以來朝野雜記）翰林讀講學士真宗朝始置元豐官制去翰林字及學士名元祐中復之

（沈括夢溪筆談）唐翰林院在禁中乃人主燕居之所應供奉之人自學士以下工伎羣官司隸籍其間者皆稱翰林如今之翰林醫官翰林待詔之類是也唐制自宰相以下初命皆無宣召之禮惟學士宣召蓋學士院在禁中非內臣宣召無因得入故院門別設複門亦以其通禁庭也至如挽鈴故事亦緣其在禁中雖學士院吏亦止於玉堂門外則其嚴密可知如今學士院在外與諸司無異亦設鈴索悉皆文具故事而已

（江少虞宋朝事實類苑）學士院在資福殿橫街之南宣徽院北玉堂上東閣承旨學士居之西閣第一廳居之玉堂後東西二閣第三廳而下分處之待詔房六間在玉堂西南孔目院在西謂之西頭驅使院在東謂之

東頭

謹案魏泰東軒筆錄稱宋朝翰林學士不領他局真宗時始有判他局者及元豐改官制而學士仍罷主判之制是宋世翰林學士實爲正闕故宋史職官志已別爲一條與唐制稍有不同至其時學士所掌考之諸書則自草詔令書勅以外凡有御詩多宣令屬和如聲韻奇險難以賡載者必拜章瀝懇陳述寡和之意往往優詔得免見宋朝事始故王禹偁小畜集有謝免和御製詩表其職最爲榮近宜太宗詔書有典司綸誥親近冕旒之語也又宋世翰林讀講學士雖得以翰林繫銜其實乃入侍經筵之官並不於學士院供職故元豐時嘗去翰林之名然翰苑經筵同爲儒臣之榮選所掌相通固亦不必區爲二職耳

（洪邁容齋隨筆）宋朝館閣之選皆天下英俊必試而後命一經此職遂爲名流其高者曰集賢殿修撰史館修撰直龍圖閣直昭文館史館集賢院祕閣次曰集賢祕閣校理官卑者曰館閣校勘史館檢討均謂之館職

記注官缺必於此取之非經修注未有直除知制誥者中外皆稱爲學士及元豐官制行凡帶職者皆遷一官而罷之而置祕書省大抵與職事官等反爲留滯矣

謹案今翰林之稱館閣其名蓋起於宋時所謂館者乃指昭文史館集賢三館而言所謂閣者乃指祕閣龍圖諸閣而言皆掌圖籍文史之事而翰林學士院專司內命其職判然不同故當時或曰翰苑或曰禁林並不稱館閣自明制以圖籍文史移之翰林院於是翰林始有館閣之目矣然明代雖有此稱而並無其地於名實仍不相副

本朝規制周詳庶常有館

國史有館於館職之名固已胳合近又鼎建

文淵閣藏庋四庫全書

特詔設閣職以司排校視宋之祕閣尤極崇嚴今案其職守取史館諸官載之此表而以祕閣諸官分繫之

又案宋學士職名至多樞密直學士以隸直樞密院資政觀文大學士以寵宰相舊臣端明資政殿及天章龍圖等閣學士以爲從官及外除者兼銜並無常職今故並附識於此不列諸表云

遼

（遼史百官志）北面官大林牙院掌文翰之事○北面都林牙○北面林牙承旨○北面林牙○左林牙○右林牙○南面官翰林院掌天下文翰之事○翰林都林牙與宗重熙十三年有翰林都林牙○南面林牙聖宗統和初有南面林牙○翰林學士承旨趙延壽傳見翰林學士承旨張礪○翰林學士太宗大同元年見和凝爲翰林學士○翰林祭酒韓德崇景宗保寧初爲翰林祭酒○知制誥室昉太宗入汴詔知制誥○國史院○監修國史聖宗統和九年見監修國史室昉○史館學士景宗保寧八年見史館學士○史館修撰劉輝大安初爲史館修撰○修國史耶律玦重

熙初修國史

謹案唐宋學士雖有翰林之名然署銜猶兼稱翰林學士院其去學士而直稱翰林院者實自遼始又遼代尚有宣政殿觀書殿諸學士其職掌不見於史當亦如宋之雜學士以爲加銜並不司文翰之事也

金

〔金史百官志〕國史院監修國史掌監修國史事修國史掌修國史判院事同修國史二員女直人漢人各一員承安四年更擬女直一員罷契丹同修國史編修官正八品女直漢人各四員明昌二年罷契丹編修之員添女直一員大定十八年用書寫出職人檢閱官從九品書寫女直漢人各五人○翰林學士院天德二年命翰林學士院自侍讀學士至應奉文字通設漢人十員女直契丹各七員翰林學士承旨正三品制撰詞命凡應奉文字銜內帶知制誥直學士以上同貞祐三年陞從二品翰林學士正三品翰林侍讀學士從三品翰林侍講學士從三品翰林直學士從四品不限員翰林待制正五品不限員分掌詞命文字分判院事銜內帶知制誥翰林修撰從六品不限員掌與待制同應奉翰

林文字從七品

謹案歷代國史學士院官皆以他職兼領宋翰林學士雖有正闕而猶帶他銜金則國史院編修及翰林各官皆定以品級於是詞臣遂設爲專職無復兼銜之例矣至修撰本史館職名其翰林之有修撰亦自金始也

元

〔元史百官志〕翰林兼國史院秩正二品中統初以王鶚爲翰林學士未立官署至元元年始置秩正三品六年置學士二員侍讀學士二員侍講學士二員直學士二員八年陞從二品十六年增侍讀學士一員二十年省併集賢院爲翰林國史集賢院二十一年增學士二員二十二年復分立集賢院二十三年增侍講學士一員大德九年改典簿爲司直置都事一員皇慶元年改司直爲經歷延祐五年後定置承旨六員從一品學士二員正二品侍讀侍講學士各二員從二品直學士二員從三品屬官待

制五員正五品修撰三員從六品應奉翰林文字五員從七品編修官十員正八品檢閱四員正八品典籍二員正八品經歷一員從五品都事一員從七品掾史四人譯史通事知印各二人蒙古書寫五人書寫十人接手書寫十人典吏三人典書二人○蒙古翰林院秩從二品掌譯寫一切文字及頒降璽書並用蒙古新字仍各以其國字副之至元八年始立新字學士于國史院十二年別立翰林院置直學士一員待制二員修撰一員應奉四員令史一人知印一人十八年增學士三員省漢兒令史置蒙古筆且齊解見戸部篇四人二十九年增侍讀學士一員知印一人三十年增管勾一員大德五年陞正二品九年置司直一員都事一員皇慶元年改陞從一品設官二十有八吏屬二十有四延祐二年改司直爲經歷後定置學士二員讀講學士各二員直學士二員待制四員修撰二員應奉五員經歷一員都事一員品秩並同翰林國史院承發架閣庫管勾一員正九品筆且齊一十四人掾史三人譯史一人知印二人書寫一人典吏三

人

謹案元代又有奎章閣學士院文宗天曆二年置有大學士侍書學士承制學士供奉學士等員掌進經史之書考帝王之治順帝至元六年罷更立宣文閣不置學士惟授經郎及監書博士以宣文閣繫銜又有藝文監亦天曆二年置專以國語敷譯儒書有大監少監監丞等員至元六年改爲崇文監令翰林國史院領之以職制相準奎章閣蓋如今之

內廷翰林藝文監則卽今繙書房之任以非翰林院沿革所繫謹附識於此不列諸表

明

(明會典)明初置翰林院爲正三品衙門設學士侍講學士侍讀學士直學士典簿待制修撰應奉編修典籍檢閱等官

(明史職官志)翰林院學士一人正五品 侍讀學士侍講學士各二人並從五品

侍讀侍講各二人(並正六品)典籍二人(從八品)侍書二人(正九品不常設)後待詔六人(從九品不常設)孔目一人(未入流)史官修撰(從六品)編修(正七品)檢討(從七品)庶吉士無定員學士掌制誥史冊文翰之事以考議制度詳正文書備天子顧問侍讀侍講掌講讀經史史官掌修國史庶吉士讀書翰林院以學士一人教習之侍書掌以六書供侍待詔掌應對孔目掌文移吳元年初置翰林院秩正三品設學士侍講學士直學士修撰典簿編修洪武二年置學士承旨正三品改學士從三品增設待制應奉典籍等官十三年增設檢閱十四年定學士爲正五品革承旨直學士待制應奉檢閱典簿設孔目博士侍書待詔檢討令編修檢討典籍同左春坊左司直郎正字贊讀考駁諸司奏啓平允則署其銜曰翰林院兼平駁諸司文章事某官某列名書之十八年更定品員(如前所列未有庶吉士)以侍讀先侍講建文時仍設承旨改侍讀侍講兩學士爲文學博士設文翰文史二館改孔目爲典簿改中書舍人爲侍書以隸翰林又設文淵閣待詔等官成祖初復舊其年九月特簡讀講編

檢等官參預機務謂之內閣然解縉胡廣等既直文淵閣猶相繼署院事至洪熙以後楊士奇等加至師保禮絕百僚始不復署史官自洪武十四年置修撰三人編修檢討各四人其後由一甲進士除授及庶吉士留館授職往往溢額無定員嘉靖八年復定講讀修撰各三人編修檢討各六人皆從吏部推補如諸司例然未幾以侍從人少詔采方正有學術者以充其選因改御史胡經員外郎陳束主事唐順之等七人俱爲編修以後仍循舊例由庶吉士除授卒無定額崇禎七年又考選推官知縣爲編修檢討蓋亦剙舉非常制也庶吉士自洪武初有六科庶吉士十八年以進士在翰林院承敕監等近侍者俱稱庶吉士永樂二年始定爲翰林院庶吉士選進士文學優等及善書者爲之三年試之其留者二甲授編修三甲授檢討不得留者則爲給事中御史或出爲州縣官宣德五年始命學士教習萬曆以後掌教習者專以吏禮二部侍郎二人

謹案自古儒學之臣或以文章備顧問或以筆札司紀載莫不簪毫珥

管出入承明與他曹之專治案牘者較爲地近而職清故歷代以來最稱華選册府元龜以翰林學士等之典司綸誥供奉文章者列爲詞臣部以著作郎等之職領筆削任膺纂輯者列爲國史部今之翰林官實兼二者而有之然翰林專直禁廷著作列居外省其局尚分至明初設翰林院以綜其事次於部院諸司永樂中置內閣特選翰林官入直以預機務嗣後登綸扉者必起家翰苑其餘遷轉亦視他曹爲優異顧明代資格太拘一與詞林之選便可坐躋華膴往往優游養望散館後率謁假回籍吏部輒案原資起用竟有家居數十年還至尚書侍郎始行入朝供職者偶有一二調外及改部郎衆論喧嘩互相袒徇其甚者每選翰林官入內書堂教小內侍俾得與宦豎交結黨緣藉其奧援視爲終南捷徑於國體官常所關尤鉅崇禎閒又以行取之知縣推官改授館職思欲破格求才而卒不能收一日之效我

國家詞曹職制視前代益昭明備

皇上親幸翰林院
賜宴賡歌
恩禮隆重置庶常館於正陽門東以爲庶吉士講肄之所
發帑增修廩餼豐渥凡翰詹諸臣屢蒙
御試
親加甲乙學問優贍者每荷破格超除其才堪外用者則或
特詔大臣掄選或以考績
記名出膺道府又定例令掌院學士於
圓明園直班日以編檢十員更番引
見五年一舉以昭慎重裁成造就
恩意周詳芸館羣僚無不奮興感勵玉堂盛軌洵乎振古爲隆爾
又案書有十體曰誥曰命皆教誨臣下之辭蓋即周官內史所掌策書
爲後世誥勅所自昉今存者如君陳君牙諸篇大抵意深勸勵並無所

褒貶於其間至漢而三王賜策其文具載史記尙爲不失古意魏晉以後其事屬之中書省唐代始設翰林學士以專知制誥而中書舍人分掌外制迨宋而其職益重號爲兩制宣名鎖院嘖嘖豔稱然當時制草多尙駢儷體涉浮華其措詞已不能崇實甚至愛憎任情肆口低昂遂以朝廷榮辱大柄付之當制諸臣之手使得假宣麻出告之權以快其報復恩讎之具雖持正如蘇軾而於呂惠卿謫詞猶自詡三十年劊子方劚得一有肉漢其他若鄭畋草劉瞻謫詞多稱其清節而路巖以爲何異表薦劉相汪藻草李綱謫詞至比之共驩少正卯而以爲我文章自直一翰林學士彼不我與安得不醜詆之其顚倒黑白如此者不可殫數又其陋者且因交游請乞利其潤筆爲之飾詞取悅終至入主出奴互相排詆恩怨糾結黨論繁興浸釀清流之禍其弊有不可勝言者

伏讀

御製題董其昌自書告身一篇以制誥之設尙空言而收實害鮮彰癉之益

成聲氣之私爲國家者何賴有此

聖訓煌煌推闡深切誠萬世之寶鑑也我

朝定制文武各官黜陟祇稱某人補授某官某人降調革職

誥命

勅命皆視品級大小定有成式文簡辭嚴用彰

明訓其祭文碑文由翰林院撰擬

奏請

欽定詞皆核實不爽銖毫珥筆詞臣斷不能更假公事以逞其私忿歷代黨

援門戶之陋習至今日而盡行掃除信足永垂法守矣

欽定歷代職官表卷二十四

經筵日講起居注官表

	經筵講官
三代	
秦	
漢	
後漢	
三國	
晉	
宋齊梁陳	
北魏	
北齊	
後周	
隋	
唐	
五季	
宋	崇政殿說書 講讀官
遼	
金	益政院說書官
元	奎章閣大學士知經筵事 奎章閣學士兼經筵官 御史大夫知經筵事
明	知經筵事 同知經筵事 經筵進講官 經筵展書官

日講起居注官
周左史右史
魏掌起居注著作郎
掌起居注著作郎
修起居注著作郎掌起居注侍中
修起居注監起居注典起居注
起居省散騎常侍通直散騎常侍散騎侍郎通直散騎侍郎監起居注修起居注
外史下大夫領起居注
起居舍人
起居郎起居舍人
起居郎起居舍人侍立修注官同修起居注
起居舍人起居郎知起居注
記注院修起居注
給事中兼修起居注左右侍儀奉御同修起居注
起居注

起居注主事筆帖式
起居令史
起居令史

經筵日講起居注官

國朝官制

經筵講官滿洲漢人各八人

掌進讀講章敷陳典訓以奉侍

經幄敬襄鉅典歲二月八月兩舉

經筵講書滿洲漢人各一人講經滿洲漢人各一人由翰林院先期請

旨簡派滿洲講官以大學士內閣學士掌院學士讀講學士詹事少詹事及尚

書侍郎左都御史副都御史通政使大理寺卿等官列名漢人講官以大

學士內閣學士掌院學士讀講學士詹事少詹事祭酒及尚書侍郎左都

御史等官之由翰林升任者列名以原銜兼充員額順治十四年定置

日講起居注官滿洲八人漢人十有二人

掌侍直

起居記言記動均翰林詹事坊局官以原銜兼充引

見簡用惟滿漢掌院學士例各兼一缺凡
皇帝御門聽政朝會宴饗大典禮大祭祀及每歲勾決重囚皆以
日講官滿洲漢人各二人近前侍班
謁
陵
校獵
巡狩方岳則請
旨扈從凡侍直敬聆
綸音退而謹書之具年月日及當直官姓名於籍月成滿漢文各二帙至次年
案月編排彙爲總冊封鐍於匱送內閣尊藏焉初順治十四年始設
日講官十人康熙九年置
起居注館於
太和門西廊設滿洲記注官四人漢人記注官八人俱以

日講官兼攝十二年增設滿洲記注官一人漢人記注官二人十六年又增
設滿洲記注官一人二十年增漢人記注官至十八人三十一年定設漢
人記注官十二人五十七年三月省記注官令翰林官五員於理事日侍
班記注之事併歸內閣雍正元年
詔復設日講起居注官如康熙五十六年以前故事乾隆元年增設滿洲記注
官二人凡滿漢記注官均兼
日講繫銜
起居注館主事滿洲二人漢人一人
掌出納文移校對典籍初置滿洲主事三人漢軍主事一人康熙三十八
年省滿洲漢軍主事各一人五十七年俱省雍正元年復置滿洲主事二
人十二年增設漢人主事一人
筆帖式滿洲十有四人漢軍二人
順治初置滿洲八人漢軍四人十一年增設滿洲六人康熙五十七年俱

省雍正元年復設如今額職事具吏部篇

歷代建置

三代

（大戴禮記）武王踐阼三日召師尚父而問焉曰黃帝顓頊之道存乎意亦忽不可得見歟師尚父曰在丹書王欲聞之則齋矣三日王端冕師尚父亦端冕奉書而入負屏而立王下堂南面而立師尚父曰先王之道不北面王行西折而南東面而立師尚父西面道書之言

謹案大戴禮稱帝入太學承師而問道而學記亦云太學之禮詔於天子無北面是三代聖王皆有講學之臣以資啓沃特其官不見於六經章俊卿山堂考索以周官師氏保氏爲後世經筵之職然師氏保氏雖云王舉則從其實專爲教世子國子而設未可引爲原始惟大戴禮武王踐阼篇載師尚父授丹書頗與經筵之儀相近後世舉經筵不於太學而於殿廷事亦相類錄著於此以徵緣起焉

（禮記玉藻）動則左史書之言則右史書之（鄭康成注）其書春秋尙書具存者（孔穎達疏）左陽陽主動故記動言則右史所書右陰陰主靜故也周禮五史無左右之名襄二十五年太史書崔氏是太史記動爲左史也周禮內史掌策命是內史爲右史也

（孔叢子）古者人君外朝有國史內朝有女史舉則左史書之言則右史書之

謹案左史記動右史記言爲後代記注官所由始然其說但見於禮記而周禮則無左右史之名故孔穎達以太史爲左史以內史爲右史但考太史掌稽天道以建典則並無記載職任不可以當珥筆之官而內史掌八柄以詔王治所司皆君舉之大者其他策命諸侯卿大夫亦宜籍記以存盟府則內史當爲記事之職而外史掌外令及四方之令當爲記言之職孔穎達据酒誥鄭注有太史內史掌記言記行之文遂以二官分配非其實也又考逸周書史記解穆王時有左史戎夫春秋襄

十四年左氏傳有左史謂魏莊子又楚有左史倚相左史老則是周自

成康以後亦已特置左右史官並不專屬之內史外史矣

秦未置

漢

（章俊卿山堂考索）漢武帝時兒寬語帝經學宣帝甘露三年詔諸儒講

論五經於石渠閣光武平隴蜀後數引公卿郎將講論經理令桓榮敷奏

經義顯宗時張酺以尚書數講於御前肅宗建初四年會諸儒於白虎觀

講五經同異帝親臨決如石渠故事

謹案宣帝講石渠章帝議虎觀卽講經殿中之始然特令諸儒講議異

同稱制平決而已惟桓榮張酺之流講經御前此有似於後世經筵日

講之官特未置爲定職耳

（隋書經籍志）漢武帝有禁中起居注

（後漢書明德馬皇后本紀）后自撰顯宗起居注

〔杜佑通典〕漢起居注似在宮中爲女史之任

〔王應麟玉海〕獻帝及晉代以來起居注皆近侍臣所錄

謹案隋書稱周穆天子傳體制與今起居注正同蓋周時內史所記王命之副則記注之設由來尚矣漢代起居注之名今可考見者漢書兒寬傳臣瓚注宣帝紀黃龍元年師古注俱引漢注文選赭白馬賦李善注引漢明帝起居注章懷太子後漢書注引獻帝起居注而史獨不詳其珥筆之官杜佑疑爲女史之任王應麟亦謂獻帝以後乃侍臣所錄然考後漢馬嚴傳稱永平中留仁壽闥與校書郎杜撫班固等雜定建武注記則當時實以史官掌之又楊賜傳載賜初侍講華光殿後爲太尉去位帝閱錄故事得賜前侍講注籍云云章懷太子注謂所注之籍錄據此則亦似今之以日講起居注合爲一職也

三國

〔三國魏志曹爽傳〕爽弟彥爲散騎常侍侍講

謹案自漢以後歷代俱無經筵日講之官而獨有所謂侍講者以他官兼領掌以經義進講御前蓋卽其職但今侍讀侍講已定爲翰林官職名故其沿革之詳已專繫之翰林院篇不入於此表

〔馬端臨文獻通考〕自魏至晉起居注則著作掌之其後起居皆近侍之臣錄記也錄其言行與其勳伐歷代有職而無其官

晉

〔山堂考索〕晉起居之職掌於著作其後亦命近臣主掌其事

謹案隋志載晉起居注卷帙甚多其見於他書所引者如三國蜀志注引晉泰始起居注魏志注引陸機惠帝起居注文選注引晉起居注太康四年詔世說注引惠帝建與太元起居注而沈約宋書傳亮傳亦引陸士衡起居注稽之陸機本傳機於惠帝初嘗爲著作郞此卽當時記注由著作撰述之一證也

宋齊梁陳

〔南齊書周顒傳〕顒兼著作撰起居注

〔梁書裴子野傳〕武帝以爲著作郎掌修起居注

〔南史王思遠傳〕思遠遷爲侍中掌優策及起居注

謹案江左諸朝承晉制以著作掌起居注而王思遠乃以侍中亦兼其職南史王喜傳又載有喜爲領軍府白衣吏領軍將軍沈演之使寫起居注一事考演之時以中領軍兼侍中則當時起居注實兼屬於門下省隋唐起居郞之隸門下其源蓋本於此也

北魏

〔通典〕後魏始置起居令史每行幸宴會則在御左右記錄帝言及宴賓客酬荅後又別置修起居注二人以他官領之

〔魏書官氏志〕起居令史從第七品上

謹案北魏修起居注雖他官兼之然已設有定額考之於史如崔鴻以

司徒長史前將軍兼韋賷以員外散騎侍郎兼許絢以司徒諮議參軍兼陰道方以左民郎中兼封肅以太學博士兼邢昕以太尉記室參軍兼温子昇以南主客郎兼則亦不拘品秩也魏書又有稱監起居者見於裴修盧聿諸傳有稱典起居注者見於裴伯茂魏收鄭伯猷諸傳殆卽修起居注之職而變其文者歟

北齊

（隋書百官志）後齊集書省又領起居省散騎常侍通直散騎常侍散騎侍郎通直散騎侍郎各一人校書郎二人

謹案北齊別置起居省而記言動者始各爲一局卽如今之設記注館也然考北齊書崔㥄傳天保初㥄除侍中監起居崔瞻傳瞻爲中舍人兼中正員郎敕修起居注則其時撰述之事仍以他官兼之所謂散騎常侍等蓋特具員而已

後周

〔通典〕後周官品正四命春官外史下大夫

〔唐六典〕後周春官府置外史掌書言及動作以爲國志又有著作掌綴國錄蓋起居著作自此分也

謹案後周既分起居著作爲二職則外史當專記言記動之任然考隋書劉行本傳稱周武帝親總萬幾行本轉御正中士兼領起居注是當時亦以他官兼領不盡屬之外史矣

隋

〔鄭樵通志〕隋初以吏部散官及校書正字有敘述之才者掌起居注職以納言統之至煬帝以爲古有內史外史今著作如外史矣宜置起居注官以掌其內乃於內史省置起居舍人二員次內史舍人下

〔唐六典〕漢晉以後起居注皆史官所錄自隋置爲職員列爲侍臣專掌其事每季爲卷送付史官

唐

〔王圻續文獻通考〕唐穆宗召韋處厚路隋爲侍讀命講書

謹案歷代經筵皆無專官至唐始有內殿侍讀講書之制然亦未有經筵之名故侍讀侍講諸官皆別繫諸翰林院篇不列於此

〔通典〕唐貞觀二年省起居舍人移其職於門下置起居郎二人顯慶中復於中書省置起居舍人遂與起居郎分掌左右龍朔三年改爲左右史郎爲左史舍人爲右史　咸亨元年復舊天授元年又爲左右史神龍初復舊

〔新唐書百官志〕門下省起居郎二人從六品上掌錄天子起居法度天子御正殿則郎居左舍人居右有命俯陛以聽退而書之季終以授史官貞觀初以給事中諫議大夫兼知起居注或知起居事每仗下議政事起居郎一人執筆記錄於前史官隨之其後復置起居舍人分侍左右秉筆隨宰相入殿若仗在紫宸內閣則夾香案分立殿下直第二螭首和墨濡筆皆即坳處時號螭頭高宗臨朝不決事有所奏惟辭見而已許敬宗李義府爲相奏請多畏人之知也命起居郎舍人對仗承旨仗下與百官皆

出不復聞機務矣長壽中宰相姚璹議仗下後宰相一人錄軍國政要爲時政記月送史館然率推美讓善事非其實未幾亦罷而起居郎猶因制勅稍稍筆削以廣國史之闕起居舍人本記言之職惟入而位於起居郎之次及李林甫專權又廢太和九年詔入閤日起居郎舍人具紙筆立螭頭下復貞觀故事有令史三人贊者六人○中書省起居舍人二人從六品上掌修記言之史錄制誥德音如記事之制季終以授國史有楷書手四人典二人

〔唐會要〕武宗會昌二年十月中書奏起居注記比者不逐季撰錄請每季初卽納前一季所記與史館以遲速爲殿最從之

謹案唐以起居郎舍人分侍左右執筆記錄記注官侍班之制實起於此時其季終以所修錄送史館卽如今每歲十二月以起居注進內閣之例而宰相所錄又名時政記則如今內閣之有上諭檔及外紀檔也

五季

〈薛居正舊五代史〉周李穀監修國史請命近臣錄禁中事付史館乃命樞密院直學士就樞密院錄送史館自此始

謹案五季兩省設官並沿唐制而起居郎舍人之職皆不見於紀傳觀薛史所載令樞密直學士錄時事以送史館則亦未必備官也

宋

〈文獻通考〉元豐官制廢翰林侍讀侍講學士不置但爲兼官然必侍從以上乃得兼之其秩卑資淺則爲說書歲春二月至端午日秋八月至長至日遇隻日入侍邇英閣輪班講讀元祐七年復增學士之號建炎元年詔特差侍從官四員充講讀官遇萬幾之暇令三省取旨就內殿講讀

〈山堂考索〉宋太祖召趙孚講周易又召王昭素講易乾卦真宗置侍讀侍講學士擇耆舊以充其選設直廬於祕閣侍讀更直仁宗天聖元年上始御崇政殿召侍講孫奭馮元講論語初詔雙日至是隻日亦詔講讀景

祐元年以賈昌期趙希言王宗道楊安國並爲崇政殿說書日以二人入侍講崇政說書自此始舊講讀官每見先賜坐暫起講復坐仁宗富於春秋乃令儒臣並就御案遂爲故事

〔范鎮東齋記事〕宋崇政殿西有延義閣南向迎陽門之北有邇英閣東向皆講書所仁宗初御延義每令講論或講讀終篇則宣二府大臣同聽賜飛白書或賜宴其後專御邇英也

〔吳曾能改齋漫錄〕王荆公所作賈魏公神道碑云景祐元年積官至尙書都官員外郎乃始置崇政殿說書而以公爲之然予按傳𥳑公佳話云太祖少親戎事性好藝文卽位未幾召山人郭無爲於崇政殿講書至今講官所領階銜猶曰崇政殿說書云據傳𥳑公所云則崇政殿說書不始於仁宗景祐元年矣豈中嘗罷之而至是再建耶

謹案經筵之制起於宋凡侍讀侍講學士侍讀侍講及崇政殿說書皆稱經筵官馬端臨所謂至淸要顯美者是也當時以雙隻日入侍講讀

早晚進講惟遇假故及大寒大暑權行停罷故經筵及日講並不分設
兩官自明於經筵以外有日講午講諸儀於是經筵日講職名始區而
爲二矣今以讀講已爲翰林定職故別載入翰林院篇而崇政殿說書
則繫之此表至吳曾以說書之官起自郭無爲考之於史郭無爲乃抱
腹山人北漢主劉承鈞召以爲相後爲劉繼元所殺其人始終在北漢
並未入宋安得有太祖召令講書之事真無稽之談不足信也

〔宋史職官志〕門下省起居郎一人掌記天子言動御殿則侍立行幸則
從大朝會則與起居舍人對立於殿下螭首之側凡朝廷命令赦宥禮樂
法度損益因革賞罰勸懲羣臣進對文武臣除授及祭祀宴享臨幸引見
之事四時氣候四方符瑞戶口增損州縣廢置皆書以授著作官國朝舊
置起居院命三館校理以上修起居注熙寧四年詔諫官兼修注者因後
殿侍立許奏事元豐二年兼修注王存乞復起居郎舍人之職使得盡聞
明天子德音退而書之神宗亦謂人臣奏對有頗僻讒慝者若左右有史

官書之則無所肆其姦矣然未果行故事左右史雖日侍立而欲奏事必稟中書俟旨存因對及之八月迺詔雖不兼諫職許直前奏事蓋存發之也官制行改修注爲郎舍人六年詔左右史分記言記動元祐元年仍詔不分七年詔邇英閣講讀罷有留身奏事者許侍立紹聖元年中丞黃履言所奏或干機密難令旁立仍依先朝故事先是御後殿則左右史分日侍立崇寧三年詔如前殿之儀更不分日大觀元年詔事有足以勸善懲惡者雖秩卑亦書之紹興二十八年用起居郎洪遵言起居郎舍人自今後許依講讀官奏事隆興元年用起居郎兼侍講胡銓言前殿依後殿輪左右史侍立○中書省起居舍人一人掌同門下省起居郎侍立修注官元豐前以起居郎舍人寄祿而更命他官領其事謂之同修起居注官制行以郎舍人爲職任淳熙十五年羅點自戶部員外郎爲起居舍人避其祖諱乃以爲太常少卿兼侍立修注官其後兩史或闕而用資淺者則降旨以某人權侍立修注官

〔玉海〕淳化五年四月丙戌史官修撰張佖請置起居院修左右史之職記錄爲起居注每月與時政記同送史館上嘉之乃置院於禁中命梁周翰李宗諤掌郎舍人事修撰體式檢討故事以聞丁酉周翰等言今後應有崇德殿長春殿皇帝宣諭之言侍臣論列之事依舊中書編爲時政記月終送史館自餘百官封拜除改沿革之事並令關報起居院以備編錄每月送史館仍命郎舍人分直崇政殿以記言動別爲起居注每月先進御後付史館從之慶曆三年十一月同修注歐陽修請上殿臣僚少留殿門俟修注官出面錄聖語又請更不進本從之至和元年八月二十四日知制誥賈黯乞修注官入侍邇英閣事有可書隨即記錄二年三月丁卯令立侍諫官兼修注

〔文獻通考〕宋沿唐制起居郎隸門下起居舍人隸中書號小兩省官

〔費袞梁谿漫志〕二史立螭頭舊多服綠者謂之一點青其職曰記言記動則人主起居之際皆所當侍而遇乘輿行幸未嘗扈從此亦闕文近世

始命起居郎起居舍人從駕乃合建官本意

謹案宋以起居郎爲左史起居舍人爲右史專修記注與講筵官原各爲一職然考王應麟稱說書賈昌期以經筵議論纂爲邇英延義二閣記注孝宗時洪邁等在經筵亦以所得上語及奏對編爲詳曦緝熙二殿記注則今記注官之兼日講銜權輿於此矣

遼

(遼史百官志)門下省起居舍人院起居舍人聖宗開泰五年建起居舍人程翥知起居注耶律迪里索倫語頭也原作敵烈今改正重熙末知起居注起居郎杜防開泰中爲起居郎

金

(宇文懋昭大金國志)天會十三年改官制記注院置修起居注

(金史百官志)記注院修起居注掌記言記動明昌元年詔毋令諫官兼

或以左右衛將軍兼貞祐三年以左右司首領官兼爲定制○益政院正大三年置於內廷以學問該博議論宏遠者數人兼之日以二人上直備顧問講尙書通鑑貞觀政要名則經筵實內相也

（金史哀宗本紀）正大三年七月詔設益政院於內廷以禮部尙書楊雲翼爲益政院說書官

謹案遼道宗有令侍臣講論語事則當時亦嘗置進講之官特無經筵之目耳至金初未開講幄正大中始設益政院官令其日侍講讀而說書官以禮部尙書兼之則其職較崇今以尙書侍郎充經筵講官蓋卽其例也

元

（陶宗儀輟耕錄）天曆初建奎章閣于西宮興聖殿之西廊文宗復位陞爲奎章閣學士院置大學士五員並知經筵事侍書學士二員承制學士二員供奉學士二員並兼經筵官幕職置參書二員典籤二員並兼經筵

參贊官藝文監太監少監監丞或有兼經筵官者博士兼經筵參贊官授經郎兼經筵譯文官

（元史黃溍列傳）溍兼經筵官執經進講者三十有二帝嘉其忠數出金織文段賜之

（元史額琳沁巴勒列傳）唐古特語額琳沁寶也巴勒威也原作亦憐真班今改正額琳沁巴勒以御史大夫知經筵事經筵進講必詳必慎故每讀譯文必被嘉納

（元史百官志）至元六年始置起居注左右補闕掌隨朝省臺院諸司凡奏聞之事悉紀錄之如古左右史十五年改陞給事中兼修起居注左右補闕改爲左右侍儀奉御兼修起居注後定置給事中兼修起居注二員右侍儀奉御同修起居注一員左侍儀奉御同修起居注一員

（孫承澤春明夢餘錄）元人經筵儀節悉備如以勳舊大臣知其事及定期二八月後累朝皆仍其制

謹案元以奎章閣學士院兼經筵官給事中兼起居注官皆設爲定職

而勳舊大臣亦間令知經筵以重其事如額琳沁巴勒以御史大夫兼領者是也

明

（廖道南殿閣詞林記）洪武中令儒臣更番入禁中每日輪一員進講侍直誤者罪之如大學士吳沈嘗坐進講遲誤被劾永樂以後多渥典自設經筵後講官不復入直惟令翰林及春坊經局等官相輪侍班久之選爲展書官又自展書乃得充月講官若日講則用年資深而品秩尊者

（續文獻通考）英宗正統元年春二月始開經筵命太師英國公張輔知經筵事少傅兵部尚書兼華蓋殿大學士楊士奇少傅工部尚書兼謹身殿大學士楊榮禮部尚書兼學士楊溥同知經筵事詹事府少詹事兼侍讀學士王直少詹事兼侍講學士李時勉錢習禮陳循侍讀苗衷侍講高穀修撰馬愉曹鼐兼經筵官仍賜宴及金幣有差遂爲定制續定經筵儀注每月三日日以逢二爲期歲率以二八月中旬起四十月末旬止用勳

臣一人知經筵事內閣大學士二人同知經筵事六部尚書左右都御史通政司使大理寺卿及學士等官侍班翰林院春坊等官及國子監祭酒二員進講二員展書給事中御史各二員侍儀鴻臚寺錦衣衛堂上官各一員供事又鳴贊一員贊禮序班四員舉案侯伯各一人領將軍侍衛（春明夢餘錄）文華殿經筵每歲以二八月中旬起四十月末旬止月三會講日皆逢二進講每兩人一四書一經講章皆預呈閣臣轉付中書繕錄正副各二紙隔日進司禮監官奏知先晚於文華殿內寶座地平之南設金鶴香爐左右各一於左香爐之東稍南設御案講案各一皆西向案上各置所講二書以夾講章各壓以金尺一副至期早進近侍內臣及知經筵官勳臣內閣學士并講官及六部尚書都御史大理寺卿通政司使鴻臚寺卿錦衣指揮使及四品已上寫講章官俱繡金緋袍其展書翰林官與侍儀御史給事中序班鳴贊等官俱青繡服朝畢駕起御文華殿皆隨之大漢將軍凡二十名導駕至左順門退易冠帶便服仍各執金瓜而

領將軍或侯或伯者則易金繡蟒衣追越衆官進左順門皆分班綴行立文華殿外竢傳宣云進來則將軍先入殿內負東西牆立諸臣陞陛鴻臚寺官贊入班行禮畢以次分由殿東西門入重班立指揮則立西一班末稍前御史給事序班六員分于中門左右向北立序班二人舉御案進上二人舉講案置中鳴贊唱進講二官各出班立講案前展書官二員出班對立鳴贊講官並行禮興東展書進至地平膝行詣御案展四書講章講四書官亦稍前近案展所講書竢展書官復位先說講某書然後申講講畢掩書稍退後原展書官仍如儀進掩書復位西展書官與講經官進退俱如前儀講畢仍並行禮各回班序班各撤案聯置舊所鴻臚卿中跪奏禮畢上諭官人每喫酒飯各官跪承旨與以次出丹陛仍行禮乃出左順門宴以官序惟學士之坐立則序於鴻臚寺卿及四品以上寫講章官及展書官坐立亦序於四品之下重職事也又日講官凡四員日輪二員先大學衍義次貞觀政要二書皆不用講章惟各以黃票書所起止預進先

日內臣設御案於文華殿後穿堂中以二書並起止置案上至日早朝畢四講官同閣臣隨駕入至殿內授內臣以來日起止竢召乃入穿堂內行禮分班北向前後立東班當講者詣御案前內侍授牙籤右手執之且指且講書則向上初展後掩皆屬內侍講畢還籤復位西班當講者乃進講悉如東儀講畢上諭先生喫酒飯皆跪承旨行禮禮畢前後皆一拜三叩頭出宴於文華門外西廡禁中謂之小經筵亦謂之小講

（明史職官志）起居注甲辰年置吳元年定秩正五品洪武四年改正七品六年陞從六品九年定起居注二人後革十四年復置秩從七品尋罷至萬曆間命翰林院官兼攝之已復罷

謹案自魏晉以後歷代皆有起居之任至明初暫置卽罷遂不復設翰林職掌雖有記注起居編纂六曹章奏之文僅屬虛名未嘗撰輯神宗時閣臣始議開史局以東西十館密邇朝堂紀述爲便乃以東館近上四所令史臣分直其中一起居二吏戶三禮兵四刑工日輪日講官一

員專記起居兼錄聖諭詔勅冊文其六曹章奏則選史官中年深而文學素優者六人分纂因定常朝制門日記注起居官及史官侍班之制日講官繫起居注銜蓋自此始然不久仍復停輟故終明之世起居之官不備以致史職曠廢王鏊震澤長語所謂前代左右史皆親見在廷君臣言動而書之成化以來人君不復與臣下接朝事亦無可紀凡修史則但取諸司奏牘分派諸人以年月編次雜合成之後世將何所取信者是也我

朝復設

起居注館以翰詹諸臣兼充執簡簪毫敬謹紀載年經月緯歲有成編視唐宋之時政記日錄而更昭核實矣

又案經筵之禮始於宋代所以講明正學闡繹聖文歷代相因咸稱鉅典至明而儀節尤爲詳備然當時人主習於宴安怠惰往往臨朝傳免即有勤於聽講者亦不過以文具相視未嘗有所辨論發明黃瑜雙槐

歲抄載明景帝每講畢命中官布錢於地令講官拾之以爲恩典高穀年老俯伏不便恆莫能得一他講官拾以遺之是以講學論道之地而恣意媟瀆實乖典則逮熹宗之世而顧秉謙等於經筵講畢袖出市刊遼東傳以構陷熊廷弼遂借書幃令典以曲肆其傾害之機謀益非念陳典謨之本意矣

國家敦崇實學久道化成

皇上稽古尊經歲

莅講幄

親製御論發揮精蘊無不澈天人之微旨貫理道之真源諸臣肅聪敬聆仰見

覺世牖民之至意心悅誠服莫可名言統備

君師實三代以後所莫能景企於萬一也

欽定歷代職官表卷二十四

欽定歷代職官表卷二十五

文淵閣閣職表

	領閣事
三代	
秦	
漢	
後漢	秘書監
三國	蜀漢秘書令 魏秘書令
晉	秘書監
宋齊梁陳	秘書監
北魏	秘書監 秘閣令 秘書令
北齊	秘書監
後周	
隋	秘書監
唐	秘書監 宏文館學士 集賢殿書院學士 秘書省圖書使
五季	秘書監 集賢殿學士
宋	集賢院大學士 昭文館大學士 秘閣 領閣事 秘書監
遼	秘書監
金	秘書監
元	秘書監卿
明	

提舉閣事	直閣事
	商守藏史周柱下史外史上士
	主柱下方書御史
	郎中柱下令
	校書郎中
	魏祕書左丞祕書右丞
	祕書丞
	祕書丞
	祕書丞
	祕書丞
	祕書丞
乾元院使判集賢院事判宏文館事	祕書少監祕書丞宏文館直學士宏文館直館集賢殿書院直學士修圖書副使
提舉祕書省	直昭文館直祕閣集賢院直學士祕書少監祕書丞
	昭文館直學士
	祕書少監祕書丞
	祕書監少監祕書監監丞

校理	檢閱
周外史中士	周外史下士
校書郎	
蜀漢校書郎　魏祕書郎校書郎	
祕書郎中	
祕書郎	
祕書郎中　校書郎	
祕書郎中　校書郎	
春官校書下士	
祕書郎　校書郎	
祕書郎　校書郎　宏文館校理　集賢殿校理	祕書正字　宏文館典書　集賢院校書
集賢校理　祕閣校理　崇文院校勘　祕書郎　校書郎	祕書正字　崇文院檢閱官
祕書郎　校書郎	祕書正字
祕書郎　校書郎　崇文院校理	
祕書郎　校書郎	

內務府辦事司員

祕書主事集賢院監守院門知書官集賢院孔目官

崇文院同勾當官

文淵閣閣職

國朝官制

文淵閣領閣事滿洲漢人各一人

掌總領祕書典司

冊府

國朝定例大學士有以

文淵閣繫銜而閣制未建我

皇上右文稽古修明典籍乾隆三十七年

特詔直省守吏購訪海內遺書以廣石渠藏弆逸文墜簡奇祕嚮臻復

允廷臣議採古書之散見永樂大典者釐訂成編爰

勅館臣排校繕錄彙爲四庫全書凡三萬六千冊而羸

命於

文華殿後鼎建

文淵閣以貯之其規制則準寧波范氏天一閣之式依四部門目列架分儲

四十一年

上以宋程俱麟臺故事所載祕書官品頗詳

詔大學士等集議參仿其制捌置閣職領閣事以大學士協辦大學士掌院學士兼充直閣以下咸定額有差用資典守蘭臺東觀永昭美備焉

文淵閣提舉閣事一人

以內務府大臣兼充掌率內務府官屬以綜理閣務焉

文淵閣直閣事六人

以科甲出身之滿洲漢人內閣學士內班出身之滿洲詹事少詹事讀講學士漢人詹事少詹事讀講學士等官兼充掌典守釐緝之事以時與校理輪番入直凡春秋曝書則董率而經理之

文淵閣校理十有六人

以內班出身之滿洲庶子侍讀侍講洗馬中允贊善編修檢討漢人庶子

侍讀侍講洗馬中允贊善修撰編修檢討及科甲出身之內閣侍讀等官

兼充分掌註冊點驗之事

文淵閣檢閱八人

以科甲出身之內閣中書兼充掌排次清釐之事

文淵閣辦理事務內務府司員四人筆帖式四人

由提舉閣事大臣掄選

奏充掌一切收發啓閉掃除及稽查宿直之事

歷代建置

三代

（陸德明莊子釋文）世本云彭祖姓籛名鏗在商爲守藏史在周爲柱下

史

（史記老子列傳）周守藏室之史也（司馬貞索隱）周藏書室之史老子

爲柱下史卽藏室之柱下因以爲官名

謹案據索隱所云則柱下史卽守藏書室之官非有二職李善文選註引列仙傳謂李耳爲周柱下史轉爲守藏史者非也漢世殿中蘭臺有圖籍祕書而御史屬於蘭臺故後代相沿以柱史爲御史通稱其實乃掌書之官並非糾察之任今仍繫之於此表

（周禮春官）外史上士四人中士八人下士十有六人掌三皇五帝之書

謹案周官小史掌邦國之志先鄭謂若周志鄭書之類蓋志諸侯所出之繫與其廟祧昭穆如今之玉牒及家譜外史掌四方之志後鄭謂若魯之春秋晉之乘楚之檮杌蓋志九州列國四海百蠻世系之所自出分封之所由始朝貢之斷續禮樂之更革俗尙之醜好如今之各直省志書皆與歷代祕書所掌不同惟三皇五帝之書則正王者藏書之府所存之舊典實柱下職守所在今故互著於表焉

秦

（史記張蒼列傳）秦時爲御史主柱下方書

謹案如淳注以方書爲四方文書然考漢書敘傳稱北平志古司秦柱下張蒼封北平侯故稱北平顏師古曰志記也謂多記古事也司主也是可知柱下實掌古籍不獨天下圖書計簿也秦雖燔滅詩書而博士所存故在則禁中亦必有藏書之所故以張蒼主之歟

漢

〔漢書功臣侯表〕山都正侯王恬啓漢五年爲郎中柱下令

〔顏師古注〕令主柱下書史也

謹案漢初沿秦之制則所謂柱下令者當亦主圖籍之官也

〔程俱麟臺故事〕自漢置未央宮卽麒麟天祿閣在其中命劉向揚雄典校皆在禁中卽內庫書也

〔漢書藝文志〕武帝建藏書之冊置寫書之官下及諸子傳說皆充祕府至成帝時以書頗散亡使謁者陳農求遺書於天下詔光祿大夫劉向校經傳諸子詩賦步兵校尉任宏校兵書太史令尹咸校術數侍醫李柱國

校方技每一書已向輒條其篇目撮其指意錄而奏之

（漢書揚雄傳）雄爲大夫校書天祿閣上

謹案漢以麒麟天祿閣爲禁中藏書之所卽後世秘閣之制所由昉而劉向揚雄等皆以他官典校其閑則今文淵閣閣職爲內閣翰詹諸臣兼銜正其例也又漢御史中丞居殿中掌蘭臺秘書卽古柱下之職與秘書省職掌相通故歷代營都邑置府寺必以秘書省及御史臺爲鄰自唐以後御史臺專掌糾察無復典守圖書之職今以系之都察院篇特附見其本制於此

（杜佑通典）後漢圖書在東觀

（後漢書馬融傳）拜爲校書郎中詣東觀典校秘書（章懷太子李賢注）謝承及續漢書並云爲校書郎又拜郎中也

（後漢書蔡邕傳）召拜郎中校書東觀

（通典）後漢選他官入東觀典校秘書蓋有校書之任而未爲官也故以

郎居其任則謂之校書郎以郎中居其任則謂之校書郎中當時重其職故學者稱東觀爲老氏藏室道家蓬萊山焉

（後漢書桓帝本紀）延熹二年初置祕書監官

（應劭漢官儀）祕書監一人秩六百石

（馬端臨文獻通考）桓帝置祕書監掌典圖書古今文字考合同異屬太常以其掌圖書祕記故曰祕書後省

謹案自後漢置祕書監而典司圖籍設有專官歷代相因未嘗改作至明始以其職併入翰林院然翰林官署既不在禁中內府藏書遂無人職掌逮於季世而散佚殆盡其立法之弊亦可見矣今以四庫全書藏文淵閣特置閣職以綜領其事與前代祕書省監職制相承源流可以考見謹詳著於表用昭延閣隆規實監古而益彰詳備也

皮

三國

（三國蜀志郤正傳）正入爲祕書吏轉爲令史遷郎至令

（通典）魏武帝又置祕書令典尚書奏事文帝黄初初置中書令典奏事而祕書改令爲監掌藝文圖籍之事初屬少府後乃不屬武帝置祕書令及丞一人黄初中有左右二丞劉放爲左丞孫資爲右丞

（文獻通考）魏始置祕書校書郎

（太平御覽）王肅言祕書不應屬少府表曰魏之祕書卽漢之東觀郡國稱敢言之上東觀未有棣名於少府者也太和中蘭臺祕書爭儀三府奏議祕書司先王之載籍與中書相亞宜與中書爲官聯

（裴松之三國志注）薛夏爲祕書丞嘗以公事移蘭臺蘭臺自以臺也而祕書署耳謂夏不得爲移推使當有坐者夏報之曰蘭臺爲外臺祕書爲內閣臺閣一也何不相移之有蘭臺屈無以折自是遂以爲常

謹案自漢以後皆仿麒麟天祿之制以祕閣爲藏書之府故魏薛夏稱祕書爲內閣晉永平詔書亦以祕書掌中外三閣圖書此可證祕書省

官即如今之閣職也

晉

〔章俊卿山堂考索〕晉武帝祕書併入中書省惠帝後別置祕書監掌三閣圖書自是祕書之府始居於外

〔唐六典〕惠帝永平元年詔祕書典綜經籍考校古今中書自有職務遠相統攝於事不專宜令復別置祕書寺掌中外三閣圖書自是祕書寺始外置焉

〔晉書職官志〕祕書監其屬官有丞有郎

〔通典〕晉祕書監銅印墨綬進賢兩梁冠絳朝服佩水蒼玉丞銅印墨綬進賢一梁冠絳朝服墊紹司馬彪傅暢王謐等並爲此官祕書郎掌三閣圖書校閱脫誤進賢一梁冠絳朝服亦謂之郎中武帝分祕書圖籍爲甲乙丙丁四部使祕書郎中四人各掌其一

宋齊梁陳

〔宋書百官志〕祕書監一人丞一人郎四人

〔南齊書百官志〕祕書監一人丞一人郎不著員數晉祕書閣有令史掌衆書

見晉令齊亦置令史正書及弟子皆典教書畫

〔通典〕宋齊祕書郎皆四員尤爲美職皆爲甲族起家之選待次入補其

居職例十月便遷

謹案晉代祕書之府始居於外而南史載宋廢帝時明帝被拘殿內住

在祕書省是宋齊以後祕書當在禁中矣

〔隋書百官志〕梁祕書省置監丞各一人郎四人掌國之典籍圖書天監

七年定祕書監爲十一班祕書丞爲八班祕書郎爲二班

〔山堂考索〕祕書郎齊梁末多以貴遊子弟爲之無其才實

〔通典〕陳祕書所掌與梁同

謹案自晉武帝分祕書圖籍爲四部使祕書郎中掌之嗣後宋則有祕

書監謝靈運祕書丞王儉齊有祕書丞王亮祕書監謝朏各造四部目

錄梁則祕書監任昉以祕閣四部篇卷分雜手自讎校由是篇目定焉

是歷代祕書皆有簿錄實祕書監丞郎職掌所在也

北魏

（魏書官氏志）祕書監第三品祕書丞從第四品祕書郎中第七品

（魏書鄭道昭傳）徙祕書丞兼中書侍郎遷祕書監

（魏書高祐傳）拜祕書令與丞李彪奏著作郎已下參造國書

（魏書游肇傳）爲內祕書侍御中散轉通直郎祕閣令

（魏書韋朏傳）遷祕書郎中（江式傳）式父紹與高允奏爲祕書郎

（魏書韋纘傳）補中書學生除祕書中散

（通典）後魏有祕書校書郎

謹案北魏既有祕書監而高祐傳又有祕書令游肇傳又有祕閣令當

即一官而異名至祕書中散爲魏所𠛬設蓋入直祕書省以備使令者

無常職也又孫惠蔚傳稱惠蔚遷祕書丞疏請依前丞盧昶所撰甲乙

新錄裨殘補闕損併有無以爲定本次第均寫永爲常式並令四門博士及在京儒生四十人在祕書省專精校考參定字義是北魏祕書亦當有簿錄矣

北齊

（隋書百官志）後齊祕書省典司經籍監丞各一人郎中四人校書郎十二人正字四人

（北齊書魏收傳）轉祕書監仍兼著作郎

後周

（通典）後周官品正四命春官外史下大夫正一命春官校書下士

謹案後周始以起居著作分爲二職故外史專記言動不司圖籍惟校書下士則即歷代之校書郎也通典又稱周祕書監亦領著作監掌國史且引柳虯爲祕書丞以證似後周亦有祕書監丞之官然考之虯傳虯爲祕書丞在西魏文帝大統中後卒於恭帝元年始終皆在魏世並

未入周豈得以宇文氏秉政而遂指爲周制乎斯蓋杜佑徵引之誤未足爲據

隋

〔隋書百官志〕祕書省監丞各一人郎四人校書郎十二人正字四人錄事二人祕書監正三品祕書丞正五品祕書郎正七品校書郎正九品煬帝卽位祕書省降監爲從三品增置少監一人從四品減校書郎爲十人又改監少監爲令少令增祕書郎爲從五品加置佐郎四人從六品以貳郎之職又增校書郎員四十人加置楷書郎員二十人從九品掌抄寫御書

〔王應麟玉海〕大業十一年增祕書省官百二十員以博士補之

謹案隋書李文博傳文博直祕書内省典羣書唐書王珪傳開皇十三年詔入祕書内省讎定羣書是隋世祕書省本在外故別有内省以藏書籍也

唐

（舊唐書百官志）秘書省隸中書之下秘書監一員從三品少監二員從四品上丞一員從五品上秘書監之職掌邦國經籍圖書之事少監爲之貳丞掌判省事秘書郎四員從九品上校書郎八人正九品上正字四人正九品下主事一人從九品上令史四人書令史八人楷書手八十人亭長六人掌固八人秘書郎掌甲乙丙丁四部之圖籍謂之四庫經庫類十史庫類十三子庫類十四集庫類三

（新唐書職官志）校書郎正字掌讎校典籍刊正文章

（玉海）龍朔二年改秘書省曰蘭臺監曰太史少監曰侍郎丞曰大夫秘書郎曰蘭臺郎咸亨復舊垂拱元年曰麟臺太極元年復曰秘書省

謹案唐改秘書省曰蘭臺者取漢殿中蘭臺掌秘書之義其改曰麟臺則又取漢麒麟閣藏書之義至歷代秘書多以四部著錄其稱四部爲四庫亦昉於唐世唐六典所稱唐平王世充收其圖書八萬餘卷自秘書宏文史館司經崇文皆有之分爲四庫每庫二人知名目次序以備

檢討者是也

（唐六典）宏文館學士無員數掌詳正圖籍武德初置修文館武德末改爲宏文館神龍元年改爲昭文館開元七年又改爲宏文隸門下省自武德貞觀以來皆妙簡賢良爲學士故事五品以上稱爲學士六品以下爲直學士又有文學直館並無員數皆以他官兼之儀鳳中以館中多圖籍置詳正學士校理自垂拱以來多大臣兼領館中有四部書貞觀初褚無量爲檢校館務學士號爲館主因爲故事其後有張太素劉禕之范履冰並特勅相次爲館主焉常令給事中一人判館事○校書郎二人從九品掌校理典籍刊正錯謬本置名讎校開元七年罷讎校置校書四人二十三年減二人○典書二人館中有經史子集四部之書使典之也其職同流外搨書手三人筆匠三人熟紙裝潢匠九人

（新唐書職官志）集賢殿書院學士直學士侍讀學士修撰官掌刊緝經籍開元五年乾元殿寫四部書置乾元院使有刊正官四人以一人判事

押院中使一人掌出入宣奏監守院門知書官八人分掌四庫書六年乾元院更號麗正修書院置使及檢校官改修書官爲麗正殿直學士八年加文學直又加修撰校理刋正校勘官十一年罷麗正院修書學士十三年改麗正修書院爲集賢殿書院正五品以上爲學士六品以下爲直學士宰相一人爲學士知院事常侍一人爲副知院事又置判院一人押院中使一人其後又增修撰官校理官待制官留院官檢討官文學直之員募能書者爲書直又置畫直至十九年以書直畫直搨書有官者爲直院至德二年置大學士貞元初置編錄官四年罷大學士八年罷校理置校書四人正字二人元和二年復置集賢校理罷校書正字四年集賢御書院學士直學士皆用五品如開元故事以學士一人年高者判院事非登朝官者爲校理餘皆罷○校書四人正九品上正字二人從九品上有中使一人孔目官一人專知御書檢討八人知書官八人書直寫御書手九十人畫直六人裝書直十四人造筆直四人搨書六人典書四人

謹案自漢延熹以至於唐皆以祕書掌圖籍而晉宋以後祕書省建置不盡在內廷故禁中別有地以爲藏書之所如唐之宏文館有四部書而集賢所寫爲御本是也當時𠜂置官僚以資典守與祕書省各分職事其所掌實約略相同惟祕書官皆定額而宏文集賢多以他官兼之爲差異耳今以宋世三館其制實本於唐謹取宏文集賢著之於表以詳沿革至史館雖兼司書籍而職專史事故仍入翰林院篇內焉

（新唐書宰相表）天寶十二載十二月戊子左相陳希烈爲祕書省圖書使

（玉海）馬懷素奏祕書少監盧俌崔沔爲修圖書副使

（唐會要）長慶三年四月少監李隨奏請鑄祕書閣圖書印

謹案圖書使雖暫置之官然特用大臣以重其事蓋如今之領閣事而修圖書副使以祕書少監爲之則當如今之直閣事也

五季

〔五代史劉岳傳〕岳爲吏部侍郎徙祕書監

〔五代會要〕晉天福六年監修國史趙瑩奏請下祕書省自唐以來古今典籍經史子集元撰人名氏四部大數報館以憑述經籍志周顯德二年詔委中書門下於朝官中選差三十人據現在書各求真本校勘刊正舛誤仍於逐卷後署校勘官姓名宜令館司逐月具功課申中書門下

謹案五季既有祕書監則少監丞郎官皆備官惟周世宗時所置之校勘官則以他官差充非常職也又盧文紀傳稱其嘗爲集賢殿學士是宏文集賢當亦如唐制設官特史文簡略無可考見今故闕而不載云

宋

〔江少虞宋朝事實類苑〕梁都汴庶事草創三館湫隘尤甚太平興國中車駕臨幸顧左右曰若此卑陋何以待天下賢俊即日詔有司規度左昇龍門東北車輅院地爲三館下詔賜名崇文院以東廊爲昭文館書庫南廊爲集賢院書庫西廊爲史館書庫昭文館本前世宏文館建隆中改之

淳化初以呂祐之趙昂安德裕勾中正並直昭文館則本朝直昭文館自呂祐之等始也集賢有直院有校理端拱初以李宗諤爲集賢校理淳化初以和㠓爲直集賢院則本朝直集賢院校理自和㠓李宗諤始也史館有直館太平興國中趙隣幾呂蒙正皆爲直史館則本朝直史館自趙隣幾等始也本朝三館之外復有祕閣圖書置直閣又置校理咸平初以杜鎬爲祕閣校理則直閣校理皆自杜鎬始也

（李攸宋朝事實）端拱元年詔分三館之書萬餘卷別爲書庫目曰祕閣以吏部侍郎李至兼祕書監右司諫直史館宋泌兼直祕閣右贊善大夫史館檢討杜鎬爲校理而直祕閣祕閣校理之官始於此

謹案李燾續資治通鑑長編載建祕閣及置校理等官在太宗端拱元年五月其眞宗咸平初但有寫四部書置龍圖閣及太清樓事與祕閣無涉類苑所載有誤當以李攸宋朝事實爲正

（麟臺故事）宋集賢院大學士一人以宰相充學士無定員以給諫卿監

以上充直學士不嘗置掌同昭文案此書原脫昭文館官制判院事一人以兩省五品以上充或差二人三館通爲崇文院別置官吏有檢討無定員以京朝官充校勘無定員以京朝幕府州縣官充掌聚三館之圖籍監一人內侍充兼監祕閣圖書天禧五年又置同勾當官一人祕閣端拱二年案二年當作元年於崇文院中建擇三館書籍真本幷內出古畫墨跡等藏之淳化元年詔次三館直閣以朝官充校理以京朝官充掌繕寫祕藏供御典籍圖書之事判閣一人舊常以丞郎學士兼祕書監領閣事大中祥符九年後以諸司三品兩省五品以上官判國初又置祕閣校理通掌閣事咸平後皆不領務史館舊寓集賢院有檢閱編修之名不常置

（玉海）昭文集賢有大學士史館有監修國史皆以宰相兼領昭文集賢置學士直學士史館集賢置修撰史館有直館檢討集賢有直院校理崇文有檢討校書皆以他官領之初昭文隸門下省史館寓於集賢後合爲

（宋史職官志）祕書省監少監丞各一人監掌古今經籍圖書之事少監爲之貳而丞參領之其屬有祕書郎二人掌集賢院史館昭文館祕閣圖籍以甲乙丙丁爲部各分其類校書郎四人正字二人掌校讎典籍刊正訛謬各以其職隸於長貳歲於仲夏曝書則給酒食費尚書侍郎待制兩省諫官御史並赴遇庚伏則前期遣中使諭旨聽以早歸大典禮則長貳預集議所以待遇儒臣非他司比宴設賜予率循故事宋初三館祕閣各置貼職元豐五年職事官貼職悉罷以崇文院爲祕書省官屬始立爲定員

（山堂考索）宋初祕書省隸京百司雖有監少監丞郎校書正字皆以爲寄祿官凡經籍圖書悉歸祕閣祕書所掌祭祀祝版而已元豐正名旣罷館職盡以三館職事歸祕書省置祕書職事官自監少至正字不領他局宣和初增爲十八員以倣登瀛洲之數建炎三年罷紹興元年復置隆興元年詔監少丞外以七員爲額二年詔依祖宗舊法更不立額

〔葉夢得石林燕語〕國朝以史館昭文館集賢院爲三館皆寓崇文院其實别無舍但各以庫藏書列於廊廡閒爾直館直院謂之館職以他官兼者謂之貼職官制行廢崇文館爲祕書監建祕閣於中自少監至正字列爲職事官罷直館直院之名而書庫仍在獨以直祕閣爲貼職之首蓋特以爲恩數而已

〔李心傳建炎以來朝野雜記〕提舉祕書省者官制以來無之政和中初置紹興末高宗召信安孟王忠厚爲醴泉觀使乃命提舉祕書省以寵之凡過局如宰執例

〔麟臺故事〕天禧四年箋解御集直館校理二十人充檢閱官

謹案宋初雖有祕書監而不司圖籍凡四部書皆藏於昭文史館集賢書庫謂之三館後又增建祕閣與三館爲四各置直館直院直閣等官其下則爲校理檢討元豐改制始歸入祕書監不置昭文集賢以史館隸著作局而直祕閣只爲貼職然三館祕閣之名仍在故陳騤作館閣

錄所述卽祕書典故蓋典籍之府雖稱名有殊其實一也至宋代所置閣職本有集賢殿修撰後改右文殿直龍圖閣直祕閣三等後增置修撰爲集英右文祕閣三等直閣爲龍圖天章寶文顯謨徽猷祕閣六等又自龍圖至寶章凡十閣各置學士直學士待制等官以爲省部長貳給舍諫議補外之職及庶僚領在外繁劇任使者帶之皆屬虛銜並不得領閣事非麟臺典守所繫今故不著於表

遼

〔遼史百官志〕昭文館昭文館直學士楊遵勗子晦爲昭文館直學士○祕書監有祕書郎祕書正字著作局有校書郎

謹案遼有史館學士修撰已別見翰林院篇而昭文館亦有直學士是遼亦備三館之制特集賢不見於史耳又遼志有崇文館大學士乾文閣學士俱不詳職掌謹附著於此

金

〔金史百官志〕祕書監監一員從三品少監一員正五品丞一員正六品祕書郎二員正七品泰和元年定爲二員通掌經籍圖書校書郎從七品承安五年二員泰和五年以翰林院官兼大安二年省一員專掌校勘在監文籍○宏文院知院從五品同知宏文院事從六品校理正八品掌校譯經史○集賢院貞祐五年設知集賢院從四品同知集賢院從五品司議官正八品不限員諮議官正九品不限員

謹案金之宏文集賢二院蓋亦沿宋三館之制特宏文尚有校譯經史之事集賢則史文不詳無由考見其職掌矣

元

〔元史職官志〕祕書監秩正三品掌歷代圖籍幷陰陽禁書卿四員正三品太監二員從三品少監二員從四品監丞二員從五品典簿一員從七品令史三人知印奏差各二人譯史通事各一人典書二人典吏一人屬官祕書郎二員正七品校書郎二員正八品辨驗書畫直長一員正八品至元九年置其監丞用大臣奏薦選世家名臣子弟爲之大德九年陞正

三品給銀印延祐元年定置卿四員用臣宦者二人

謹案祕書監爲典冊之府而以宦者參雜其閒殊乖儀制又元有昭文館大學士僅爲加銜集賢院則掌提調學校徵求隱逸召集賢良雖有大學士學士侍讀侍講學士等官並不典司圖籍與三館舊制不同且張留孫吳全節輩皆以道流而充集賢大學士尤爲非體今故不著於表附見於此

明

（明史職官志）祕書監洪武三年置秩正六品除監丞一人直長二人尋定設令一人丞直長各二人掌內府書籍十三年併入翰林院典籍

（明史藝文志）明太祖定元都收圖籍致之南京設祕書監丞尋改翰林典籍以掌之永樂中北京既建詔修撰陳循取文淵閣書運至北京正統閒楊士奇等言文淵閣所貯書籍向貯左順門北廊今移於文淵閣東閣臣等逐一點勘編成書目請用寶鈐識永久藏弆制曰可正德十年大學

士粲儲等請檢內閣并東閣藏書殘闕者令原管主事李繼先等次第修

補

謹案周官外史掌三皇五帝之書而列國亦各有典書之官故韓宣子聘魯觀書于太史氏而周景王亦謂籍氏司晉之典籍以爲大政蓋簡策之藏憲章所自司存有在不可不明嚴重也自秦火之後經籍散亡漢代建麒麟天祿諸閣網羅遺佚使光祿大夫劉向等校定羣書於是儲藏之地典守之官制乃略具歷朝沿襲漸益修明祕書監起於後漢三館肇於唐時無不簡召儒臣廣置僚屬至宋而三館祕閣咸寓於崇文院後復改爲祕書省設官頗爲詳備崇文總目所載卷帙亦尚賅博然當時藏書雖富而校勘未能精審沈括夢溪筆談稱校書官多不恤職事但取舊書以墨漫一字復注舊字於其側以爲日課幾同兒戲神宗有意釐訂召曾鞏等編校黄本書籍開局累年僅能終昭文一館之書而罷鞏集載所撰目錄序止十有一篇則其程課之稽遲亦可以想

晁明初罷祕書之官併其職入翰林院凡書籍之藏於內閣者其篇目既不及前代而楊士奇等所輯書目亦多舛漏典守之事又僅委之典籍一官不能稽核正德以後遂多爲人盜竊以及蠹侵鼠嚙殘缺不完神宗時張居正令中書張萱等整比而所存已屬無多我

皇上崇儒念典惟日孜孜

御極之初即

詔校刊經史纂輯羣書用以嘉惠來學前者

特命儒臣編次四庫全書區爲應刊應抄及存目三類各撮大旨撰述提要彙成總目二百卷又別爲簡明目錄二十卷俾本末源流瞭如指掌每一書進

御即仰蒙

乙覽剖晰瑕瑜問荷

宸翰親題考據折衷永昭定論其中繕錄訛謬之處一經

睿鑒無不立時呈露詳切
訓勵校勘倍凜精詳當首部告成旣藏弆
文淵閣
錫宴賡吟
恩隆賚渥纂校諸臣俱蒙逾格
優敘備置閣職以重典司又於
圓明園建
文源閣
避暑山莊建
文津閣
盛京建
文溯閣分部尊藏而全書中採擷精粹別爲薈要萬二千冊於
御花園之擒藻堂

圓明園之味腴書室各貯一部以便省覽復
命續繕三部貯揚州大觀堂之文匯閣鎭江金山寺之文宗閣杭州
聖因寺行宮之文瀾閣
特發帑金募工抄錄俾江浙士子得以快讀祕書觀摩騰寫教思廣被日星
並朗矣

欽定歷代職官表卷二十五

欽定歷代職官表卷二十六

詹事府表

	詹事府詹事
三代	
秦	詹事
漢	詹事
後漢	
三國	魏詹事
晉	詹事
宋齊梁陳	詹事
北魏	詹事
北齊	詹事
後周	宮尹
隋	詹事
唐	詹事
五季	詹事
宋	詹事
遼	詹事
金	詹事
元	儲政院院使 左詹事 右詹事
明	詹事

少詹事	左右春坊庶子
	周諸子下大夫中士
	中庶子
詹事丞	太子庶子
	太子庶子太子中庶子
	蜀太子庶子太子中庶子吳太子庶子太子中庶子
詹事丞	太子中庶子太子庶子
詹事丞	太子中庶子太子庶子
詹事丞	太子中庶子太子庶子
詹事丞	太子中庶子太子庶子
小宮尹	
	門下坊左庶子右春坊右庶子
少詹事	左春坊左庶子右春坊右庶子
	左右庶子
	左右庶子
少詹事	左春坊左庶子右春坊右庶子
少詹事	
儲政院同知儲政院僉院同知詹事副詹事	中庶子
少詹事	左春坊左庶子右春坊右庶子

左右中允	左右贊善
太子中盾	
太子中盾	
太子中舍人	
太子中舍人	
太子中舍人	
中盾署令 丞 太子中舍人	
太子內舍人	
左春坊中允 右春坊中舍人	左春坊左贊善大夫 右春坊右贊善大夫
太子中允	
太子中允	太子左贊善大夫 太子右贊善大夫
	左贊善 右贊善
中允	左贊善 右贊善
左春坊左中允 右春坊右中允	左春坊左贊善 右春坊右贊善

司經局洗馬	主簿	筆帖式
洗馬		
太子洗馬		
太子洗馬		
蜀太子洗馬		
太子洗馬	詹事主簿	
太子洗馬典經局洗馬	詹事主簿	
太子洗馬		
典經坊洗馬	詹事主簿	
司經局洗馬		門下坊主事令史典書坊主事令史
司經局洗馬	詹事主簿	詹事府令史
司經局洗馬	詹事主簿	
司經正司經副		
司經	儲政院照磨儲政院管勾詹事院管勾照磨	儲政院掾史
司經局洗馬	主簿廳主簿	

詹事府

國朝官制

詹事府詹事滿洲漢人各一人（正三品漢人詹事兼翰林院侍讀學士銜）少詹事滿洲漢人各一人（正四品漢人少詹事兼翰林院侍講學士銜）

掌經史文章之事凡充

日講官纂修書籍典試提學皆與翰林官同凡遇秋審朝審及奉

旨下九卿翰詹科道會議之事咸入班預議焉順治元年初設少詹事一人掌府事其年十一月省歸內三院九年置漢人詹事一人少詹事二人以內三院官兼之專設滿洲詹事一人以掌府印十五年復省康熙十四年奉

詔復設詹事府置滿洲漢人詹事各一人少詹事各二人三十七年省滿洲少詹事一人乾隆十三年省漢人少詹事一人

左春坊左庶子滿洲漢人各一人（正五品滿洲庶子以四品冠帶食五品俸右春坊同漢人左庶子兼翰林院侍讀銜）左中允滿洲漢人各一人（正六品滿洲中允以五品冠帶食六品俸漢人中允兼翰林院編修銜右春坊同）左贊善滿洲

漢人各一人從六品漢人贊善兼翰林院檢討銜右春坊同右春坊右庶子滿洲漢人各一人漢人右庶子兼翰林院侍講銜右中允滿洲漢人各一人右贊善滿洲漢人各一人

掌記注纂修之事所職與翰林院講讀編檢同

國初設左右春坊各庶子一人諭德一人中允二人贊善二人皆漢人員額以內三院官兼攝順治十五年省康熙十四年復置左右春坊官皆滿洲漢人兼設庶子各一人諭德各二人中允贊善各四人三十七年省滿洲右諭德左右中允左右贊善各一人三十八年省漢人右中允右贊善各一人五十二年省漢人右諭德左中允左贊善各一人乾隆十三年省滿洲漢人左諭德各一人

司經局洗馬滿洲漢人各一人從五品漢人洗馬兼翰林院修撰銜

掌經籍圖書之事初置漢人一人康熙十四年置滿洲漢人各一人又所屬有正字初置滿洲漢人各二人康熙三十七年省滿洲二人三十八年又省漢人一人所存一缺例以應選內閣中書者除授遂爲中書兼銜乾

隆三十六年亦從部議裁省焉

主簿滿洲漢人各一人從七品

掌文移案牘員額康熙十四年定又初置有錄事滿洲二人漢人三人康熙三十七年以後次第裁省

筆帖式滿洲六人

康熙十四年初置十人三十八年省四人職事具吏部篇

歷代建置

謹案詹事之名始于秦漢應劭謂詹者省也給也蓋其職在于供給宮中之事故自太后皇后太子皆有之掌太后宮者曰長信詹事掌皇后太子宮者則曰皇后詹事太子詹事漢景帝始改長信詹事爲長信少府成帝又併皇后詹事於大長秋而獨存太子詹事以主太子家事自是遂爲宮官之定名歷代每建儲宮卽置此職唐宋始以儒臣兼領明則由翰林官陞轉其制稍殊而其爲東宮官屬則固未嘗有異也我

國家萬年垂統

睿慮深長

家法相承不事建儲冊立

皇上準今酌古備覽前代覆轍灼知建儲一事之斷不可行

宸諭屢頒著明深切伏讀

御製聯句詩注自古書生拘迂之見動以建儲爲國本其實皆自爲日後身家之計無裨國是誠以立儲之後宵小乘閒伺釁釀爲亂階其弊有不勝言者朕於此往復熟籌知之甚審我子孫當敬凜此訓奉爲萬年法守

典謨垂示昭揭日星實億萬禩所當謹凜遵循詹事府各員特姑留以備詞臣遷轉之階與翰林官無異視歷代之爲東宮僚佐者迥不相同今以設官所自雖實殊而名則相沿故仍以歷代宮官建置採摭大略具列於左亦俾論古者考見本末咸曉然於前事之當懲益以知

聖朝良法昭垂洵足超軼百世也

三代

（禮記燕義）古者周天子之官有庶子官庶子官職諸侯卿大夫士之庶子之卒掌其戒令與其教治別其等正其位國有大事則率國子而致于太子惟所用之若有甲兵之事則授之以車甲合其卒伍置其有司以軍法治之司馬弗正凡國之政事國子存游卒使之修德學道春合諸學秋合諸射以考其藝而進退之（鄭康成注）庶子猶諸子也周禮諸子之官司馬之屬也卒皆讀爲倅諸子副代父者也

（周禮夏官）諸子下大夫二人中士四人府二人史二人胥二人徒二十人掌國子之倅國有大事則帥國子而致于太子惟所用之

（儀禮燕禮）獻庶子于阼階上（鄭康成注）世子之官也

謹案大戴禮保傅篇所載三王教世子者有三公三少及道充弼右之名蓋卽後世宮銜所自始然皆以重臣兼其任故周禮並無此官今已別著於加銜表內至燕義庶子卽周禮諸子之職賈公彥疏所謂諸庶通名俱訓爲衆者是也玉海引環濟要略謂庶子主宮中八次八舍幷

諸吏之適子及支庶版籍是其職亦在於辨論官材並非世子之私屬特以後世庶子官號實本于此故仍繫之此表焉

秦

（杜佑通典）秦始置詹事中庶子官

（鄭樵通志）洗馬秦官

謹案史記秦有中庶子蒙而扁鵲傳又載號太子有中庶子鵲當晉昭公時則庶子之爲太子官春秋末已有其制秦特沿而不改也

漢

漢書百官公卿表太子太傅少傅古官屬官有太子門大夫庶子洗馬舍人詹事秦官掌皇后太子家有丞顏師古注皇后太子各置詹事隨其所在名官屬官有太子率更家令丞僕中盾衛率廚廄長丞顏師古注自此以上太子之官也

漢書臣瓚注茂陵書詹事秩真二千石家令秩八百石應劭注太子門大夫員五人秩六百石庶子員五人秩六百石中盾主周廬徼道秩四百石

衞率主門衞秩千石張晏注洗馬員十六人秩比謁者

謹案西漢皇后太子皆有詹事顏師古謂隨其所在以名官而考之史文則多單稱詹事不加分別如宣帝紀本始元年賜詹事畸師古曰爵宋畸也關內侯竇嬰傳孝景卽位爲詹事韓安國傳壺遂官至詹事鄭當時傳貶秩爲詹事韋賢傳進授昭帝詩稍遷詹事孔霸傳宣帝時授皇太子經遷詹事馬宮傳徵爲詹事核其時代壺遂鄭當時孔霸馬宮所任自屬太子詹事若景宣二帝初立及昭帝之世俱未有太子宋畸竇嬰韋賢皆當爲皇后詹事而史不系以皇后太子字者從省文也至百官表列詹事在大長秋上史記稱壺遂爲上大夫則其位當亞于九卿劉敞以百官表不著其秩故作漢官班序圖遂以爲無秩惟臣瓚注稱爲真二千石荀悅漢紀又以爲比二千石說者莫能折衷然考百官表於祿秩之等其例皆總題于後原不分著本條故中尉條後有云自太常至執金吾皆中二千石丞皆千石此爲中二千石之總題主爵中尉條後

有云自太子太傅至右扶風皆秩二千石丞六百石此爲二千石之總

題百官表本文甚明詹事自在二千石之列說者不知詳考前後轉致

紛紛聚訟耳又兩漢有太子中盾無中允而應劭漢官儀則又稱太子

中允據漢書所載哀帝爲太子數遣中盾請問近臣顏師古注盾讀曰

允是中盾卽中允也

通典後漢省詹事而太子官悉屬少傅

後漢書百官志太子率更令一人千石主庶子舍人更直職似光祿太子

庶子四百石無員如三署中郎太子舍人二百石無員更直宿衛如三署

郎中太子家令一人千石主倉穀飲食職似司農少府太子倉令一人六

百石主倉穀太子食官令一人六百石主飲食太子僕一人千石主車馬

職如太僕太子廄長一人四百石主車馬太子門大夫六百石職比郎將

舊有左右戶將別主左右戶直郎建武以來省之太子中庶子六百石員

五人職如侍中太子洗馬比六百石員十六人職如謁者太子出則當直

者在前導威儀太子中盾一人四百石主周衞徼循太子衞率一人四百石主門衞士右屬太子少傅凡初即位未有太子官屬皆罷惟舍人不省領屬少府

謹案後漢始省太子詹事以少傅領東宮官屬而唐六典乃謂成帝已省詹事後漢因之蓋以百官表但言鴻嘉三年省詹事官而不系之於皇后因此致誤然表文明言并屬大長秋長秋爲皇后官屬則非太子詹事可知自當以後漢書及通典爲據也

三國

（冊府元龜）蜀後主爲太子以譙周爲太子家令董允爲太子舍人後主立太子璿霍弋爲中庶子李譔爲庶子

（三國蜀志張裔傳）裔子郁太子中庶子（來敏傳）先主立太子以爲家令（譙周傳）後主立太子以周爲僕轉家令周少子同除東宮洗馬召不就

謹案冊府元龜譙周作家令在後主爲太子時據三國志則後主立太子始以周爲家令冊府元龜蓋以立字訛作爲字遂致全爽事實謹附訂于此

（通志）魏復置詹事領東宮衆務

（唐六典）魏置詹事品第三

（孫逢吉職官分紀）魏略張茂上便宜擢太子舍人

（通志）太子庶子在吳爲親近之官

（三國吳志張昭傳）昭少子休爲太子登僚友從中庶子轉爲右弼都尉

（顧雍傳）雍孫譚爲太子四友從中庶子轉輔正都尉（鍾離牧傳）拜太子輔義都尉（諸葛恪傳）侍太子登爲賓友從中庶子轉爲左輔都尉

謹案三國蜀魏所置東宮官大抵皆沿兩漢之舊惟吳志所載有左輔都尉右弼都尉輔正都尉輔義都尉諸官乃吳所刱置也

〔晉書職官志〕武帝始建東宮尚未置詹事官事無大小皆由二傅咸寧元年以給事黃門侍郎楊珧爲詹事掌宮事及珧爲衛將軍省詹事惠帝元康元年復置詹事置丞一人秩千石主簿五官掾功曹史主記門下史錄事戶曹法曹倉曹賊曹功曹書佐門下亭長門下書佐省事各一人中庶子四人職如侍中中舍人四人咸寧四年置與中庶子共掌文翰職如黃門侍郎在中庶子下洗馬上食官令一人職如太官令庶子四人職比散騎常侍中書監令舍人十六人職比散騎中書等侍郎洗馬八人職如謁者祕書掌圖籍釋奠講經則掌其事出則直者前驅導威儀率更令主宮殿門戶及賞罰事職如光祿勳衛尉家令主刑獄貨穀飲食職比司農少府僕主車馬親秩職如太僕宗正左右衛率初曰中衛率泰始五年分爲左右各領一軍惠帝時又加前後二率

〔職官分紀〕晉起居注武帝太康八年詔太子率更僕東宮之達官也其進品第五秩與中庶子左右衛率同職

〔通志〕主簿一人晉始置歷代皆有掌府事及三寺十率府之隱漏程限稽失者

謹案魏晉以後東宮官屬漸備其家令率更僕號爲太子三卿不數中庶子庶子中舍人洗馬等官者蓋其所司在侍奉左右爲太子從官故不以吏事拘之後世家令率更等官既廢而獨置庶子洗馬蓋亦以其爲東宮近職而存之也

宋齊梁陳

〔宋書百官志〕太子詹事一人丞一人職比臺尚書令領軍將軍家令一人丞一人職比廷尉司農少府率更令一人職如光祿勳衞尉僕一人門大夫二人中庶子四人職如侍中中舍人四人職如黃門侍郎食官令一人職如太官令庶子四人職比散騎常侍中書監令舍人十六人職如散騎中書侍郎洗馬八人職如謁者太子左衞率七人太子右衞率二人太子屯騎校尉太子步兵校尉太子翊軍校尉三校尉各七人太子冗從僕

射七人太子旅賁中郞將十人職如虎賁中郞將太子左積弩將軍十人
太子右積弩將軍二人
〔馬端臨文獻通考〕宋元嘉初詔二率中庶子隨太子入直上宮
〔南齊書百官志〕太子詹事置丞一人太子率更令太子家令置丞太子
僕太子門大夫太子中庶子太子中舍人太子洗馬太子舍人太子左右
衞率各一太子翊軍步兵屯騎三校尉太子旅賁中郞將一人太子左右
積弩將軍太子殿中將軍員外殿中將軍太子倉官令太子常從虎賁督
〔職官分紀〕齊職儀詹事品第三
〔通志〕中允後漢太子官屬有之職在中庶子下洗馬上漢制五日一朝
其非朝日卽使僕及中允朝請問起居其後無聞宋齊有中舍人是其職
也
謹案晉元康中已置中舍人鄭樵以爲始於宋齊者誤也至唐世復改
舍人爲中允屬之左春坊而仍置中舍人屬之右春坊於是中允舍人

遂分爲二職矣

〔隋書百官志〕梁詹事位視中護軍任總宮朝置丞功曹主簿五官家令率更令僕各一人家令率更僕皆置丞左右衛率各一人位視御史中丞各有丞二率各置殿中將軍十人員外將軍十人正員司馬四人又有員外司馬督官其屯騎步兵翊軍三校尉各一人謂之三校旅賁中郎將冗從僕射各一人謂之二將左右積弩將軍各一人門大夫一人視謁者僕射中庶子四人高功者一人爲祭酒行則負璽前後部護駕中舍人四人高功者一人與中庶子祭酒共掌其坊之禁令又有通事守舍人典事守舍人典法守舍人員庶子四人掌侍從左右獻納得失高功者一人與高功舍人共掌其坊之禁令舍人十六人掌文記通事舍人二人視南臺御史多以餘官兼職典經局洗馬八人位視通直郎置典經守舍人典事守舍人員

謹案春坊之稱說者謂始於唐世然詳考史傳則魏晉以來已有之玉

海引晉王珉云中庶子稱坊詹事稱寺寺同於九卿坊如天朝之稱臺漢宮闕名洛陽北宮有九子坊蓋即省署之別名特宋齊以前其名猶未顯著至梁而蕭子範爲太子洗馬作直坊賦其辭稱直中舍之坊又張纘爲太子舍人洗馬作南征賦其辭稱彼華坊與禁苑常宵盤而晝憩而徐摛傳稱摛爲太子家令文體既別春坊盡學之春坊之名實昉見于此故百官志亦謂庶子舍人各掌其坊之政令蓋當時二坊已分左右特未以入銜耳又王褒集皇太子箴春宮養德秋坊通夢似春坊之外又別有名秋坊者然他書皆無可考至典經局即今司經局其名亦始于梁代云

（文獻通考）齊庶子用人卑雜梁天監七年詔選賢以太子中舍人司徒從事中郎爲之

（隋書百官志）陳承梁皆循其制官太子詹事中二千石品第三太子中庶子太子左右衞率二千石太子三卿千石品第四太子中舍人庶子六

百石品第五太子洗馬六百石太子步兵翊軍屯騎三校尉千石品第六太子舍人二百石太子門大夫六百石太子旅賁中郎將宂從僕射六百石品第七太子左右積弩將軍太子詹事丞六百石品第八太子左右二衞率品第九

北魏

（唐六典）後魏太子詹事置左右二人其後惟置一人初第二品太和末降爲第三品

魏書官氏志太子詹事第三品太子左右衞率從第三品太子中庶子第四品太子家令太子率更令太子僕太子庶子從第四品太子中舍人第五品太子洗馬太子屯騎校尉太子步兵校尉太子翊軍校尉從第五品太子門大夫太子舍人從第六品詹事丞第七品太子三卿丞第九品太子廏長從第九品

謹案漢書庶子本掌東宮宿衞故宋齊之世除用遂不擇人流品頗雜

據魏書劉芳傳芳與邢產入授皇太子經遷太子庶子則北魏庶子所司乃經幄勸讀之事視漢晉職掌爲不同矣

北齊

隋書百官志齊詹事總東宮內外衆務事無大小皆統之府置丞功曹五官主簿錄事員領家令率更令僕等三寺左右衛二坊三寺各置丞二坊各置司馬俱有功曹主簿以承其事家令領食官典倉司藏等署令丞又領內坊令丞（掌知閤內諸事）其食官又別領器局酒局二丞典倉又別領園丞司藏又別領仗庫典作二局丞率更領中盾署令丞各一人（掌周衛禁防漏刻鐘鼓）僕寺領廏牧署令丞署又別有車輿局丞左右衛坊率各領騎官備身正副都督騎官備身五職騎官備身員又有內直備身正副都督內直備身五職內直備身員又有備身正副都督備身五職員又有直閣直前直後員又有旅騎屯衛典軍校尉各二人騎尉三十人門下坊中庶子中舍人通事守舍人主事守舍人各四人又領殿內典膳藥藏齋帥等局殿內局有

內直監二人副直監四人典膳藥藏局監丞各二人藥藏又有侍醫四人齋帥局齋帥內閣帥各二人典書坊庶子四人舍人二十八人又領典經坊洗馬八人守舍人二人門大夫坊門大夫主簿各一人

謹案隋志載北齊典經坊洗馬八人而通志通考俱作二人自當以史爲正其門下典書分爲二坊則左右春坊之權輿也至梁典經局不隸二坊而北齊則爲典書坊所領隋唐遞沿其制皆以坊統局今坊局之分曹則又起于明代云

後周

（唐六典）後周置太子宮正宮尹

（胡三省通鑑注）後周置太子宮尹蓋卽詹事之職

（周書尉遲運傳）以運爲右宮正（王軌傳）宮尹鄭譯王端（宇文孝伯傳）歷司會中大夫東宮左宮正尉遲運爲右宮正仍爲左宮正（顏之儀注）拜小宮尹封平陽縣男

謹案唐六典以宮正宮尹爲後周宮官而通典載後周官品獨不及此二職考之周書列傳則宮正有左右二人而宮尹之下又有小宮尹蓋宮正當如左右衞率之職宮尹當如詹事之職小宮尹則如少詹事之職也觀宇文孝伯以司會中大夫轉爲宮正則其秩次又當在宮尹上矣

隋

〔隋書百官志〕開皇初置詹事二年定令罷之門下坊置左庶子二人內舍人四人錄事二人主事令史四人統司經宮門內直典膳藥藏齋帥等六局司經置洗馬四人校書六人正字二人宮門置大夫二人內直置監副監各二人監殿舍人四人典膳藥藏並置監丞各二人藥藏又有侍醫四人齋帥置四人典書坊右庶子二人舍人通事舍人各八人錄事二人主事令史四人內坊典內及丞各二人丞直四人錄事一人內廄置尉二人掌內車輿之事家令掌刑法食膳倉庫什物奴婢等事率更令掌伎樂漏刻僕掌宗族親疏車輿騎乘

各一人三寺各置丞家令二人寺各一人家令領食官典倉司藏三署令各一人丞食官二人典倉一人司藏三人僕寺領廄牧令一人員左右衛各置率一人副率二人掌宮中禁衛各置長史司馬及錄事功倉兵騎兵等曹參軍事法曹鎧曹行參軍各一人行參軍四人員又各有直閤四人直寢八人直齋直後各十人左右宗衛制官如左右衛左右虞候各置開府一人掌斥候伺非左右內率副率各一人掌領備身已上禁內侍衛供奉兵仗有千牛備身八人掌執千牛刀備身左右八人掌供奉弓箭備身二十人掌宿衛侍從左右監門各率一人副率二人掌諸門禁煬帝卽位門下坊減內舍人洗馬員改門大夫爲宮門監正字爲正書典書坊改太子舍人爲管記舍人通事舍人爲宣令舍人家令改爲司府令內坊承直改爲典直左右衛率改爲左右侍率左右宗衛率改爲左右武侍率左右虞候開府改爲左右虞候率弁置副率千牛備身改爲司仗左右備身左右改爲主射左右左右監門率改爲宮門將

唐

〈舊唐書職官志〉太子詹事一員少詹事一員詹事統東宮三寺十率府之政令少詹爲之貳丞二人主簿一人錄事二人令史九人書令史十八人丞掌判府事主簿掌印檢勾稽錄事掌受事發辰司直一人掌彈劾宮寮糺舉職事○太子左春坊左庶子二人中允二人左庶子掌侍從贊相駮正啓奏中允爲之貳司議郎四人錄事二人主事二人司議郎掌啓奏記注宮內祥瑞左諭德一人左贊善大夫五人左諭德掌諷諭規諫崇文館貞觀中置太子學館也學士直學士員數不定學士掌東宮經籍圖書司經局洗馬二人太子文學三人校書四人正字二人洗馬掌四庫圖籍繕寫刊緝之事文學掌侍奉文章校書正字掌典校四庫書籍典膳局典膳郎二人丞二人掌進膳嘗食藥藏局藥藏郎二人丞二人掌和劑醫藥內直局內直郎二人丞二人掌符璽繖扇几案衣服之事典設局典設郎四人丞二人掌湯沐灑掃鋪陳之事宮門局宮門郎二人丞二人掌內外宮門管鑰之事

○太子右春坊右庶子二人中舍人二人舍人四人錄事一人主事二人掌行令書令旨及表啓之事右諭德一人右贊善大夫五人傳令四人通事舍人八人舍人掌導引宮臣辭見及承令勞問之事○太子家令寺令一人丞一人主簿一人掌太子飲膳倉儲庫藏之政令總食官典倉司藏三署之官屬食官署令一人典倉署令一人丞二人園丞一人典事六人典倉令掌九穀入藏及醯醢庶羞器皿燈燭之事司藏署令一人丞二人掌庫藏財貨出納營繕之事○太子率更寺令一人丞二人主簿一人錄事一人伶官師二人漏刻博士二人掌漏六人漏童六十人典鼓二十四人率更令掌宗族次序禮樂刑罰及漏刻之政令○太子僕寺僕一人丞一人主簿一人錄事一人掌車輿乘騎儀仗之政令廐牧署令一人丞二人掌車馬閑廐牧畜之事○太子左右衛率府率各一員副率各一人掌東宮兵仗羽衛之政令長史各一人錄事參軍事各一人倉曹參軍一人兵曹參軍一人胄曹參軍一人司階一人中候二人司戈二人執戟三人

長史掌判諸曹及三府五府之貳錄事掌監印勾稽諸曹官掌本曹簿籍
親府勳翊府中郎將各一人左右郎將各一人錄事一人兵曹參軍一人
校尉五人旅師十人隊正二十人副隊正二十人郎將掌其府之屬以宿
衞而總其事○太子左右司禦率府率各一人副率各二人司禦率掌同
左右率○太子左右清道率府率各一人副率各二人清道率掌東宮內
外晝夜巡警之法○太子左右監門率府率各一人副率各一人左右監
門率掌東宮禁衞之法○太子左右內率府率各一人副率各一人左右
內率之職掌東宮千牛備身侍奉之事而立其兵仗總其府事
新唐書百官志詹事府武德初置龍朔二年曰端尹府詹事曰端尹少詹
事曰少尹武后光宅元年改曰宮尹府詹事曰宮尹少詹事曰少尹隋有
內允武德三年改曰中舍人貞觀初曰中允十八年置司議郎永徽三年
避皇太子名復改中允曰內允太子廢復舊龍朔二年改門下坊曰左春
坊左庶子曰左中護中允曰左贊善大夫司議郎分左右置左右諭德各

一人咸亨元年皆復舊司議郎不分左右其後諭德廢而司議郎復分儀鳳四年置左右贊善大夫各十人以同姓爲之景雲二年始兼用庶姓改門下坊曰左春坊復置諭德庶子以比侍中中允比門下侍郎司議郎以比給事中贊善大夫以比諫議大夫諭德以比散騎常侍右坊則庶子以比中書令中舍人以比中書侍郎太子監國則庶子比尚書令改太子正書曰正字龍朔三年改司經局曰桂坊罷隸左春坊領崇賢館比御史臺以詹事二人爲令比御史大夫司直二人比侍御史以洗馬爲司經大夫三年改司經大夫曰桂坊大夫咸亨元年復隸左春坊省錄事隋內舍人隸典書坊武德初改曰中舍人管記舍人曰太子舍人永徽元年避太子名復改中舍人曰內舍人龍朔三年改典書坊曰右春坊右庶子曰右中護中舍人曰右贊善大夫舍人曰右司議郎

謹案自隋罷詹事分置門下典書二坊唐初復置詹事府以治三寺十率府之政令改門下坊爲左春坊典書坊爲右春坊以領諸局而坊與

府始各爲一司雖同稱宮僚其實不相統轄也至率府之制本起于秦漢之衞率以主東宮衞兵其後晉宋增爲五率至有實甲萬人隋唐又增爲十率府兵之隸于十六衞者餘悉以隸東宮遂使精兵勁卒半屬承華率府武臣皆得以私事太子搆嫌召釁浸長厲階實爲弊政之尤今以其官在歷代亦詹事所屬故併附載大略以昭炯戒焉

五季

〔冊府元龜〕五代典制未備儲副居尹京之任皇子分節鎭之職宮僚國吏蓋多闕焉

〔五代史劉岳傳〕貶均州司馬復用爲太子詹事王權傳貶隨州司馬起爲右庶子

謹案五季諸君皆未立太子故宮官多闕然觀五代史所紀則當時又有詹事庶子等名目蓋自唐以後東宮諸職或以授左降致仕之人而藩鎭牙校幕府僚佐亦多檢校宮官者劉岳等所任大抵亦屬空銜並

無職掌也

宋

（宋史職官志）太子詹事仁宗升儲置詹事二人神宗欽宗升儲並置二人皆以他官兼登位後省太子左庶子右庶子左諭德右諭德舊制不常設儲闈之建隨宜制官以備寮案多以他官兼領太子侍讀侍講神宗升儲始置各一人乾道淳熙開禧各依故事並置太子中舍人舍人至道天禧各置一人神宗欽宗升儲並如舊置嘉定初除二人慶元以中舍人在舍人上主管左右春坊事二人以內臣兼同主管左右春坊事二人以武臣兼承受官一人以內侍充仁宗神宗升儲並置中興後置官並同太子左右衞率府率副率左右司禦率府率副率左右清道率府率副率左右監門率府率副率左右內率府率副率官存而無職司

（文獻通考）宋東宮官有左右庶子諭德乾道中庶子諭德除左不除右

（永樂大典）宋會要神宗熙寧二年以呂惠卿爲太子中允

謹案據此則宋代亦置中允矣而宋史職官志不載殆暫置卽罷故略之歟

遼

（遼史百官志）太子詹事院太子詹事少詹事詹事丞詹事主簿○太子司直司太子司直○左春坊太子左庶子太子中允太子司議郎太子左諭德太子左贊善大夫文學館崇文館學士崇文館直學士太子校書郎司經局太子洗馬太子文學太子校書郎太子正字典設局典設郎宮門局宮門郎○右春坊太子右庶子太子中舍人太子舍人太子右諭德右贊善大夫太子通事舍人○太子家令寺太子家令丞主簿太子率更寺太子率更令丞主簿太子僕寺太子僕丞主簿○太子率府太子左右衞率府太子左右司禦率府太子左右清道率府太子左右監門率府太子

左右內率府

謹案遼史載東宮官屬極備然其可考見者中允馮若谷洗馬劉輝校

書郎韓欒張昱等數人而已其他大抵皆据唐制以約略得之未必盡有確據也

金

（金史百官志）詹事院太子詹事少詹事掌總統東宮內外庶務左右衛率府掌周衛導從儀仗左右監門掌門衛禁鑰僕正副僕正僕丞掌車馬廄牧弓箭鞍轡器物等事掌寶二人掌奉寶謹其出入典儀贊儀司贊禮儀待正侍丞掌冠帶衣服左右給使之事典食令丞承奉膳羞侍藥奉藥承奉醫藥掌飲令丞承奉賜茶及酒果之事家令家丞掌營繕栽植鋪設及燈燭之事司經正副掌經史圖籍筆硯等事司藏副掌庫藏財貨出入之事司倉副掌倉廩出納薪炭等事中侍局都監同監掌東閣內之禁令省察宮人廩賜給納諸物轄侍人等左諭德右諭德左贊善右贊善掌贊諭道德侍從文章

謹案金代宮僚但有諭德贊善而不分左右春坊與唐宋之制稍異其

司經正副掌經史圖籍則仍洗馬之舊職也

元

（元史百官志）儲政院秩正二品至元十九年立詹事院備左右輔翼皇太子之任置左右詹事各一員副詹事詹事丞院判各二員吏屬六十有二人別置宮臣賓客二員左右諭德左右贊善各一員校書郎二員中庶子中允各一員三十一年太子裕宗既薨乃以院之錢糧選法工役悉歸太后位下改爲徽政院以掌之大德九年復立詹事院尋罷十一年更置詹事院設官十二員至大四年罷延祐四年復立七年罷泰定元年罷徽政院改立詹事如前天曆元年改詹事院爲儲慶使司二年罷復立詹事院未幾改儲政院院使六員同知二員僉院二員同僉二員院判二員司議二員長史二員照磨二員管勾二員掾史一十二人譯史四人回回掾史二人通事知印各二人宣使十人典吏六人家令司家令家丞各二員典簿二員照磨一員掌太子飲膳供帳倉庫典幄署令丞各二員掌太子

供帳府正司府正府丞典簿各二員資武庫提點大使各一員掌軍器冀
用庫提點大使各一員掌鞍轡延慶司使同知各一員掌修建佛事典用
監卿四員太監少監丞各二員掌供給緞疋寶貨等物典醫監達嚕噶齊
解見戶部篇二員卿二員太監少監丞各二員掌供進藥餌典牧監卿太監少
監丞各二員掌孳畜之事儲膳司卿四員少卿丞各二員掌皇太子飲膳
之事典寶監卿太監少監丞各一員〇至正六年立皇太子宮傅府九年
冬立端本堂爲皇太子學宮置諭德一員贊善二員文學二員正字二員
司經二員十三年定置皇太子賓客二員左右諭德各一員左右贊善各
一員文學二員中庶子中允各一員立詹事院罷宮傅府置詹事三員同
知詹事二員副詹事二員詹事丞二員首領官中議二員長史二員管勾
照磨各一員蒙古筆且齊解見吏部篇六人回回掾史二人掾史十人知印二
人克哷穆爾齊解見倉場衙門篇二人宣使十人其屬有家令司府正司典寶監
儀衛司

謹案元之徽政院如漢之長信少府儲政院如漢之詹事儲政院有太子則置徽政院有太后則置無則省兩官互爲廢置其實卽一署也元史尚有掌謁司等官皆徽政院所屬今並不載又有左右都威衞使司衞候直都指揮使司蓋卽前代衞率之職又有內宰司諸色人匠都總管府打捕鷹房總管府財賦都總管府等官所屬職員至多名目猥雜今但附識其概於此

明

(明史職官志)詹事府詹事一人少詹事二人府丞二人主簿廳主簿一人錄事二人通事舍人二人左春坊大學士左庶子左諭德各一人左中允左贊善左司直郎各二人左清紀郎一人左司諫二人右春坊亦如之司經局洗馬一人校書正字各二人詹事掌統府坊局之政事以輔導太子少詹事佐之凡府僚暨坊局官與翰林院職互相兼試士修書皆與焉通事舍人典東宮朝謁辭見之禮承令勞問之事春坊大學士掌太子上

奏請下啓箋及講讀之事皆審愼而監省之庶子諭德中允贊善各奉其職以從司直淸紀郎掌彈劾宮僚糾舉職事司諫掌箴誨鑒戒以拾遺補過洗馬掌經史子集制典圖書刊輯之事校書正字掌繕寫裝潢詮其訛謬而調其音切以佐洗馬建文中增少卿寺丞各一人賓客二人又置資德院資德一人資善二人其屬贊讀贊書著作郎各二人掌典籍各一人成祖復舊制英宗初命大學士提調講讀官按詹事府多由他官兼掌天順以前或尙書侍郎都御史成化以後率以禮部尙書侍郎由翰林出身者兼掌之其協理者無常員春坊大學士景泰閒倪謙劉定之而後僅楊廷和一任之後不復設其司直司諫淸紀郎亦不常置惟嘉靖十八年以陸深爲詹事崔銑爲少詹事王教羅洪先華察等爲諭德贊善洗馬皇甫涍唐順之等爲司直司諫皆天下名儒自明初宋濂諸人後宮寮莫盛於此嗣是出閣講讀每點別員本府坊局僅爲翰林官遷轉之階

〈明會典〉詹事府及坊局官後不全設亦無定員

謹案周禮不載太子宮官考之經文如師氏保氏掌教太子及國子諸子率國子而致于太子皆主教訓國子而太子亦齒焉蓋其所亟者在以道引翼故特選正人以朝臣兼師保之任使其入虎門之學朝夕納誨而已問安視膳之外太子絕無所預固無庸別置官僚以供使令而備宿衞也秦漢始爲太子置詹事多設僚屬嗣後歷代增加三寺十率員額浸廣而人數既衆賢否龐雜往往預爲富貴之地遑其逢迎傾軋簧鼓多端以致貽害無窮禍延宗社故宮僚之設實非國家美事我

朝鑒古立制諸

皇子皆在

尚書房讀書各選翰林官分侍講讀日有程課而擇大臣二三人爲總師傅以綜領其事凡詹事坊局之舊稱宮僚者則但以備翰林敘進之階法度周詳實爲超軼萬古矣

欽定歷代職官表卷二十六

欽定歷代職官表卷二十七

太常寺表

	太常寺卿
三代	殷太宗 周太宗伯卿
秦	奉常
漢	太常
後漢	太常
三國	蜀漢太常 魏太常 吳太常
晉	太常
宋齊梁陳	太常 太常卿
北魏	太常卿
北齊	太常寺卿
後周	大宗伯
隋	太常寺卿
唐	太常寺卿 奉常寺卿 司禮寺卿
五季	太常寺卿
宋	太常寺卿
遼	太常寺卿
金	太常寺卿
元	太常禮儀院使 太常寺卿
明	太常寺卿

少卿	寺丞	博士
周小宗伯中大夫		
	奉常丞	
	太常丞	
	太常丞	
		魏太常博士
	太常丞	太常博士
	太常丞	太常博士
太常少卿	太常丞	太常博士
太常寺少卿	太常寺丞	太常博士
小宗伯上大夫		
太常寺少卿	太常寺丞	太常寺博士
太常寺少卿 司禮少卿	太常寺丞	太常寺博士
太常寺少卿	太常寺丞	太常寺博士
太常寺少卿	太常寺丞	太常寺博士
太常寺少卿	太常寺丞	太常寺博士
太常寺少卿	太常寺丞	太常寺博士
同知太常禮儀院 太常寺少卿	太常寺丞	太常禮儀院博士
太常寺少卿	太常寺丞	太常寺博士

贊禮郎	讀祝官	典簿廳典簿
周鬱人鬯人司尊彝司几筵等上士	周太祝下大夫上士小祝中士下士	
	太祝	
贊饗	太祝令太祝丞	太常主簿
贊饗治禮郎	太祝令太祝丞	太常主簿
治禮吏	太祝令太祝丞	太常主簿
	太祝令太祝丞	太常主簿
治禮郎	太祝令祝史	太常功曹五官
	太祝署令太祝署丞	太常寺主簿
司几筵司罇彝掌鬱掌鬯等中士下士	太祝下大夫小祝上士	
治禮郎太常寺謁者太常寺贊引	太祝	太常寺主簿
奉禮郎太常謁者太常贊引	太祝祝史	太常寺主簿
奉禮郎贊引使	太祝	太常寺主簿
奉禮郎贊引	太祝	太常寺主簿
奉禮郎	太祝	
奉禮郎	太祝	
贊禮郎	太祝	太常寺典簿廳典簿

司庫庫使	筆帖式
周典瑞中士	
	太常掾
提點管幹郊廟祭器所提點朝服法物庫所	
法物庫使法物庫副使	
	令史
	令使譯使

太常寺

國朝官制

太常寺卿滿洲漢人各一人正三品 少卿滿洲漢人各一人正四品 掌典守

壇壝

廟

社以歲時序其祭祀而詔其行禮之節祭日則帥其屬以分司厥事凡牲牢之

數籩豆之實咸準儀式而爲之共備焉

國初設太常寺以隸禮部置卿少卿等官凡祭祀事宜由禮部掌行順治十

六年改歸本寺康熙二年復以寺事屬禮部十年仍歸本寺雍正元年始

特簡大臣總理寺事乾隆十四年定禮部滿洲尚書以兼管太常寺入銜永爲

成式焉

寺丞滿洲一人漢人二人正六品

掌祭祀之儀式辨其職事以詔有司及遴補員吏鉤稽廩餼之事

國初設滿洲寺丞一人漢人左右寺丞各一人皆堂上正官乾隆十三年改爲屬官

博士滿洲一人漢軍一人漢人一人正七品

掌繕寫章牘有祀事則具儀以進品物所須咸應時而供其直焉員額順治元年定

贊禮郎滿洲二十二人漢人十四人滿洲贊禮郎初制四品順治十六年改爲九品康熙四年改爲六品六年改爲五品九年仍改爲正九品尋又定由護軍校驍騎校選授者六品職銜由八品筆帖式監生選授者八品職銜由無品筆帖式庫使前鋒護軍選授者九品職銜乾隆元年改定俱以六品冠帶食七品俸漢人贊禮郎仍初制爲正九品讀祝官滿洲八人初制五品康熙九年改爲正九品尋又定品數如贊禮郎視出身爲差乾隆元年改定俱以六品冠帶食七品俸學習贊禮郎讀祝官各滿洲二人九品冠帶

掌相儀序事備物絜器凡國之大禋祀則分充典儀典樂通贊引禮傳贊司香司玉帛司爵司祝司饌掌燎掌瘞進俎挈壺司拜牌拜褥等官各共其職無有不恪凡中祀羣祀咸準式而差次之以奉殷禮焉滿洲贊禮郎初置十六員讀祝官初置四員又有禮部讀祝官二員康熙十年以禮部

讀祝官改隸太常寺尋又增置額外讀祝官二員雍正十一年增置贊禮郎八員改額外讀祝官二員爲正額乾隆三十七年以贊禮郎二員分隸鑾儀衛司贊鳴鞭四十年增置學習贊禮郎讀祝官各二員漢人贊禮郎順治初置十六員康熙三十八年省二員雍正元年復置乾隆二年又增置二員九年復置四員

典簿廳典簿滿洲漢人各一人正七品

掌行遺文移凡祭祀則辨籩豆牲牷之位而陳之員額順治元年定

司庫滿洲一人庫使滿洲二人

掌祭器儀服之屬各以其物而分貯之歲支銀於戶部鉤考出入以供祀事司庫員額順治元年置庫使員額雍正元年置

筆帖式滿洲九人漢軍一人

滿洲筆帖式初置十八員康熙三十八年省九員漢軍筆帖式初置二員康熙三十八年省一員職事具吏部篇

謹案太常寺初設有犧牲所牧滿洲漢人各一人從七品掌繫牲牷而芻牧之以待祭祀乾隆二十六年省以其事改入內務府慶豐司管理

歷代建置

三代

（杜佑通典）今太常者亦唐虞伯夷爲秩宗兼夔典樂之任也周時曰宗伯掌邦禮

（周禮鄭康成注）唐虞三代以宗官典國之禮與其祭祀漢之太常是也（賈公彥疏）上舉唐虞下舉周法則其中夏殷亦宗官掌禮可知故總以三代言之

（禮記曲禮）天子建天官先六太曰太祝太士（鄭康成註）此蓋殷時制也

（周禮春官）大宗伯卿一人掌建邦之天神人鬼地示之禮以佐王建保邦國以吉禮事邦國之鬼神示以禋祀祀昊天上帝以實柴祀日月星辰以槱燎祀司中司命飌師雨師以血祭祭社稷五祀五嶽以貍沈祭山林

川澤以疈辜祭四方百物以肆獻祼享先王以饋食享先王以祠春享先王以禴夏享先王以嘗秋享先王以烝冬享先王小宗伯中大夫二人掌建國之神位右社稷左宗廟兆五帝于四郊四望四類亦如之兆山川丘陵墳衍各因其方辨廟祧之昭穆毛六牲辨其名物而頒之于五官時共奉之辨六彝之名物以待果（依注作祼）將辨六尊之名物以待祭祀賓客掌四時祭祀之序事與其禮鬱人下士二人府二人史一人徒八人掌祼器詔祼將之儀與其節鬯人下士二人府一人史一人徒八人掌共秬鬯而飾之司尊彝下士二人府四人史二人胥二人徒二十人掌六尊六彝之位詔其酌辨其用與其實司几筵下士二人府二人史一人徒八人掌五几五席之名物辨其用與其位典瑞中士二人府二人史二人胥一人徒十人掌玉瑞玉器之藏辨其名物與其用事設其服飾四圭有邸以祀天旅上帝兩圭有邸以祀地旅四望祼圭有瓚以肆先王以祼賓客圭璧以祀日月星辰璋射邸以祀山川以造贈賓客太祝下大夫二人上士四人小

祝中士八人下士十有六人府二人史四人胥四人徒四十人太祝掌六祝之辭以事鬼神示祈福祚求永貞一曰順祝二曰年祝三曰吉祝四曰化祝五曰瑞祝六曰筴祝小祝掌小祭祀將事侯禳禱祠之祝號以祈福祥順豐年逆時雨寧風旱彌烖兵遠辠疾凡事佐太祝

謹案唐虞三代皆以宗官主祭祀之禮說者訓宗爲尊以其敘次天神地示人鬼之禮事則謂之秩宗以其爲治尊禮之長官則謂之宗伯其義一也自六官之制既廢秦漢始改設太常以代宗伯之任自是宗官職掌乃盡移於太常故漢官典職謂太常蓋周官宗伯崔駰太常箴亦云翼翼太常實爲宗伯晉書華恆傳恆拜太常玄帝詔曰恆司宗伯之任後魏禮志劉芳爲太常表云臣忝居宗伯權德輿謝除太常卿表亦有自罷宰司再復宗伯之語其後尚書省雖復置禮部以準春官而太常亦並建不廢寅清之職遂岐而爲二故唐六典於禮部尚書侍郎及太常卿沿革皆以春官宗伯當之未免散而無統今制以禮部滿洲尚

書兼管太常寺丞爲定式於是容臺之任始歸畫一洵與周禮相符矣特以源流所自在三代原無所區分故仍從六典互見於此表焉

又案祝之爲官所以達誠薦信於鬼神故三代特重之史記周本紀武王立于社南尹佚祝筴張守節正義曰尹佚讀筴書祝文以祭社則如今宣讀祝文之職又逸周書嘗麥解王初祈禱于宗廟少祝導王亞祝迎王則又如今贊引對引之職禮記月令仲秋乃命宰祝循行犧牲鄭康成注太祝主祭祀之官則又如今驗視牲隻之職據春秋左氏莊三十二年傳虢有祝應宗區史嚚則祝官列於宗官之上當亦由祭祀在正辭告神故以太祝爲之主也至鬱人鬯人司几筵諸職所司在詔儀節而辨用位正如今之贊禮郎而典瑞掌藏玉器鄭康成曰禮神曰器今凡蒼璧黃琮及金編鐘玉編磬等皆恭貯寺庫設官典守亦其職矣

秦

（冊府元龜）秦置奉常掌宗廟禮儀有丞

〈史記封禪書〉秦諸祠太祝常主以歲時奉祠祝官有祕祝卽有菑祥輒祝祠移過於下

漢

唐六典漢高祖名曰太常惠帝復曰奉常

〈史記景帝本紀〉中六年更命奉常爲太常王應麟玉海景帝中六年吳利始爲之

〈漢書百官公卿表〉奉常掌宗廟禮儀諸陵縣皆屬焉

〈漢書昭帝本紀〉元鳳元年三輔太常徒〈蘇林注〉時太常王陵縣治民也三年三輔太常郡〈如淳注〉太常主諸陵別治其縣爵秩如三輔郡元帝永光五年令各屬在所郡也

〈後漢書百官志〉太常卿一人中二千石掌禮儀祭祀每祭祀先奏其禮儀及行事常贊天子每選試博士奏其能否大射養老皆奏其禮儀每月前晦察行陵廟

〈通典〉太常卿漢舊常以列侯忠敬孝愼者居之後漢不必侯也舊制陵縣悉屬歲舉孝廉後漢則否建安中爲奉常

〔歐陽詢藝文類聚〕漢官解詁曰太常掌社稷郊時事重職尊故在九卿之首

〔太平御覽〕劉熙曰漢置十二卿首太常韋昭辨曰漢正卿九首太常自漢以來九卿所居謂之寺

〔顏師古漢書注〕太常者王之旌也畫日月焉王者有大事則建以行禮官主奉持之故曰奉常後改爲太尊大之義也

宋書百官志應劭曰欲令國家盛大常存故稱太常

謹案秦漢太常卽周官宗伯之任故朝廟大禮皆其所掌不獨祭祀之法式然百官表謂掌宗廟禮儀而不言朝會則其職仍以祠祀爲重也至百官表謂漢初曰奉常景帝始改太常而唐六典則云漢初已名太常通典亦同皆與百官表互異今考史記叔孫通列傳實稱高帝拜通爲太常不作奉常而太平御覽引漢官典職亦有惠帝改太常爲奉常之文是其說當有所據殆百官表徵引未備耳又太常之義應劭顏師

古立說各殊未知孰是然周官有司常之職亦以常名官則顏說當爲近之唐書楊收傳載收建言太常分務專治所以藏天子旂常宋張耒除太常作詩亦有平生秉周禮垂老奉龍旂之句蓋均以顏說爲可據矣

〔漢書百官公卿表〕奉常有丞

〔王應麟玉海〕漢舊儀太常丞舉廟中非禮者

〔漢書韋元成傳〕元成兄宏爲太常丞職奉宗廟典諸陵邑

〔後漢書百官志〕太常丞一人比千石掌凡行禮及祭祀小事總署曹事

其署曹掾史隨事爲員

謹案劉昭補後漢志注引盧植禮注云太常卿如大樂正丞如小樂正蓋兩漢大樂令及五經博士皆隸太常故植有此說今大樂令入樂部表五經博士入國子監表至今之太常博士曹魏始置與此不同說詳後其實丞與卿通判寺事正如今少卿之比故卿秩中二千石而丞亦秩至比千石也自後魏既置少卿則丞爲散

員故唐六典與主簿同職明代乃以少卿與丞均作正官未免冗贅

國朝改寺丞爲屬官於體制實爲允協矣

（唐六典）漢官儀鹵簿篇太常駕四馬主簿前車八乘有鈴下侍閤奉車

騎吏五伯等員

謹案太常主簿前後漢志俱不載僅見於此蓋卽如今典簿之職也

（劉昭後漢書志注）漢舊儀曰贊饗一人秩六百石掌贊天子

（顏師古急就篇注）治禮贊禮儀者也屬太常

謹案漢之贊饗卽封禪書所云天子揖見太乙其贊饗曰天始以寶鼎

神策授皇帝後漢書禮儀志所云帝進拜謁贊饗曰嗣曾孫皇帝敬再

拜者是也蓋主於祝讚禮儀正如今贊禮郎之職而治禮郎四十七人

則惟大鴻臚有之太常官屬並無此名然劉昭注引東觀書稱治禮郎

主齋祠則祭祀儐贊之事亦其職司故顏師古以爲兼屬太常其言當

有所據或兩漢志脫漏也

（史記封禪書）高祖召秦祝官復置太祝太宰如其故儀禮

（漢書百官公卿表）奉常屬官有太祝令丞景帝中六年更名太祝爲祠祀武帝太初元年更曰廟祝

（後漢書百官志）太祝令一人六百石凡國祭祝掌讀祝及迎送神丞一人掌祝小神事太宰令一人六百石凡國祭祀掌陳饌具丞一人

（劉昭後漢書志注）漢舊儀曰廟祭太祝令主酒席

（後漢書禮儀志）郊祀夕牲太祝吏牽牲入到榜太祝令繞牲舉手曰充

（東觀漢記）陰猛好學温良以郎遷爲太祝令

謹案漢之太祝令丞即如今讀祝官而太宰令丞掌陳饌具則今典簿之司祭前陳設者亦兼有其職又太祝令員吏有宰二百四十二人屠者六十人太宰令員吏有宰二百四十二人屠者七十三人爲數甚多今太常寺設有廚役三百九十名以供各祭祀烹宰滌濯及陳設之役即其例也

（漢書朱博傳）博以太常掾察廉爲安陵丞

（劉昭後漢書志注）漢官曰太常員吏八十五人其十二人四科十五人佐五人假佐十三人百石十五人騎吏九人學事十六人守學事

三國

（三國蜀志杜瓊傳）後主踐阼拜諫議大夫遷大鴻臚太常

（孟光傳）太常廣漢鐔承

三國魏志文帝紀黃初元年改奉常爲太常

（晉書職官志）太常博士魏官也魏文帝初置

（晉書鄭袤表）袤在魏轉太常高貴鄉公議立明堂精選博士袤舉劉毅等後並至公輔

謹案兩漢以五經博士隸屬太常多至數十人後爲博士置弟子員其薦舉選用皆太常主之漢書功臣侯表山陽侯張當居爲太常坐擇博士弟子不以實免侯漢之太常所以稱爲劇職也自隋唐以後專設國

子監五經博士已不隸於太常今别著於國子監表至今之太常博士則始於魏文帝時職在導引乘輿與漢之五經博士並非一官唐六典敘太常博士沿革乃與太學國學諸博士混而一之殊爲失考矣

（三國吳志三嗣主傳）太元元年會稽太守滕允爲太常

（趙彦衞雲麓漫鈔）吳天璽元年遣兼太常周處封禪國山

晉

（晉書百官志）太常爲列卿置丞功曹主簿五官等員

（冊府元龜）晉承魏制太常有博士員

（通典）太常博士魏初置晉因之掌引導乘輿王公以下應追謚者則博士議定之

（晉書鄭默傳）默爲太常山濤欲舉一親爲博士謂默曰卿似尹翁歸令我不敢復言

（唐六典）晉有太祝令丞太常諸博士有治禮吏二十四人太祝令史三

十人

謹案西漢太常卿必以見侯居之蓋以職奉宗廟園陵故特隆其任然事關典禮動輒得咎由元狩以降太常卿因事廢斥者二十人漢書韋元成傳稱太常煩劇多罪過者是也考之漢書表中所載如酇侯蕭壽成坐犧牲瘦蓼侯孔臧坐衣冠道橋壞繩侯周平坐不繕園屋睢陵侯張昌坐乏祠廣阿侯任越人坐廟酒酸俞侯欒賁坐雍犧牲不如令牧丘侯石德坐廟牲瘦當塗侯魏不害坐孝文廟風發瓦轑陽侯江德坐廟郎夜飲失火弋陽侯任宮坐人盜茂陵園物皆以奉祠不謹之故削爵免官是當時於祀事尙爲嚴恪故其責任亦重沿及晉初猶循漢舊晉書所載如張華傳華爲太常以太廟屋棟折免官刑法志元康四年大風廟闕屋瓦有數枚傾落免太常荀寓五年大風蘭臺主者求索阿棟之閒得瓦小邪十五處遂禁止太常復與刑獄陵上荆一枝圍七寸二分者被斫司徒太常奔走道路太常禁止不解蓋法制之嚴肅如此

自瑯邪南渡此任漸輕晉書任愷傳遂以太常爲散職而南史張瓌傳又稱瓌拜太常自謂閑職至於病免去官則其時苟且立國不復講求典禮亦槩可見矣

又案晉書職官志太常屬官內不載太祝令丞而刑法志載裴頠奏稱近日太祝署失火燒屋三間半署在廟北隔道在重牆之內云云是晉時實嘗置太祝唐六典亦謂晉有此職疑職官志因傳刻脫去太祝二字耳

宋齊梁陳

（宋書百官志）太常一人太祝令一人丞一人掌祭祀讀祝迎送神

（冊府元龜）宋太常府有博士

（南史徐爰傳）宋孝武卽大位爰兼太常丞撰立儀注

（南齊書百官志）太常府置丞一人五官功曹主簿太祝令一人丞一人

唐六典齊職儀太祝令品第七四百石銅印墨綬進賢一梁冠絳朝服用

珍倣宋版印

三品勳位

隋書百官志梁天監七年以太常爲太常卿視金紫光祿大夫統太祝令

丞

（通典）太常丞梁舊同員外郎遷尙書郎天監七年改視尙書郎陳因之

（鄭樵通志）梁天監七年十二卿各置主簿惟太常主簿視二衞主簿陳

因之

（隋書百官志）陳太常中二千石

（隋書禮儀志）陳天嘉中太中大夫領大著作攝太常卿許亨

謹案自晉以後太常雖爲列卿之首而職事清簡已非兩漢可比然梁陸倕讓太常表有云宗卿清重歷選所難漢晉已降莫非素範則當時尙以爲華選也至梁世太祝令在十八班之末品秩最微而隋書禮儀志載天監十一年太祝牒北郊止有一海及二郊俎案詔下詳議蓋職掌所在故太祝亦許其參預禮文然史但言牒而不言奏則必先關白

於卿而爲之入告者耳

北魏

（魏書官氏志）太和中高祖議定百官太常從第一品下少卿第三品上太常丞第五品下太祝令從第五品下治禮郎從第六品下祝史太常齋郎從第七品中太常日者從第七品下二十三年復次職令太常第三品太常少卿第四品丞第七品太常博士從第七品太祝令從第八品太常功曹五官治禮郎從第九品

（魏書禮志）太常博士鄭大議文昭皇后改葬服

（魏書高遵傳）遵爲中書侍郎高祖恭薦宗廟遵形貌莊潔音氣雄暢常兼太祝令跪贊禮事爲俯仰之節粗合儀矩由是高祖識待之

謹案北魏太祝令掌跪贊禮事正如今贊禮郎讀祝官之職而高遵以中書侍郎第四品下兼太祝令從第八品則亦如今太常寺官之諳習儀典者雖陞任以後仍得兼贊禮讀祝行走不另開缺也又魏書禮志

載太和十五年設薦於太和廟高祖薦酌神部尙書王諶讚祝神部尙書一官中不槪見殆卽太祝之職而臨時特置以重其事者歟

北齊

（隋書百官志）後齊太常寺置卿少卿丞各一人有功曹五官主簿錄事等員掌陵廟羣祀禮樂儀制天文術數衣冠之屬其屬有博士四人掌禮制統太祝署令丞掌郊廟贊祝祭祀衣服等事

（通志）北齊太常有功曹五官主簿二人

後周

（通典）後周官品正七命大宗伯正六命小宗伯上大夫正五命春官大司樂中大夫正四命春官小司樂太祝下大夫正三命春官小祝上士正二命春官司几筵司罇彝掌鬱掌鬯治禮等中士正一命春官司几筵司罇彝掌鬱掌鬯治禮等下士

（唐六典）太常卿後周爲宗伯少卿爲小宗伯

謹案後周仿古制分建六官自唐六典及通典冊府元龜諸書皆以大小宗伯爲卽太常卿及少卿之職然考周書長孫紹遠傳紹遠初爲太常六官建拜大司樂又斛斯徵傳徵累遷太常卿六官建拜司樂中大夫宣帝嗣位始還大宗伯疑當時實以大司樂當太常卿蓋用盧植禮注之說也

隋

（隋書百官志）隋太常寺置卿少卿各一人丞二人主簿二人錄事二人又有博士四人奉禮郎十六人太祝署令一人丞一人太祝二人煬帝卽位罷太祝署而留太祝員八人屬寺後又增爲十人奉禮減置六人案奉禮郎隋時實稱治禮郎唐人修隋書因避高宗名改作奉禮謹附識

（章俊卿山堂考索）太常少卿隋煬帝加置二人

唐

（唐六典）隋太常寺有謁者三十人贊引六十人祝史十六人

〔舊唐書職官志〕武德七年定令以太常爲九寺貞觀二十三年七月改治禮郎爲奉禮郎龍朔二年改太常爲奉常卿爲正卿咸亨元年詔依舊光宅元年改太常爲司禮神龍元年臺閣官名並依永淳以前故事增置太常少卿一員

新唐書百官志太常寺卿一人正三品少卿二人正四品上掌禮樂郊廟社稷之事凡大禮則贊引有司攝事則爲亞獻三公行園陵則爲副大祭祀省牲器則謁者爲之導小祀及公卿嘉禮命謁者贊相凡藏大享之器服有四院一曰天府院藏瑞應及伐國所獲之寶禘祫則陳於廟廷二曰御衣院藏天子祭服三曰樂縣院藏六樂之器四曰神廚院藏御廩及諸器官奴婢丞二人從五品下掌判寺事主簿二人從七品上博士四人從七品上掌辨五禮接王公三品以上功過善惡爲之諡大禮則贊卿導引太祝六人正九品上掌出內神主祭祀則跪讀祝文奉禮郎二人從九品上掌君臣版位以奉朝會祭祀之禮凡樽彝勺冪篚坫簠簋登鉶籩豆皆

辨其位凡祭祀朝會在位拜跪之節贊導之錄事二人從九品上

（冊府元龜）唐太常又有禮直五人乾元初省貞元七年又置禮儀直兩員九年以太常寺禮院置修撰檢討官各一員禮生員三十五人長慶二年又置守闕人

（唐會要）大中九年八月博士李慤引故事以禮院雖係太常博士自專無關白者太常三卿始莅事博士無參集之禮

（封演聞見記）太常博士掌諡職事三品以上薨者故吏錄行狀申尚書省考功校勘下太常博士擬議訖申省省司議定然後聞奏

（唐六典）太常謁者十人贊引二十人祝史六人

謹案舊唐職官志第一卷總序官制稱神龍元年增太常少卿一員而第二卷太常寺下又稱貞觀加置一員前後自相矛盾以唐六典通典考之則稱貞觀者誤也又唐之禮制皆掌於太常博士故禮院皆以博士自專不必關白於卿貳然觀陸亘傳稱亘爲太常博士寺有禮生孟

真久於其事凡吉凶大儀官不能達率訪焉真亦因是姑息自恣元和七年冊皇太子將撰儀注真亦欲參領亘箬逐之由是禮儀不專於胥吏亦可知唐自中葉以降朝廷微弱不暇修明典禮太常所掌多屬具文故胥吏得以干預其事博士特備官而已

五季

（冊府元龜）後唐同光中諸寺監各只置大卿監其餘官屬並權停惟太常寺及大理寺事關禮法之重除太常博士更置丞一員

（五代史馬縞傳）縞事梁爲太常少卿以知禮見稱於世唐莊宗時累遷刑部侍郎權判太常寺

謹案五季諸卿監俱不備官惟太常寺尚沿唐制未有改革然考之五代史盧文紀劉岳崔居儉崔棁諸傳皆嘗爲太常卿而少卿一官自馬縞以外罕所記載疑同光以後亦從併省矣

宋

〔江少虞宋事實類苑〕太常寺宋初以來皆禁林之長主判而禮院自有判院同判院大中祥符中符瑞繁縟別建禮儀院以輔臣主判而兩制爲知院天禧末罷知院天聖中省禮儀院而寺與院事舊不相兼康定元年置判寺同判寺並兼禮院事近有置六七人者按唐太常卿一員少卿二員博士四員祥符中博士二員後加至四員今若置判寺一員同判寺二員合唐之卿數矣天聖元年改同判院爲同知院卽博士也

〔宋史職官志〕太常寺卿少卿丞各一人博士四人主簿奉禮郎太祝各一人卿掌禮樂郊廟社稷壇壝寢陵之事少卿爲之貳丞參領之禮之名有五皆掌其制度儀式祭祀有大祠有小祠其犧牲幣玉酒醴薦獻器服各辨其等凡親祠掌贊相禮儀升降之節凡祠事差官卜日齋戒皆檢舉以聞若禮樂有所損益及祀典神祇爵號與封爵繼嗣之事當考定者擬上於禮部宋初舊置判寺別置太常禮院元豐正名始專其職分案五吏額贊引使二人正禮直官二人副禮直官二人正名贊者七人守闕贊者

七人私名贊者七人胥吏一人胥佐四人貼司一人書表司一人祠祭局供官十二人祭器司供官十人本寺太樂祭器庫專知官一人庫子一人圜壇太樂禮器庫專知官一人庫子一人〇博士掌講定五禮儀式有改革則據經審議凡於法應諡者考其行狀撰定諡文有祠事則監視儀物掌凡贊導之事〇主簿掌稽考簿書〇奉禮郎掌奉幣帛大禮則設親祠版位〇太祝掌讀冊辭〇提點管幹郊廟祭器所南郊太廟祭器庫提點朝服法物庫所朝服法物庫南郊什物庫太廟什物庫掌藏其器服以待祭祀朝會之用凡冠服視其等而頒於執事之臣

（宋敏求春明退朝錄）舊傳太常卿不是卿祕書監不是監以其品列清重不與諸卿監侔耳太常卿在六尚書下其資望與吏部尚書同每入朝隨尙書立班與尚書丞郎同幕次故太常卿號爲尚書裏行者蓋謂此也少卿即寄郎中幕次博士則寄員外郎幕次卿與少卿每入幕次皆橫行獨據一榻向門而坐他卿不得並也

〔山堂考索〕元祐詔太常寺置長貳餘寺監並長貳互置南渡併省寺監獨存太常又命太常兼宗正隆興元年詔光祿歸併太常寺太常丞建炎三年省紹興三年復置博士紹興止一員以諫議大夫曾統言添置一員主簿皇祐中宋祁乞增置一員後更不置元豐正名初除王子琦建炎三年省紹興十年復置

〔富大用事文類聚〕元祐初罷太祝太常少卿鮮于侁言神考釐定官制太常設奉禮太祝難廢咸乞復置仍請自朝廷選有學行者授之職詔從之

謹案宋自元豐以前太常不置卿貳有事則以他官權攝沈括筆談載有陳彭年攝太常卿誤行黃道之事考之於史彭年本同知太常禮院而猶必攝此職者蓋奉引乃太常卿之職故臨時又須暫置也迨神宗正名太常卿貳已各有定額卽南渡省併寺監太常得獨存不廢然觀樓鑰攻媿集有重修太常寺記稱嘉定中卿少久闕官舍隳圮則是光

寧以後太常仍僅存空名未嘗備官矣又陸游老學庵筆記有游在孝宗初以禮部郎讀祝事是太祝亦不司祝讚蓋當時太祝奉禮皆門蔭之官宜其不嫻儀制耳

遼

遼史百官志南面官寺官職名有卿少卿（耶律儼子處貞為太常少卿）丞簿太常寺有博士贊引太祝奉禮郎遼朝雜禮有法物庫所法物庫使法物庫副使

金

（金史百官志）太常寺（皇統三年正月始置）卿一員從三品少卿一員正五品丞一員正六品掌禮樂郊廟社稷祠祀之事博士二員正七品掌檢討典禮檢閱官一員從九品掌同博士（泰和元年置四年罷）檢討二員從九品（明昌元年置以品官子孫及終場舉人同國史院漢人書寫例試補）太祝從八品掌奉祀神主奉禮郎從八品掌設版位執儀行事

元

元史百官志太常禮儀院秩正二品掌大禮樂祭享祖廟社稷封贈諡號等事中統元年中都立太常寺設寺丞一員至元二年翰林兼攝太常寺九年立太常寺設卿一員正三品少卿以下五員品秩有差十三年省併衙門以侍儀司併入太常寺十四年增博士一員十六年又增法物庫子掌公服法服之藏二十年陞正三品別置侍儀司至大元年改陞院設官十二員正二品二年復爲太常寺正三品延祐元年復改陞院正二品以大司徒領之七年降從二品天曆二年復陞正二品定置院使二員正二品同知二員正三品屬官博士二員正七品奉禮郎二員太祝十員從八品令史四人通事知印譯史各二人典吏三人

謹案唐宋有太常寺別置太常禮院元則併爲一署與歷代不同至議諡定禮之事自魏晉而後皆以太常博士掌之迄元猶未改斯制明代以諡典移屬內閣其五禮法式則歸之禮部自是博士之職始與太祝奉禮無異矣

明

（明史職官志）太常寺卿一人正三品 少卿二人正四品 寺丞二人正六品 其屬典簿廳典簿二人正七品 贊禮郎九人正九品嘉靖中增至三十三人後革二人 太常掌祭祀禮樂之事總其官屬籍其政令以聽於禮部凡天神地祇人鬼歲祭有常先冬十二月朔奏進明年祭日天子御奉天殿受之乃頒于諸司天子親祭則贊相禮儀大臣攝事亦如之初吳元年置太常司設卿正三品 少卿正四品 丞正五品 典簿博士正七品 贊禮郎從八品 洪武三十年改司爲寺官制仍舊十二五年已定司丞正六品 建文中增設贊禮郎二人太祝一人成祖初悉復洪武閒制）

于慎行穀城山房集國家法六典建官既以禮樂神人之政總之春曹又設太常卿佐使率其屬以奉郊廟羣神之祀而掌其器幣壇場儀文樂舞之數以告時於上而請行之

孫承澤春明夢餘錄太常贊禮郎宋重其官以宰相任子爲之明初亦以處文學之士乙科初選每得之後乃以黃冠充焉失矣

謹案國之大事在祀故唐虞三代特設宗官以奉天地宗廟百神之祀其玉帛牲牢尊俎樂舞車旗之屬亦各以象類典式明備雖一名一物莫不有精意存乎其閒蓋藉以達其祗事之忱初非過爲繁縟也秦漢以降制度廢缺雜以巫祝不合禮意其後累朝相繼講貫太常職守始漸能復古而當時人主或狃於宴安自便之私或惑於瀆亂不經之說大抵非惰則褻唐宋二代考訂最稱明備而又徒事彌文不知肅清將事以交神明之義即如郊祀一節唐世每竭府庫以犒賞諸軍而陪祀臣僚皆得以推恩封廕又御樓肆赦廣釋繫囚凡車駕出南門灌其樞至用脂百斛以歲一舉行之常典動加粉飾侈張遂致所費不貲輒行廢祀唐書崔寧傳載文宗語宰相曰郊廟之禮朕當親之但千乘萬騎國用不給故使有司侍祠唐自肅代以後親郊罕紀職此之由宋代沿唐故習變本加厲南郊執仗兵士至用一萬七千四百餘人青城齋宮廣爲園圃植采木刻鳥獸綿絡其閒凡一千七百餘事齋宮幄幔所費

縑帛三十餘萬工又倍之玉海載景德郊費六百萬皇祐至一千二百萬務爲紛華糜費無筭南渡偏隅蕞爾而周密宮禁典儀所載大祀之夕粇盆黃燭自太廟直至郊壇泰禋門輝映如晝貴家巨室列幕櫛比珠翠錦繡絢爛於二十里閒士女遊遨通宵不絶非特耗蠹物力而侮慢尤甚終以財用不足憚行此禮雖有三年親郊之說曠隔動至數載神不顧享國祚用傾亙由驕汰怠荒無以感格之所致也元明雖稍革此弊然元自世祖至文宗凡七世始克舉南郊親祀之禮明至神宗而郊廟之禮數十年不一躬親熹宗至以魏忠賢姪良卿代行郊祀嚴恭寅畏之心蕩然無存矣

國家惇崇祀典禮樂明備我

皇上敬

天尊

祖肅奉明禋禮度所昭質文咸備

郊

廟大典

躬行祼獻精心昭事備極虔恭凡駿奔執事之臣莫不瞻仰

晬容益深謹凜記曰惟仁人爲能享帝惟孝子爲能享親仰見

大聖人對越之誠感通於穆固非三代以來具文從事者所克髣髴於萬一

爾

欽定歷代職官表卷二十七

欽定歷代職官表卷二十八

壇

廟各官表

	各壇廟尉
三代	周典祀中士下士守祧
秦	
漢	五時尉高寢郎高寢令孝文廟令孝文廟丞諸廟令長丞
後漢	高廟令世祖廟令
三國	魏太廟令太廟丞
晉	太廟令
宋齊梁陳	太廟令太廟丞二廟令
北魏	太廟令
北齊	太廟署令太廟署丞
後周	守廟中大夫小守廟下大夫小守廟上士典祀中大夫小典祀下大夫小典祀上士
隋	太廟署令太廟署丞
唐	
五季	
宋	太廟令后廟令宮闈令
遼	
金	太廟署令太廟署丞
元	太廟署令太廟署丞都監
明	

各祠祭署奉祀祀

祝官

祠官

祠祀令　祠祀丞

明堂令　明堂丞　太社令　太社丞

郊祀局丞

司郊上士　中士　下士　司社中士　下士

郊社署令　郊社署丞

兩京郊社署令　兩京郊社署丞　汾祠署令　汾祠署丞　三皇五帝以前帝王廟令　丞　三王五帝廟令　丞　周文王廟令　丞　周武王廟令　丞　漢高祖廟

郊社局令　太社令

郊社署令　郊社署丞　武成王廟令　武成王廟丞

郊祀署令　郊祀署丞　社稷署令　社稷署丞

天壇　地壇　朝日壇　夕月壇　先農壇　帝王廟　祈穀殿各祠祭署奉祀　祀丞

丞

令丞兩京武成王廟令丞諸太子廟令丞

壇

廟各官

國朝官制

天壇尉滿洲八人（五品一人六品七人）

地壇尉滿洲八人（五品一人六品七人）

太廟尉滿洲十人（四品二人五品八人）

社稷壇尉滿洲五人（五品一人六品四人右俱隸太常寺）

堂子尉滿洲八人（七品二人八品六人右隸禮部）

掌管鑰守衛直宿之事朔望則奉薌以行禮凡祀日則守門以司其開闔出入之節焉員額順治元年定凡四品尉闕員以五品尉序陞五品尉闕員以六品尉序陞惟

太廟五品尉闕則以各

壇六品尉及各部院休致郎中員外郎開列選授六品等尉闕吏部牒八旗掄

送除授

天壇祠祭署奉祀漢人一人（從七品）祀丞漢人一人（從八品）

地壇祠祭署奉祀漢人一人祀丞漢人一人

朝日壇祠祭署奉祀漢人一人

夕月壇祠祭署奉祀漢人一人

先農壇祠祭署奉祀漢人一人祀丞漢人一人

帝王廟祠祭署無專員（以漢人贊禮郎司樂內一人委理右俱隸樂部）

掌典守神庫以時巡視而督其灑掃之役若葺治牆宇樹藝林木咸白於長官而敬供其事焉順治初置奉祀五人祀丞五人尋省祀丞二人凡奉祀員闕以祀丞序陞祀丞員闕以祝版生掄選除授

謹案順治初設

太廟首領內監一人內監二十九人今省內監九人

社稷壇首領內監一人內監九人今省內監五人又康熙二十五年

傳心殿告成設首領內監二人內監八人今省首領一人內監四人又順

治初各

壇設壇戶各

廟設廟戶以給掃除乾隆六年以原額過冗量加裁省今定設壇戶

天

地壇各十八人

社稷壇十五人

朝日

夕月壇各十二人

先農壇二十人廟戶

帝王廟十二人

關帝廟五人

都城隍廟六人又雍正閒設昭忠祠賢良祠祠戶各二十人今各省十人

謹識於此

歷代建置

三代

（周禮春官）典祀中士二人下士四人府二人史二人胥四人徒四十人掌外祀之兆守皆有域掌其禁令若以時祭祀則帥其屬而修除徵役於司隸而役之及祭帥其屬而守其厲禁而蹕之守祧奄八人女祧每廟二人奚四人掌守先王先公之廟祧其遺衣服藏焉若將祭祀則各以其服授尸其廟則有司修除之其祧則守祧黝堊之既祭則藏其隋與服（鄭康成注）隨尸所祭肺脊黍稷之屬藏之以依神

謹案典祀掌外祀之兆守鄭康成謂所祀於四郊者賈公彥謂兆五帝於四郊已下皆是今之各壇尉其源蓋本於此至守祧當如今之太廟尉而周制實用奄人蓋因先后之朝衣服及遺器並藏於廟故以奄人及

女奚掌之今

太廟之設內監亦其例也

秦

（史記封禪書）秦并天下令祠官所常奉天地名山大川鬼神可得而序也自殽以東名山五大川祠二自華以西名山七名川四而四大冢鴻岐吳岳皆有常禾陳寶節來祠灞滻長水灃澇涇渭皆非大川以近咸陽盡得比山川祀汧洛二淵鳴澤蒲山岳嶓山之屬爲小山川亦皆歲禱賽泮涸祠而雍有日月參辰南北斗熒惑太白歲星填星二十八宿風伯雨師四海九臣十四臣諸布諸嚴諸逑之屬百有餘廟西亦有數十祠于湖有周天子祠于下邽有天神灃滈有昭明天子辟池于社亳有三社主之祠壽星祠而雍菅廟亦有社主其在秦中最小之神者各以歲時奉祀唯雍四時上帝爲尊常以十月上宿郊見諸此祠皆太祝常主以歲時奉祀之

謹案嬴秦蔑古棄禮故所祠諸神自雍四時而下其載在祀典者凡數

十處最爲煩瀆史稱諸祠皆太祝奉祀蓋以祝官分主之亦如今奉祀祀丞之比即所謂祠官者是也唐六典以秦漢祝官分繫之太祝及郊社署令丞條下蓋本於此今用其例既入讀祝官沿革仍互見此表云

漢

(漢書百官公卿表)奉常有諸廟令長丞又廱太宰太祝令丞五時各一尉如淳注五時在廱故特置太宰以下諸官

(漢書車千秋列傳)千秋爲高寢郎顏師古注高廟衞寢之郎

(漢書韋元成傳)元成兄高寢令方山

(漢書昭帝本紀)元鳳四年孝文廟正殿火廟令丞郎吏皆劾大不敬

(漢書郊祀志)漢二年冬高帝召故秦祠官復置太祝太宰如故儀後四歲天下已定詔御史令豐治枌榆社令祝立蚩尤祀於長安長安置祠祝官女巫其梁巫祠天地天社天水房中堂上之屬晉巫祠五帝東君雲中君巫社巫祠族人炊之屬秦巫祠社主巫保族纍之屬荆巫祠堂下巫先

司命施糜之屬九天巫祠九天皆以歲時祠宮中其河巫祠河於臨晉而南山巫祠南山秦中各有時日文帝怠於鬼神之事渭陽長門五帝使祠官領以時致禮孝景卽位十六年祠官各以歲時祠如故武帝初卽位尤敬鬼神之祀人有言古天子常以春解祠祠黃帝令祠官領之如其方祠官寬舒議后土壇具太一祠壇立泰時壇禮登中嶽令祠官加增太室祠至東泰山令祠官禮之而不封諸所與如薄忌泰一及三一冥羊馬行赤星五寬舒之祠官以歲時致禮凡六祠皆太祝領之至如八神諸明年凡山他名祠行過則祠行去則已方士所興祠各自主其人終則已祠官不主宅祠皆如故哀帝時祠官九百餘所一歲三萬七千祠云

謹案漢表有諸廟令長丞不言員數考之紀傳高帝廟有高寢令高寢郎孝文廟有令丞郎吏是每廟各置令丞及郎隨時建設本無定額故但以諸廟概之也至鬼神祠祀漢世多未合禮武帝溺信方士之說所增尤屬不經郊祀志載哀帝時一歲三萬七千祠實爲淫瀆已甚當時

皆以祠官典領而五時之在雍者旣有太宰太祝令丞復各爲設尉殆以其爲天子郊見上帝之地故特崇其禮歟

（宋書百官志）明堂丞二人漢東京初置

（後漢書百官志）高廟令一人六百石守廟掌案行掃除無丞世祖廟令一人六百石如高廟屬太常祠祀令一人六百石典中諸小祠祀丞一人

屬少府

（劉昭後漢書志）注東觀書曰章帝又置祀令丞延光元年省

（應劭漢官儀）高廟令員吏四人衞士一十五人世祖廟令員吏六人衞士二十人祠祀令從官吏八人騶僕射一人家巫八人

後漢書殤帝本紀延平元年詔罷祀官不在祀典者

謹案後漢禮儀志正月上丁祠南郊禮畢次北郊明堂高廟世祖廟謂之五供是當時並重其禮乃廟有令而二郊不置官守者疑卽以太常所屬之太祝太宰二令兼其事也至明堂丞本屬太史令疑爲天文占

候而設而宋書又與太廟令連職則亦當兼掌祠祀故既載入欽天監仍互見於此表又案西漢諸廟皆有令丞而東漢惟置高光二廟令者蓋西漢諸帝皆別起寢廟東漢自明帝詔無起寢廟藏主於光烈皇后更衣別室四時合祭於世祖廟嗣後歷代不敢違皆藏主於世祖廟是東漢惟有世祖一廟故設官亦止於此又祠祀令掌禁中諸小祠祀故屬於少府不關太常殆卽殤帝紀所稱祀官者歟

三國

〔唐六典〕魏有太廟令丞

晉

〔晉書職官志〕太常有太廟令

宋齊梁陳

〔宋書百官志〕太廟令一人丞一人領齋郎二十四人明堂令一人宋世祖大明中置丞一人

〔唐六典〕宋明堂令丞掌宗祀五帝之事

〔南齊書百官志〕太廟令一人丞一人明堂令一人丞一人皆有職史

隋書職官志梁品秩定爲十八班明堂二廟令爲二班又太社令爲三品蘊位

〔唐六典〕梁太常統明堂太社等令丞

〔胡三省通鑑注〕梁立太廟祀太祖以上又有小廟太祖太夫人廟也有二廟令掌廟事

隋書百官志陳明堂太廟等令六百石品第五

謹案二廟爲梁之刱制故陳仍改爲太廟令其後陳文帝又即梁之小廟祀其父始興昭烈王改曰國廟則其禮少損故未嘗設官典守也至太社令陳制未見當已裁併矣

北魏

〔魏書律曆志〕太廟令龐靈扶

〔魏書禮志〕太宗嘗於白登廟有神異焉太廟博士許鍾上言宜告天下

〔唐六典〕後魏祀官齋郎九品中

謹案魏書官氏志不載有郊廟典守之官而太廟令太廟博士別著於律曆志及禮志則亦與前代制度略同也至六典所謂祀官齋郎卽官氏志之太常齋郎其名始見於宋書百官志至魏而遂有品秩隋唐以後亦相因不改今太常寺額設有執事生九十人以供各

壇

廟及凡中祀羣祀典守金玉香帛與司尊司爵司鑪之事是卽齋郎之比矣

北齊

〔隋書百官志〕後齊太常統太廟署令丞掌郊廟社稷等事太廟兼領郊祠崇虛二局丞郊祠掌五郊羣神事崇虛掌五岳四瀆神祀在京及諸州道士簿帳等事

謹案北齊不置明堂太社等令而以太廟令兼掌郊社名實乖互於禮

制殊爲未協

後周

〔杜佑通典〕後周官品正五命春官守廟典祀等中大夫正四命春官小守廟小典祀等下大夫正三命春官小守廟小典祀司郊等上士正二命春官司郊司社等中士正一命春官小守廟奄司郊司社等下士

謹案後周典祀卽本周官舊名其守廟亦仍守祧所置而司郊司社則又後世明堂太社二令之職蓋亦雜採古今之制而爲之者也

隋

〔隋書百官志〕太常統郊社太廟等署各置令一人丞一人郊社則丞至二人煬帝卽位太廟署又置陰室丞守視陰室

〔唐六典〕隋郊社署又置門僕齋郎

唐

〔新唐書百官志〕兩京郊社署令各一人從七品下丞各一人從八品下

令掌五郊社稷明堂之位與奉禮郎設樽罍篚冪而太官令實之立燎壇積柴合朔有變則巡察四門以俟變過時則罷有府二人史四人典事五人掌固五人門僕八人齋郎一百二十人齋郎掌供郊廟之役太廟九室室有長三人以主樽罍篚冪鎖鑰又有罍洗二人郊壇有掌座二十四人以主神御之物皆禮部奏補凡室長十年掌座十二年皆授官祭饗而員少兼取三館學生皆絳衣絳幘更一番者戸部下蠲符歲一申考諸署所擇者太常以十月申解於禮部如貢舉法帖論語及一大經中第者錄奏吏部注冬集散官否者番上如初六試而紬授散官○汾祠署令一人從七品下丞一人從八品上掌享祭灑掃之制有府二人史四人廟幹二人開元二十一年置署○三皇五帝以前帝王三皇五帝周文王武王漢高祖兩京武成王廟令一人從六品下丞一人正八品下掌開闔灑掃釋奠之禮有錄事一人府二人史四人廟幹二人掌固四人門僕八人神龍二年兩京置齊太公廟署其後廢開元十九年復置天寶三載初置周文王

廟署六載置三皇五帝廟署七載置三皇五帝以前帝王廟署九載置周武王漢高祖廟署上元元年改齊太公廟署爲武成王廟署○諸太子廟令各一人從八品上丞各一人正九品下錄事各一人掌灑掃開闔之節四時享祭焉有府各二人史各二人典事各二人掌固各一人

謹案唐六典無太廟署令丞其太廟齋郎兩京各一百三十人太廟門僕兩京各三十二人皆領屬於太常卿據冊府元龜開元二十四年以宗廟所奉不可名以署太常少卿韋縚奏廢太廟署以少卿一人知太廟事則是唐初本有太廟署至開元而始廢也其後濮陽王徹爲宗正卿復建議以宗正司屬籍請以宗廟隸宗正自是遂不屬太常故歐陽修新唐書志已移載入宗正寺條下惟唐六典尚繫之太常蓋以成書在前未及修改之故乃舊唐書志亦襲用六典舊文不加刊正疏舛甚矣

五季未置

宋

（章俊卿山堂考索）宋初置郊社令命石祖元爲之熙寧元年郊社局令張伯世言局有郊社名而不主四郊之事案唐六典兩京郊社局令各一人掌五郊社稷明堂之位然則郊社通掌五郊之事乞自今兼令勾當四郊壇壝之事使得巡視提舉所貴官正其名郊兆常潔從之於是始主四郊壇壝掌凡掃除之事祭祀則省牲渡江初闕紹興十九年始除韓彥直爲太社令請給並依五監主簿例

（富大用事文類聚）郊社令嘉祐元年置元祐職令正九品

（馬端臨文獻通考）宋宗廟室長齋郎無常數廟直官一人太廟后廟宮闈令三人以入內內侍充元豐後太廟令屬宗正寺掌宗廟薦新七祀及功臣從享之禮品秩與太社令同

（宋書職官志）宮闈令率其屬以汎灑廟廷凡修治潔除之事

（宋史禮志）元豐元年詳定郊廟禮文所請如唐置太廟局令以宗正丞

充罷攝知廟少卿而宮闈令不預祠事從之

謹案宋太廟令本內侍兼職自元豐定制以宗正丞充之始改用朝官洵爲合禮其宮闈令在唐屬內侍省本掌侍奉宮闈之事以謁太廟大享時當帥其屬出皇后神主於室遂令得預祠事迨元豐裁改後當亦通用士流矣至太廟后廟各置一令蓋因宋世皇后之未升祔者皆祭於別廟故特設官以典其祀事南渡以後此職未見殆已併於太廟令歟

遼未置

金

〔金史百官志〕太廟署皇統八年太廟成設署置令丞仍兼提舉慶元明德永祚三宮令一員從六品掌太廟衍慶坤寧宮殿神御諸物及提控諸門關鍵掃除守衛兼廩犧令事丞一員從七品兼廩犧署丞直長明昌三年罷○郊社署承安三年設祝史齋郎百六十人大安元年奏兼武成王廟署令一員從六品丞一員從

七品掌社稷祠祀祈禱犴廳舍祭器等物直長明昌三年廢○武成王廟署太安元年置令從六品丞從七品掌春秋祀享以郊社令丞兼

（金史禮志）太廟門翼兩廡各二十有五楹爲齋郎執事之次西南垣外則廟署也

謹案金以燕京原廟爲衍慶宮昭德皇后影廟爲坤儀廟故太廟令兼司其宮殿神御之事百官志以坤儀爲坤寧蓋傳刻之誤也又金史禮志朝享太廟儀有太祝宮闈令升殿開祏室出帝后神主設於座之文考之百官志惟宣徽院有宮闈局主閤門禁令並非奉祀之員蓋亦沿唐制令之臨時權攝行事與宋之特置以汎灑廟廷者又有異矣

元

（元史百官志）太廟署秩從六品掌宗廟行禮兼廩犧署事至元三年始置令一員從六品丞一員從六品○郊祀署秩從六品大德九年始置掌郊祀行禮兼廩犧署事令二員從六品丞二員從七品○社稷署秩從六

品大德元年始置令二員從六品丞一員從七品

元史祭祀志太廟儀鸞庫在宮城之東北南向都監局在其東少南西向

謹案元太廟有都監局則必嘗置都監一官以守衛廟廷蓋如今

太廟尉之比其後或以他官兼之故不見於百官志也又宋代始置祖宗神御

殿以擬漢之原廟元因其制於各僧寺設立影堂所奉御容皆紋綺局

織錦爲之世祖裕宗在大聖壽萬安寺順宗仁宗在大普慶寺成宗在

大天壽萬寧寺武宗在大崇恩福元寺顯宗明宗在大天源延聖寺英

宗在大承福寺設太禧宗禋院以司其享祀禮典凡錢糧之出入營繕

之作皴悉統之置院使同知等官所屬有隆禧總管府會福總管府崇

祥總管府隆祥使司壽福總管府各置達嚕噶齊總管副達嚕噶齊等

員又立司禋監奉太祖太宗睿宗三朝御容於石佛寺揆之禮制未免

褻瀆今故不著於表而附識其略於此

明史職官志天壇地壇朝日壇夕月壇先農壇帝王廟祈穀殿各祠祭署俱奉祀一人（從七品）祀丞二人（從八品）洪武初置各祠祭署設署令署丞二十四年改各署令爲奉祀署丞爲祀丞建文中更天壇祠祭署爲南郊祠祭署成祖初惟易天壇爲天地壇餘悉復洪武閒制（建文時南郊祠祭署爲郊壇祠祭署已又改爲天地壇祠祭署）世宗釐祀典分天地壇爲天壇地壇山川壇耤田祠祭署爲神祇壇大祀殿爲祈穀殿增置朝日夕月二壇各設祠祭署萬曆四年改神祇壇爲先農壇

謹案三代以宗官事神其職最重自漢以後亦多用士人如車千秋以高寢郎至擢爲丞相封侯是也自北齊太廟令兼領崇虛局主道士籍帳於是明禋大禮遂得以黃冠錯雜其閒迨明代而郊壇執事率用道流凡神樂觀樂官及奉祀祀丞之屬皆由此選充甚者如嘉靖閒之邵世恩至爲太常卿陶啓南龔可佩至爲太常少卿其他官至寺丞博士者甚多雖由世業相承而稽諸禮制實乖典則

本朝初沿明舊乾隆七年特奉

詔禁止凡充太常樂員者毋得仍習道教如有不願改業者削其籍聽爲道

士祀事祇承於是益加嚴潔矣

欽定歷代職官表卷二十八

欽定歷代職官表卷二十九

陵寢各官表

	陵寢內務府總管
三代	
秦	
漢	
後漢	
三國	
晉	
宋齊梁陳	
北魏	
北齊	
後周	
隋	
唐	守宮使
五季	
宋	諸陵使
遼	
金	提點山陵
元	提點山陵使
明	

陵寢總兵官

天成軍節度使奉陵軍節度使元寧軍節度使奉先軍節度使廣德軍節度使

陵寢禮部郎中等官
周冢人下大夫冢人中士墓大夫下大夫墓大夫中士
諸陵園令諸陵園長諸陵園丞
諸陵園令諸陵園丞
諸陵令諸陵丞
諸陵令諸陵監
諸陵署令諸陵署丞
守陵上士守陵中士
諸陵署令諸陵署丞
諸陵臺令諸陵臺丞建初啓運興寧永康陵令建初啓運興寧永康陵丞諸太子陵令諸太子陵丞
諸陵臺令諸陵都監
諸陵署令諸陵署丞
諸陵署令諸陵署丞
泗州祠祭署奉祀祀丞皇陵祠祭署奉祀祀丞孝陵等陵祠祭署奉祀祀丞

陵寢工部郎中等官	陵寢內務府郎中等官
東園匠令 丞	諸寢令 諸寢長 諸寢丞 諸寢食官令
	諸陵食官令 諸寢食官監丞
	諸陵主衣 諸陵主輦 諸陵主藥
	陵諸主衣 諸陵主輦 諸陵主藥
	檢察官陵所檢察承受諸陵祠墳所
	諸陵直長
	諸陵直長

陵寢八旗總管等官
諸陵園郎 諸陵寢郎
諸陵校長
守陵指揮 諸陵巡檢
孝陵等衛指揮使 指揮同知 指揮僉事 孝陵等衛左右中前後各千戶所正千戶 副千戶 百戶

陵寢各官

國朝官制

永陵掌關防官一人正四品各陵寢同 副關防官兼內管領一人副關防官兼尚茶正尚膳正二人正五品各陵寢同 筆帖式四人

永陵總管一人正三品各陵寢同 翼領二人正四品各陵寢同 防禦十有六人正五品各陵寢同

福陵掌關防官一人副關防官二人尚茶正尚膳正各一人俱正四品各陵寢同 內管領一人正五品各陵寢同 筆帖式四人

福陵總管一人翼領二人防禦十有六人世襲騎都尉一人雲騎尉品級官七人六品官一人七品官五人八品官四人

昭陵掌關防官一人副關防官二人尚茶正尚膳正各一人內管領一人筆帖式四人

昭陵總管一人翼領二人世襲一等侍衛兼二等輕車都尉一人防禦十有六

人世襲雲騎尉四人雲騎尉品級二人世襲六品官七人右俱滿洲員額

掌守衛

三陵凡班直之令饗獻之禮灑埽之節咸以時分司其事焉

永陵總管等員康熙九年置掌關防等員康熙十一年置

福陵

昭陵掌關防總管等員俱順治十三年置又

永陵有副總領司香尚膳及

國戚章京等員

福陵有副茶領副膳領尚茶尚膳司香管千丁佐領等員又

國戚章京六十五員

昭陵有副總領尚茶尚膳司香管千丁佐領等員又

恩賜國戚防禦品級三員

國戚章京二十員俱順治初年以來先後增置

東陵
泰陵管理承辦事務衙門宗室貝勒貝子公均無常員
東陵
泰陵內務府總管各一人正二品
掌帥其屬而嚴衞護時薦享以祇奉
陵寢初康熙二年始除內大臣侍衞等守護
孝陵康熙六十一年十二月建
景陵
特命以王公守護別置大學士尚書侍郎領侍衞內大臣內務府總管副都統
散秩大臣乾清門侍衞御前侍衞侍衞等員皆有闕不除乾隆二年定
守護
泰陵人員貝勒二人公一人大臣官員十人侍衞十人皆奉
旨除往尋設

東陵

泰陵承辦事務衙門各鑄給印章以守

陵之貝勒貝子公內務府總管等同領其政令焉

守

陵寢總兵官馬蘭鎮泰寧鎮各一人

掌督帥官兵巡防游徼以翼衛

陵寢其內務府總管奉

命兼攝者皆由

特簡不為例所轄將弁職制詳具武職篇

昭西陵奉祀禮部郎中一人員外郎二人讀祝官二人贊禮郎四人筆帖式二

人

孝陵奉祀禮部掌關防郎中一人兼管孝東陵事務員外郎二人讀祝官二人贊禮

郎四人筆帖式二人

孝東陵奉祀禮部員外郎二人讀祝官二人贊禮郎四人筆帖式二人

景陵奉祀禮部郎中一人員外郎二人讀祝官二人贊禮郎四人筆帖式二人

景陵皇貴妃園寢讀祝官二人贊禮郎三人

景陵妃園寢讀祝官二人贊禮郎三人

泰陵奉祀禮部郎中一人兼管泰東陵事務員外郎二人讀祝官二人贊禮郎四人

筆帖式四人

泰東陵奉祀禮部員外郎二人讀祝官二人贊禮郎四人筆帖式四人

泰陵妃園寢主事一人讀祝官二人贊禮郎三人

孝賢皇后陵寢奉祀禮部郎中一人員外郎二人讀祝官二人贊禮郎四人筆

帖式二人

純惠皇貴妃園寢讀祝官二人贊禮郎三人

端慧皇太子園寢讀祝官二人贊禮郎三人

東陵承辦事務衙門主事二人筆帖式二人

西陵承辦事務衙門主事一人委署主事一人筆帖式四人右東陵宗室郎中一員外郎一主事一泰陵宗室員外郎一主事一餘俱滿洲員額
郎中員外郎主事掌判署文案監視禮儀歲供其品物以序祀事讀祝
官掌讀祝辭奉制帛贊禮郎掌讚唱導引以詔行禮之節筆帖式掌繕
錄文移員額自康熙二年以來先後置乾隆二年定以
孝陵奉祀禮部郎中爲掌關防郎中凡各
陵事務皆令會同辦理有闕則掄選引
見請
旨簡補四十六年改置宗室郎中員外郎主事共五人
東陵工部郎中一人員外郎四人筆帖式四人
泰陵工部郎中一人員外郎一人筆帖式四人
泰東陵工部員外郎一人
泰陵妃園寢工部主事一人

掌歲時修葺繕治之事祭祀則供其楮幣官府所須咸給其器具焉員額自康熙二年以來先後置

昭西陵內務府郎中一人員外郎一人主事一人尚茶正尚膳正各一人俱正四品內管領一人正五品筆帖式二人

孝陵內務府郎中一人員外郎一人主事一人尚茶正尚膳正各一人內管領一人內副管領一人正六品筆帖式二人

孝東陵內務府郎中一人員外郎一人主事一人尚茶正尚膳正各一人內管領一人筆帖式二人

景陵內務府員外郎一人主事一人尚茶正一人尚膳正二人內管領一人內副管領一人筆帖式二人

景陵皇貴妃園寢內務府員外郎一人尚茶副尚膳副各一人委署內副管領一人俱用九品冠帶

泰陵內務府員外郎一人主事一人尚茶正一人尚膳正二人內管領一人內

副管領一人筆帖式二人

泰東陵內務府郎中一人員外郎一人主事一人尚茶正尚膳正各一人內管領一人筆帖式二人

泰陵妃園寢內務府主事一人內副管領一人

孝賢皇后陵寢內務府郎中一人員外郎一人主事一人尚茶正尚膳正各一人內管領一人內副管領一人筆帖式二人

純惠皇貴妃園寢尚茶副尚膳副各一人委署內副管領一人

端慧皇太子園寢內副管領一人尚茶副尚膳副各一人右俱內務府員額

郎中員外郎主事掌奉祭祀奠享之禮埽除閑闔之節藝林木薙草萊皆因時經理之尚茶尚膳正副掌熟俎之具蔬茹之品酏漿之用咸潔治而敬共之內管領副管領掌餅餌飴蜜之物以時薦之筆帖式分掌文案員額自康熙二年以來先後置

昭西陵防禦十有六人驍騎校二人從六品筆帖式二人

孝陵總管一人翼領二人（俱兼管昭西陵孝東陵事務）防禦十有六人輕車都尉一人雲騎尉二人驍騎校二人筆帖式二人

孝東陵防禦十有六人驍騎校二人筆帖式二人

景陵總管一人翼領二人防禦十有六人驍騎校二人筆帖式二人

景陵皇貴妃園寢防禦四人驍騎校一人

景陵妃園寢防禦八人驍騎校一人

泰陵

泰東陵總管一人翼領二人防禦四十人驍騎校五人筆帖式二人

孝賢皇后陵寢總管一人翼領二人防禦十有六人驍騎校二人

妃園寢防禦八人驍騎校一人

端慧皇太子園寢防禦委署翼領一人防禦七人委署驍騎校一人（右俱滿洲員額）

總管翼領掌帥八旗官兵巡視守護防禦驍騎校掌守衛門戶庫藏祭祀則共其几筵筆帖式分掌文案員額自康熙二年以來先後置

歷代建置

三代

（周禮春官）冢人下大夫二人中士四人府二人史四人胥十有二人徒百有二十人掌公墓之地辨其兆域而爲之圖先王之葬居中以昭穆爲左右凡諸侯居左右以前卿大夫士居後各以其族以爵等爲丘封之度與其樹數正墓位蹕墓域守墓禁凡諸侯及諸臣葬于墓者授之兆爲之蹕均其禁（鄭康成注）冢封土爲邱壟象冢而爲之公君也（賈公彥疏）公則諸侯之通稱言君則上通天子墓大夫下大夫二人中士二人府二人史四人胥二十人徒二百人掌凡邦墓之地域爲之圖令國民族葬而掌其禁令正其位掌其度數使皆有私地域帥其屬而巡墓厲居其中之室以守之（鄭康成注）墓冢塋之地孝子所思慕也

（太平御覽）齊職儀曰周有墓大夫冢人之職掌先王之墓

謹案古者皆以族葬雖公墓亦然冢人所掌先王之冢居中子孫皆就而葬之以昭穆爲左右劉向諫營昌陵疏謂文武周公葬于畢魏了翁

古今考以爲文王居中武王爲昭居左成王爲穆居右者是也至冢墓之稱亦通乎貴賤左傳稱殽有二陵其南陵夏后皐之墓書傳稱桐宮湯墓水經注有顓頊冢皇覽有黃帝冢並言冢言墓而不言陵顧炎武謂春秋以降乃有稱邱者楚昭王墓謂之昭邱趙武靈王墓謂之靈邱而吳王闔閭之墓亦名虎邱史記趙世家肅侯十五年起壽陵秦本紀惠文王葬公陵悼武王葬永陵孝文王葬壽陵始有稱陵者三秦記稱秦謂天子墳曰山漢云陵亦通言山陵言高大如山陵據此是陵名當始自戰國以後世之稱堯陵舜陵者及從今制追名之耳然觀周禮冢人掌公墓墓大夫掌邦墓則所司固有差別而蹕墓域守墓禁其嚴立條法亦爲公墓而設後代置官吏以守護山陵其源實肇於此矣

秦

〔宋書禮志〕漢氏諸陵皆有園寢者承秦所爲也

〔顧炎武日知錄〕秦宗廟之禮無聞而特起寢殿於墓側

謹案古來言葬薶之侈者莫如秦之驪山役徒至七十餘萬人而史獨不言有設官守衛之事劉向謂驪山之作未成而周章百萬之師已至其下疑二世被弑時距始皇之葬未久屬四方兵起故不暇有所建置也

漢

（馬端臨文獻通考）諸陵園寢官漢置屬太常

（衛宏漢舊儀）漢與立都長安徙齊田楚昭屈景及諸功臣家於長陵後世世徙吏二千石高貲富人及豪傑兼併之家於諸陵長陵邑萬戶奉常屬官有寢園令長丞東園匠令丞主作陵內器物又有園郎寢郎故事近臣皆隨陵爲園郎園中各有寢便殿日祭於寢月祭於廟時祭於便殿寢日四上食丞相以四時行園茂陵平陵杜陵皆取二千石將相守陵故三陵多貴皆三萬戶至五萬戶

（三輔黃圖）長陵城周七里百八十步因爲殿垣門四出及便殿掖庭諸

官寺皆在中

（雍錄）文帝即霸上立陵以爲霸陵陵後又置縣

漢書景帝本紀五年春正月作陽陵邑（張晏注）帝作壽陵起邑（武帝本紀）建元二

年夏四月初置茂陵邑（元帝本紀）永光四年以渭城壽陵亭部原上爲

初陵詔勿置縣邑

（李吉甫元和郡縣志）茂陵守陵溉樹埽除凡五千人

（漢書昭帝本紀）三輔太常郡（如淳注）太常主諸陵別治其縣爵秩如

三輔郡元帝永光五年令各屬所在郡也

（漢書高后本紀）六年秩長陵令二千石（應劭注）長陵高祖陵尊之故

增其令秩

（漢書魏相列傳）相舉賢良以對策高第爲茂陵令

（漢書朱博列傳）以太常掾察廉補安陵丞

（漢書司馬相如列傳）相如拜爲孝文園令

（漢書馮參列傳）竟寧中出補渭陵食官令如淳曰給陵上祭祀之事以數病徙爲寢中郎師古曰亦渭陵之寢郎也

（漢書敘傳）班穉遷廣平相上書陳恩願歸相印入備延陵園郎太后許焉

（漢書平帝本紀）元始元年義陵寢神衣在外牀上寢令以急變聞

（漢書外戚列傳）衛皇后宣帝追謚思后置園邑三百家長丞周衛奉守焉

（漢書武五子傳）孝宣帝卽位悼皇悼丘園置奉邑三百家故皇太子置奉邑二百家史良娣置守冢三十家園置長丞周衛奉守如法

謹案自漢高祖葬太上皇於櫟陽置萬年縣爲奉陵邑徙天下民貲三百萬以上與田宅守陵見漢舊儀嗣後高帝長陵惠帝安陵文帝霸陵景帝陽陵武帝茂陵昭帝平陵宣帝杜陵皆置陵縣屬於太常故漢世太常得治獄漢書功臣侯表新時侯趙弟爲太常坐鞫獄不實免捕盜漢書功臣侯表建平侯杜緩爲太常坐盜賊多免起徒

役漢書昭帝紀有三輔太常徒舉賢良漢書昭帝紀始元五年令太常舉賢良二人宣帝紀本始四年令太常舉賢良方正如
列郡太守之職至元帝始罷其制蓋當時陵邑皆徙郡國民以實之五
方雜處戶口繁殖漢時三輔豪猾犯法者衆號稱難治其故亦由於此
而所謂陵令者實治民之長吏固不僅在奉衛山陵也惟寢園令長丞
諸職乃專爲守陵而設特漢書百官志紀載簡略不能得其立制之詳
今以諸傳參互考之有孝文園令又有義陵寢令則園令寢令實爲兩
官蓋園令掌奉園陵禮儀當如今
陵寢禮部之職寢令掌寢廟服物當如今
陵寢內務府之職百官志渾舉連稱未加分晰故讀者或誤合爲一耳至食官
令當如今尙茶尙膳之職園郎寢郎專司直衛當如今總管防禦之職
而東園匠令丞主作陵內器物則又如今
陵寢工部之職矣
（後漢書百官志）先帝陵每陵園令各一人六百石掌守陵園案行掃除

丞及校長各一人校長主兵戎盜賊事應劭漢官名秩曰丞皆選孝廉郎年少者遷補府長史都官令候司

馬先帝陵每陵食官令各一人六百石掌望晦時節祭祀漢官曰每陵食監一人秩六百

石監丞一人三百石黄門八人從官二人案食監即是食官令號

（後漢書祭祀志）建武以來關西諸陵但四時特牲祠帝每幸長安謁諸

陵乃太牢祠雒陽諸陵皆以晦望二十四氣伏臘及四時祠廟日上飯太

官送用物園令食監典省其親陵所宮人隨鼓漏理被枕具盥水陳妝具

後漢書段熲列傳舉孝廉爲憲陵園丞陽陵令

（後漢書章帝八王傳）安帝尊父清河孝王曰孝德皇陵曰甘陵置令丞

設兵車周衞桓帝尊河閒孝王陵曰樂成陵蠡吾侯陵曰博陵靈帝尊祖

陵曰敦陵考陵曰愼陵皆置令丞

謹案陵園規制至西漢而特爲隆備但尚未有天子親祭之文至後漢

明帝永光元年正月帝率公卿已下朝於原陵如元會儀上陵之禮實

始於此至雒陽每陵置園令丞及食官監等官大抵亦沿西京之制惟

其時長安諸陵世次已遠陵官並置與否史無明文案百官志謂三輔陵廟所在不改其號而地理志長陵縣下劉昭注引蔡邕頌云長陵前漢戸五萬口十七萬至光和戸不盈四千園陵蕃衞粢盛之供百役出焉民用匱乏不堪其事云云疑其事已併於諸陵邑令而以京兆尹總其成未必盡如雒陽之備官矣

三國

（薛收元經傳）漢故事陵上立祭殿至魏制以爲謂古不墓祭自有廟設於是園邑寢殿遂廢

謹案三國陵官之制不著於史無可考見然如曹魏不置園邑寢殿則陵上便無祭祀之禮疑令丞之職亦當隨之俱廢不獨史文之闕漏也

晉

（晉書職官志）太常有陵令

（唐六典）晉太常統陵令丞主簿錄事戸曹史禁備史各一人史四人卒

一人

宋齊梁陳

（宋書百官志）陵令每陵一人漢舊官也屬太常

（南齊書百官志）諸陵令永明末置用二品三品勳置主簿戶曹各一人

（太平御覽）齊職儀曰每陵令一人品第七秩四百石銅印墨綬進賢一梁冠絳朝服

（唐六典）齊陵令舊用三品勳位孝建三年改爲二品

（隋書百官志）梁太常統陵監天監七年詔以爲陵監之名不出前誥且宗廟憲章既備典禮園寢職司理不容異諸正陵先立監者改爲令於是陵置令矣

（富大用事文類聚）梁改爲監後復爲令班第二品第九

（杜佑通典）陵令梁以下皆有之

（唐六典）陳承梁制陵令秩六百石

北魏

謹案北魏自昭成帝至獻文帝或葬盛樂或葬雲中皆名金陵自孝文帝以後始葬雒都其謁陵之禮書於本紀者先後不一而足獨守陵官吏闕焉無述建置不得而詳考之禮志及后妃諸傳則當時諸陵制度大抵視前代爲簡樸如永固陵起墳纔六十步孝文帝壽宮去永固陵僅里餘又昭后遷祔於長陵兆西北相去亦止六十步其局隘可以想見又諸陵多近在都城之外如孝文帝謁永固陵皆卽日還宮歲時巡省亦便殆卽以太常兼之未嘗備置官司也

北齊

(隋書百官志)後齊太常寺統諸陵署令丞掌守衞山陵等事

後周

(通典)後周官品正三命春官守陵上士正二命春官守陵掌墓等中士

正一命春官掌墓下士

（唐六典）後周守陵每陵上士一人

隋

（隋書百官志）隋太常寺統諸陵署各置令丞一人

（唐六典）隋每陵令一人丞一人有主衣主輦主藥等員

唐

（新唐書百官志）諸陵臺令各一人從五品上丞各一人從七品下建初啓運興寧永康陵令各一人從七品下丞各一人從八品下掌守衞山陵凡陪葬以文武分左右子孫從父祖者亦如之宮人陪葬則陵戶成墳諸陵四至有封禁民葬惟故墳不毀開元二十五年以陵寢隸宗正天寶二載又以諸陵署隸太常十載改獻昭乾定橋五陵陵署爲臺升令品永康興寧二陵稱署如故至德二年復隸宗正永泰元年太常卿姜慶初復奏隸太常大歷二年復舊陵臺有錄事各一人府各二人史各四人主衣主輦主藥各四人典事各三人掌固各二人陵戶各三百人昭陵乾陵橋陵

增百人諸陵有錄事各一人府各一人史各一人典事各二人掌固各二人陵戶各百人　諸太子陵令各一人從八品下丞各一人從九品下錄事各一人府各一人史各二人典事各二人掌固各一人陵戶各三十人

（唐開元禮）皇帝拜五陵陵令以玉冊進御署訖詣陵拜還至寢宮進省服翫拂拭牀帳入奠酒訖皇帝出中門其守宮使內侍官引內官帥寢宮內人謁見

（唐會要）開元二十八年制建初起運二陵仍準興寧陵例置署官及陵戶自今以後每歲至春秋仲月分命公卿巡謁其建初起運興寧永康四陵年別四時及八節委所由州縣數與陵署相知造食進獻貞元四年太常寺酌修公卿拜陵儀注其奉禮郎典謁等應須權攝請準天寶六載敕所管縣及陵官博士助教等充

（徐乾學讀禮通考）昭陵因九嵕層峯鑿山東西深七十五尺爲元宮山旁巖架梁爲棧道懸絕百仞繞山二百七十步始達元宮門頂上亦起遊

殿有五重石門其門外於雙棧道上山起舍宮人供養如平常及太宗山陵畢宮人亦依故事留棧道準舊

〔柳宗元河東集陳京行狀〕昭陵山峻而高寢宮在其上內官懲其上下之勤輓汲之艱也謁於上請更之上下其議京奏不可上從之

〔文獻通考〕貞元十四年命有司修葺陵寢獻昭乾定泰五陵各造屋三百七十八間橋陵一百四十間元陵五十間建陵不復創造但修葺而已

〔日知錄〕唐時陵寢常有鷹犬之奉元宗開元二年四月辛未詔曰園陵之地衣冠所遊凡厥有司罔不祇事頃者別致鷹狗供奉山陵至於料度極多費損有乖儀式無益崇嚴諸陵所有供奉鷹狗等並宜即停

謹案自漢以後惟唐代山陵之制最爲崇重其於陵上各起寢宮具衣冠嬪御之制亦卽漢諸陵各有寢便殿之遺意守宮使一官唐志不載獨見於開元禮然觀其帥內官宮人以奉神御其職視陵令實較親近蓋如今之

陵寢內務府總管也至奉禮郎典謁等官惟天子上陵始以正員引讚平日則皆陵令等兼攝之故別無額缺今制各

陵皆設讀祝官贊禮郎專司其事視唐代益加嚴肅矣

五季

謹案五季陵寢之禮多沿唐舊然考宋志稱五代諸陵遠者令本州長吏朝拜近者遣太常宗正卿或因行過親謁而不言有陵臺守衛之制疑其時建置草略未必備官也

宋

〔文獻通考〕宋以宗正寺知丞事掌奉宗廟諸陵薦享之事

〔政和五禮新儀〕春秋二仲薦獻諸陵前一日都監率其屬詣諸陵闢宮殿門升殿掃除陳香案及供奉之物薦獻日獻官行事諸陵有司以元日中元冬至日節進獻上宮以元日冬至寒食節第二第三日上元節等前後各一日中元節前一日立春二月二日春社上巳重午初伏七夕秋社

中秋望日重陽下元節臘朔望各一日進獻下宮進獻日行事設都監位於庭北向香火內侍位其後都監香火內侍升自阼階詣神御室恭奠再拜以出惟永定陵都監先詣真宗皇帝下宮行禮畢帥其屬詣章惠皇后陵行禮永裕陵都監詣神宗皇帝下宮行禮畢帥其屬詣惠恭皇后位行禮並如上儀

（事文類聚）宋元祐令陵臺令從六品

（宋史禮志）皇祐三年安陵永昌永熙三陵皆置卒五百人惟定陵以章獻太后故別置一指揮昭陵使甘昭吉引定陵例請置守陵奉先兩指揮京西轉運司請減定陵卒半以奉昭陵詔選募一指揮額五百人紹興二十七年詔永裕陵及昭慈聖獻皇后欑宮檢察承受以檢察宮陵所為名三十年吏部言紹興府會稽知縣依倣陵臺令典故於階銜內帶主管欑宮事務量加優異

（李心傳建炎以來朝野雜記）昭慈欑宮置都監巡檢各一員衞卒百人

（宋史職官志）諸陵祠墳所掌先世后妃之墳園而以時獻享

謹案宋之陵官雖不載於職官志以諸書參互考之其制度亦可概見

蓋諸陵皆置使一人都監一人香火內侍一人其置卒守衛則又設指

揮巡檢等員以領之南渡以後別有檢察宮陵所主管欑宮諸職名準

諸今制陵使總轄其事當如

陵寢內務府大臣都監典掌禮儀當如奉祀禮部而指揮巡檢專司率卒巡護

則當如

陵寢八旗之總管防禦也

遼

（遼史太祖本紀）天顯二年葬太祖於祖陵置祖州天成軍節度使以奉

陵寢

（遼史地理志）懷州奉陵軍節度大同元年世宗置以奉太宗懷陵慶州

元寧軍節度聖宗葬此建永慶陵置蕃漢守陵三千戶並隸大內都總管

司顯州奉先軍節度世宗置以奉顯陵顯陵者東丹人皇王墓也乾州廣德軍節度聖宗統和三年置以奉景宗乾陵

謹案遼代諸陵亦各有寢殿如懷陵有鳳凰殿慶陵有望仙殿御容殿乾陵有凝神殿皆著於史而奉祀之官紀志不詳獨無可考見惟每陵各置節度使以重守衛爲遼之刱制蓋如今之設陵寢總兵官也

金

（金史百官志）諸陵署大安四年同隨朝 提點山陵正五品涿州刺史兼令從六品丞二員從七品掌守山陵直長正八品園陵署令宛平縣丞兼貞祐二年以園陵遷大興縣境遂以大興縣令丞兼

謹案金初諸帝本葬上京海陵煬王正隆元年遷始祖以下十帝改葬於大房山故以涿州刺史兼提點山陵之職而令丞以下皆特置其園陵之在大興宛平者乃后妃所葬禮視帝陵爲簡故但以縣令丞兼之

也

元

（元史本紀）世祖成宗武宗仁宗葬起輦谷從諸帝陵英宗從葬諸帝陵

泰定帝明宗文宗寧宗葬起輦谷從諸陵

（元史祭祀志）凡陵地開穴所起之土成塊依次排列之既下復以次掩覆之其有剩土則遠置他所送葬官三員居五里外日一次燒飯致祭三年然後返

（事文類聚）大元置諸陵署隸太常有令丞直長等官又置提點山陵使及副使

謹案元諸帝皆葬起輦谷最爲質樸瘞埋訖覆土用萬馬蹴平俟草青方解嚴則已漫同平坡無復考誌遺蹟是當時並無下宮皇堂之制是以不上陵名不起享殿不植列樹官司守衞自無所用宜百官志不見有諸陵署之名乃事文類聚又載元代實有此職疑其未可憑

據然富大用以元人紀元制又不應舛錯至此姑附存之以備考核焉

明

（明會要）熙祖曰祖陵在泗州設祠祭署置奉祀一員陵戶二百九十三戶仁祖曰皇陵在鳳陽府設皇陵衛並祠祭署奉祀一員祀丞三員置陵戶三千三百四十二戶太祖孝陵設神宮監孝陵衛及祠祭署天壽山諸陵各設神宮監幷衛及祠祭署睿宗顯陵在承天府設神宮監顯陵衛祠祭署置奉祀一員以戚屬爲之嘉靖十八年陞戚署爲都督僉事給欽差純德山掌祀關防職專守護始於太常寺選補奉祀及增祀丞二員如七陵之制

（明史職官志）各陵俱設神宮監太監守陵天壽山守備太監一員轄各陵守陵太監職司護衛

（明官制）孝陵衛經歷司鎮撫司左右中前後千戶所牧馬千戶所長陵衛經歷司鎮撫司左右中前後中左中右千戶所獻陵等衛經歷司鎮撫

司左右中前後千戶所各衞指揮使指揮同知指揮僉事各所正千戶副

千戶百戶

謹案三代禮經本無墓祭之文自秦漢崇建陵園始於墓側起廟四時祭祀事之如生雖典屬糊設而緣情定制要爲不失禮意乃漢世專務侈張浸成僘習遂至大陳車馬廣置嬪御與宮廷無異漢書貢禹奏言武帝取好女數千人填後宮及昭帝幼弱霍光專事不知禮正皆以後宮女置於園陵今杜陵有宮人數百又外戚傳有杜陵梁美人又成帝班倢伃充奉園陵又後漢諸陵以宮人理被枕具盥水陳妝具迄唐世而此風未革其爲媟瀆實甚宋金稍除其弊而各陵設香火內侍與守陵都監分司薦獻之禮升偕行禮儀爲儕列亦失體制至明代而守陵之事遂悉領之神宮監太監又置守備太監以總統之凡諸陵巡防護視咸歸經理春秋時祀亦皆神宮監太監承祭朝廷並不遣官以守衞陵園重務委之一二刑餘使其專奉明禋褻禮慢神尤乖典則我

朝肇建

珠邱神臯永奠因山禮制準古加隆凡守護事宜特遣宗室貝勒貝子公及總管內務府大臣典領以昭崇重而禮部工部太常寺內務府官屬分曹定職各有攸司所設內監人員不過供香燈灑掃之役仍歸內務府大臣管轄制度釐然規條詳肅洵乎超越列代足垂奕禩之法守矣

欽定歷代職官表卷二十九

欽定歷代職官表卷三十

光祿寺表

	光祿寺卿	少卿
三代	周膳夫上士	周膳夫中士下士
秦		
漢		
後漢		
三國		
晉		
宋齊梁陳		
北魏		
北齊	光祿寺卿	光祿寺少卿
後周	王膳中大夫	小膳部下大夫
隋	光祿寺卿	光祿寺少卿
唐	光祿寺卿	光祿寺少卿
五季	光祿寺卿	
宋	光祿寺卿	光祿寺少卿
遼	崇祿寺卿	崇祿寺少卿
金	宣徽使 左宣徽使 宣徽使	同知宣徽院事 同簽宣徽院事
元	光祿寺卿	光祿寺少卿
明	光祿寺卿	光祿寺少卿

大官署署正	大官署署丞
夏庖正周庖人中士內饔中士外饔中士	周庖人下士內饔下士外饔下士
大官令胞人長	大官丞胞人丞
大官令胞人長	大官丞胞人丞大官獻食丞
大官令	大官左丞大官右監丞
魏大官令吳大官令	魏大官丞
大官令	
大官令	大官丞大官市買司正廚丞大官四丞
大官令	大官丞
大官署令	大官署丞
內膳上士中士外膳上士中士典庖中士	外膳下士典庖下士
大官署令	大官署丞
大官署令	大官署丞
大官令	
尚食局提點尚食局使	尚食局副使
尚食局提點尚食局大使	尚食局副使
大官署署正	大官署署丞

珍羞署正	珍羞署丞
周籩人	
湯官令	湯官丞
湯官令	甘丞
肴藏署令	肴藏署丞
肴藏中士	肴藏下士
肴藏署令	肴藏署丞
珍羞署令	珍羞署丞
供備庫使 物料庫監官	供備庫副使
生料庫都監	生料庫同監
珍羞署達嚕噶齊 珍羞署令	珍羞署丞
珍羞署署正	珍羞署署丞

良醞署署正	良醞署署丞
周酒正中士	周酒正下士
	湯官丞
	監釀吏酒丞
	酒庫丞
清漳署令	清漳署丞
酒正中士	酒正下士
良醞署令	良醞署丞
良醞署令	良醞署丞
內酒坊使 內酒坊監官 都麴院監官 法酒庫監官	
麴務都監	同監麴務
酒坊使 尚醞署令	酒坊副使 尚醞署丞
尚飲局提點 尚飲局大使 尚醞局提點 尚醞局大使	尚飲局副使 尚醞局副使
良醞署署正	良醞署署丞

掌醢署署正	掌醢署署丞
周醢人	
	果丞
	果丞
錫官果官	
掌醢中士	掌醢下士
掌醢署令	掌醢署丞
掌醢署令	掌醢署丞
油醋庫監官	
果子都監	果子同監
掌醢署署正	掌醢署署丞

典簿	司庫庫使	筆帖式
		大官員吏
		大官員吏
		廚史
	大官庫丞	
光祿寺主簿		
光祿寺主簿光祿寺錄事		
光祿寺主簿		大官署監膳史珍羞署典書良醖署監事
光祿寺主簿		
崇祿寺主簿		
宣徽院判官	收支庫都監收支庫同監	
		光祿寺令史光祿寺譯史
光祿寺典簿廳典簿	光祿寺銀庫大使	

光祿寺

國朝官制

光祿寺卿滿洲漢人各一人從三品少卿滿洲漢人各一人滿洲漢軍初係四品順治十六年定與漢人俱爲正五品

掌

大內膳羞及祭祀朝會燕饗酒醴饔餼之需辨其物品釐其法式以待供饋凡大祀則視刲牲祭之日以卿二人進福酒福胙而頒其膰肉於百執事之人凡蕃國貢使廩於館者則序其等而爲之庀具焉所屬有大官珍羞良醞掌醢四署初順治元年置卿滿洲漢人各一人少卿滿洲一人漢人二人寺丞漢人一人康熙三十八年省寺丞員額少卿亦省漢人一人乾隆十三年以來以大臣總理寺事皆由

特簡無常員

大官署署正滿洲漢人各一人初制四品順治十六年改爲六品康熙六年改爲五品九年定爲從六品署丞滿洲

二人初制六品康熙九年定爲從七品

掌肉脩蔬茹之屬辨其物而共之祭祀燕饗則陳其几席焉初順治元年定四署置署正滿洲漢人各一人署丞各滿洲二人漢人一人又漢人監事各一人十三年省漢人監事員額十五年又省漢人署丞四人

珍羞署署正滿洲漢人各一人署丞滿洲二人

掌及時獻其禽鱻以薦新於廟祭祀則共兗醢若燕饗之品物各準其度數以差次之

良醞署署正滿洲漢人各一人署丞滿洲二人

掌共祭祀燕饗之酒醴設酒庫於西安門內授之法式而頒其政令焉

掌醢署署正滿洲漢人各一人署丞滿洲二人

掌共百事之鹽及果實飴蜜醯醬之屬咸以時按式而告備焉

典簿廳典簿滿洲漢人各一人從七品

掌章疏文移順治元年又置司牲漢大使一人十五年省

司庫滿洲二人庫使滿洲八人

掌庫帑出納

筆帖式滿洲十有八人

順治元年置滿洲筆帖式二十有一人漢軍二人康熙三十八年省漢軍員額復省滿洲筆帖式三人職事具吏部篇

歷代建置

三代

〔春秋左氏傳〕少康逃奔有虞爲之庖正以除其害〔杜預注〕庖正掌膳羞之官人孔穎達疏庖正當周禮之庖人謂之爲正當是食官之長

謹案崔寔政論謂太昊之世設九庖之官是主膳羞者在上古已有其職而虞之庖正爲周庖人之權輿三代立制相承有自今故託始於此

〔禮記月令〕乃命大酋秫稻必齊麴糵必時湛熾必絜水泉必香陶器必良火齊必得兼用六物大酋監之毋有差貸

〔鄭康成注〕酒執曰酋大酋者酒官之長也於周則酒人

謹案月令官名多不合周法故大酋亦不見於周禮蓋呂不韋等雜採古書而成疑或是夏殷之制也

〔周禮天官〕膳夫上士二人中士四人下士八人府二人史四人胥十有二人徒百有二十人掌王之食飲膳羞以養王及后世子凡王之饋食用六穀膳用六牲飲用六清羞用百有二十品珍用八物醬用百有二十罋王燕食則奉膳贊祭凡王祭祀賓客食則徹王之胙俎凡王之稍事設薦脯醢王燕飲酒則為獻主掌后及世子之膳羞凡肉脩之頒賜皆掌之凡祭祀之致福者受而膳之〔鄭康成注〕膳夫食官之長也鄭司農以詩說之曰仲允膳夫 庖人中士四人下士八人府二人史四人賈八人胥四人徒四十人掌共六畜六獸六禽辨其名物凡其死生鱻薧之物以共王之膳與其薦羞之物及后世子之膳羞共祭祀之好羞〔鄭康成注〕謂四時所為膳食 內饔中士四人下士八人府二人史四人胥十人徒百人掌王及后世子膳羞之割亨煎和之事辨體名肉物

辨百品味之物凡宗廟之祭祀掌割亨之事凡燕飲食亦如之〔鄭康成注〕內饔所主在內者賈公彥疏以其掌王及后世子及宗廟皆是在內之事外饔中士四人下士八人府二人史四人胥十人徒百人掌外祭祀之割亨共其脯脩刑膴陳其鼎俎實之牲體魚腊凡賓客之飧饔饗食之事亦如之〔鄭康成注〕外饔所主在外酒正中士四人下士八人府二人史八人胥八人徒八十人掌酒之政令以式法授酒材凡爲公酒者亦如之辨五齊之名一曰泛齊二曰醴齊三曰盎齊四曰緹齊五曰沈齊辨三酒之物一曰事酒二曰昔酒三曰清酒辨四飲之物一曰清二曰醫三曰漿四曰酏掌其厚薄之齊以共王之四飲三酒之饌及后世子之飲與其酒凡祭祀以法共五齊三酒以實八尊大祭三貳中祭再貳小祭壹貳皆有酌數唯齊酒不貳皆有器量共賓客之禮酒籩人奄一人女籩十人奚二十人掌四籩之實朝事之籩其實麷蕡白黑形鹽膴鮑魚鱐饋食之籩其實棗㮚桃乾䕩榛實加籩之實蔆芡㮚脯蔆芡㮚脯羞籩之實糗餌粉餈凡祭祀共其籩薦羞之實爲王后及世子共其內羞凡籩事

掌之醢人奄一人女醢二十人奚四十人掌四豆之實朝事之豆其實韭菹醓醢昌本麋臡菁菹鹿臡茆菹麇臡饋食之豆其實葵菹蠃醢脾析䗪醢蜃蚳醢豚拍魚醢加豆之實芹菹兔醢深蒲醓醢箈菹雁醢筍菹魚醢羞豆之實酏食糝食凡祭祀共薦羞之豆實爲王及后世子共其內羞

謹案今之光祿寺於周爲太宰之屬唐六典以大官署當周庖人外饔珍羞署當周籩人良醞署當周酒正酒人掌醢署當周醢人蓋皆據其職事所承爲準而膳夫爲食官之長則當如今之光祿卿矣

秦

〔杜佑通典〕秦大官令丞屬小府

〔冊府元龜〕秦少府屬官有大官湯官令丞胞人長丞皆主貨食之事

謹案古字胞與庖同禮記祭統有煇胞翟閽莊子庚桑楚湯以胞人籠伊尹皆即周官之庖人秦漢少府所屬蓋亦沿其制也

漢

〔漢書百官公卿表〕少府屬官有大官湯官令丞又胞人長丞〔顏師古注〕大官主膳食湯官主餅餌胞人主掌宰割者也

〔漢書陳湯列傳〕西至長安求官得大官獻食丞〔蘇林注〕主貢獻物

〔漢書平帝本紀〕元始元年置少府果丞一人〔顏師古注〕掌諸果實

〔漢書宣帝本紀〕本始四年詔令大官損膳省宰〔顏師古注〕漢室注大官令屠者七十二人宰二百人

謹案漢大官令以主御膳而考漢書列傳所載如詔賜從官肉大官丞日晏不來東方朔拔劍割肉大官奏之霍去病從軍上爲遣大官齎數十乘貢禹爲諫大夫廩食大官鮑宣爲諫大夫美食大官李尋待詔黃門食大官衣御府張禹爲太傅朝夕進食成帝遣大官致餐事俱見各本傳是燕饗好賜之事亦皆由大官供具今光祿寺承備大小筵宴及一切饋餼廩餼卽其例也又柏梁聯句詩大官令所詠爲枇杷橘栗桃李梅是果丞未設以前凡果實之供亦掌諸大官令矣又按史記馮唐傳載文

帝言居代時尚食監高祛爲言趙將李齊之賢漢世諸侯王國其官制多仿漢廷是當時別有尚食監爲省中五尚之一（五尚者尚冠尚帳尚衣尚席尚食也見應劭漢書注）而霍光傳又稱昌邑王詔大官趣上乘輿食如故食監奏未釋服未可御故食復詔大官趣具無關食監據此則大官令與尚食監爲兩職蓋大官令如今之光祿寺而尚食監則如今之內膳房也

（後漢書百官志）大官令一人六百石本注曰掌御飲食（劉昭注漢官曰員吏六十九人衛士三十八人荀綽晉百官表注曰漢制大官令秩千石丞四人秩四百石不與志同）左丞甘丞湯官丞果丞各一人本注曰左丞主飲食甘丞主膳具湯官丞主酒果丞主果（劉昭注荀綽曰甘丞掌諸甘肥果丞別在外掌諸果菜茹）

（後漢書殤帝本紀）延平元年詔減大官諸珍膳（劉昭注）大官令周官也秩千石典天子廚膳

（後漢書桓帝本紀）永壽二年十一月置大官右監丞官延熹五年正月省大官右監丞（劉昭注）漢官儀曰大官右監丞秩比六百石

〔王應麟玉海〕世祖省湯官令置丞

〔唐六典〕桓帝時大官置四丞又有左右丞

〔通典〕桓帝延熹元年使大官令得補二千石

〔劉昭後漢書志注〕荀綽晉百官表注曰建光中尚書陳忠以爲令史質堪上言大官宜著兩梁尚書孟希奏大官職在鼎俎不列陛位不宜許臣伏惟大官令職在典掌王饔統六清之飲列八珍之饌正百品之羞納四方之貢所奉尤重用思又勤明詔慎口實之御防有敗之姦增崇其選以供養言之爲最親近以職事言之爲最煩多今又高選如堪言合典可施行即聽用之

謹案今光祿寺其名本出於漢之光祿勳自唐六典杜佑通典諸書皆以光祿勳載入光祿寺沿革然考光祿勳乃郎中令改名所掌爲宿衛宮殿門戶及典三署郎故柏梁聯句詩有總領從官之語其職當如今之領侍衛內大臣與光祿寺並不相同自蕭梁除去勳字謂之光祿卿

北齊又改稱光祿寺掌諸膳食肴藏於是遂爲今光祿所自始名雖相襲而職務固已迥判矣今以秦漢以後大官令繫諸光祿寺表而光祿勳一官則別載入領侍衞內大臣篇庶職掌相符不致循名而爽實焉

三國

〔冊府元龜〕魏光祿置大官令丞

〔裴松之三國志注〕王郎上主簿張登詔以登爲大官令時苗爲壽春令遷大官令

謹案據〔冊府元龜〕所載魏初更易卿監屬官大官令始改隸光祿後世因專以光祿爲典膳之職通典謂魏大官令亦屬少府蓋但據漢制以例之未加詳考耳

〔三國吳志孫權傳〕嘉禾五年禁進獻御減大官膳

謹案據此條則吳亦有大官令特史文不詳或仍隸少府或別隸他官今已不可考矣

晉

（晉書職官志）光祿勳統大官等令

（冊府元龜）大官令之屬有廚史錫官吏果官監釀吏酒丞等員

（鄭樵通志）大官令有錫官果吏各二人酒丞一人

宋齊梁陳

（宋書百官志）大官令一人丞一人隸侍中

（南齊書百官志）大官令一人丞一人屬起部亦屬領軍

謹案南齊書高宗本紀大官進御食有裹蒸又蕭穎胄傳上欲鑄壞大官元日上壽銀酒鎗是宋齊之世大官主御膳及燕饗之事並如漢制其屬之侍中及領軍者當以其時光祿勳不復居禁中而侍中領軍實掌宿衛故又改隸以便於統轄耳至杜佑以爲宋齊大官令俱屬侍中則未考南齊志而致誤也

（通志）齊食官局有酒吏梁曰酒庫丞

（南史張融傳）融攝祠部曹兼掌正廚見宰殺回車徑去自表解官

（馬端臨文獻通考）齊諸公府有釀食典軍二人

（隋書百官志）梁定九品十八班大官令爲一班又大官市署丞正廚丞酒庫丞爲三品蘊位大官四丞庫丞爲三品勳位

（冊府元龜）梁大官丞門下省領之又有市買正廚酒庫等丞陳如梁制

謹案張融以祠部曹掌正廚專司宰割蓋如今光祿寺署官監視封牲之職也至隋志梁有大官市署丞而冊府元龜又作市買丞考宋書有張奇兼市買丞事見顏師伯傳則冊府元龜所載爲核隋志署字蓋傳刻之訛耳

北魏

（冊府元龜）魏分大官令尙食中尙食掌知御膳尙食門下省領之中尙食集書省領之大官掌知百官饌光祿領之有丞一人

謹案北魏分食官爲兩職其尙食中尙食則如今之內膳房而大官令

別領於光祿專主百官饌正如今光祿寺之職也蓋制度變更已開其漸特光祿卿之親典膳食則自齊始著於職掌耳又案魏書官氏志有太宰令爲從第五品當亦主飲食之官而史失其詳今並附見於此

北齊

（通典）北齊曰光祿寺置卿少卿兼掌諸膳食帳幕

（冊府元龜）北齊光祿寺丞一人從六品下又有功曹五官主簿等又有大官丞一人肴藏令及丞二人又有清漳令丞主造酒

（隋書百官志）北齊光祿寺統大官（掌食膳事）肴藏（掌器物鮭菜等事）清漳（主酒歲二萬石春秋中半）等署各有令丞

謹案兩漢光祿勳至北齊而始爲掌膳之職然考其所屬尙有守宮宮門供府華林等署兼司宮殿門戶則是漢制所沿猶未盡革也

後周

（通典）後周官品正五命天官主膳中大夫正四命天官小膳部下大夫

正三命天官小膳部內膳外膳等上士正二命天官內膳外膳典庖典饎酒正餚藏掌醢司鼎俎等中士正一命天官外膳典庖典饎酒正餚藏掌醢司鼎俎等下士

〈唐六典〉後周有典庖中士一人肴藏中士一人下士一人酒正中士二人下士四人掌醢中士一人下士十二人內膳有主食十二人

隋

〈隋書百官志〉光祿寺置卿少卿各一人丞三人主簿二人錄事三人統大官肴藏良醞掌醢等署各置令大官三人肴藏良醞各二人掌醢一人丞大官八人肴藏掌醢各二人良醞四人大官又有監膳十二人良醞有掌醞五十人掌醢有掌醢十人

〈冊府元龜〉開皇三年廢光祿入司農十三年復置又加置丞三人煬帝加置少卿二人又有主簿錄事並流外爲之

謹案隋光祿寺始專主肴膳無復掌宮殿門戶之事漢光祿勳職守至

此遂盡改其舊今光祿寺規制實猶沿隋所定也

唐

〔舊唐書職官志〕光祿寺卿一人從三品少卿一人從四品丞二人從六品主簿二人從七品掌邦國酒醴膳羞之事總大官珍羞良醞掌醢四署之官屬修其儲備謹其出納少卿爲之貳

〔新唐書百官志〕光祿寺卿凡祭祀省牲鑊濯溉三公攝祭則爲終獻朝會燕享則節其等差錄事二人

〔唐六典〕龍朔二年光祿寺改司宰寺咸亨初復舊武后光宅元年改司膳寺神龍初復舊

〔孫逢吉職官分紀〕寺有府十一人史二十一人亭長六人掌固六人

〔新唐書百官志〕大官署令二人從七品下丞四人從八品下掌供祠宴朝會膳食祭日令白卿詣廚省牲鑊取明水明火帥宰人割牲取毛血實豆遂亨又實簠簋設于饌幕之內珍羞署令一人正八品下丞二人正九

品下掌供祭祀朝會賓客之庶羞榛栗脯脩魚鹽菱芡之名數良醞署令一人正八品下丞二人正九品下掌供五齊三酒享大廟以供鬱鬯以實六彝進御則供春暴秋清酴醾桑落之酒掌醢署令一人正八品下丞二人正九品下掌供醯醢之物一曰鹿醢二曰兔醢三曰羊醢四曰魚醢宗廟用菹以實豆賓客百官用醢醬以和羹

（唐六典）武后垂拱元年肴藏署改珍羞署神龍元年復舊開元元年仍改珍羞署

（職官分紀）大官署有府四人史八人監膳史十五人供膳二千四百人掌固四人珍羞署有府三人史六人典書八人掌固四人良醞署有府三人史六人監事二人掌醖二十人酒匠十三人奉觶百二十人掌固四人掌醢署有府二人史二人主醢十人醬匠二十三人酢匠十二人豉匠十二人菹醢匠八人掌固八人

（謹案通鑑）李密降唐後爲光祿卿嘗遇大朝會密當進食深以爲恥

云云是唐之朝會以光祿卿進食而六典不載其儀疑或是唐初未定之制也至周官膳夫徒止百二十人漢大官令宰士亦止二百人而唐之供膳乃多至二千四百人供億繁費實爲汰侈無藝今制光祿寺承辦筵品凡茶役廚役及各項匠役均計工給直平時並無冗食法度益

昭節慎矣

五季

（薛居正舊五代史）梁開平元年改御食使爲司膳使

（五代史梁本紀）乾化二年光祿卿盧玭使於蜀

（冊府元龜）後唐莊宗同光中光祿諸寺監各只置大卿監其餘官屬並

權停

謹案梁之司膳使以他官兼之猶今總理寺務大臣也

宋

（宋史職官志）光祿寺卿少卿丞主簿各一人卿掌祭祀朝會宴饗酒醴

膳羞之事修其儲備而謹其出納之政少卿爲之貳丞參領之凡祭祀共五齊三酒牲牢鬱鬯及尊彝籩豆簠簋鼎俎鉶登之實前期飭有司辦具牲鑊視滌濯奉牲則告充告備共其明水火焉禮畢進胙於天子而頒于百執事之人分案五置吏十

（文獻通考）宋光祿判寺事以朝官以上充卿少卿丞爲寄祿官卿後來爲中奉大夫少卿朝議大夫丞宣義郎元豐官制行置卿少卿丞主簿各一人元祐三年詔長貳互置政和六年監察御史王桓等言祭祀牲牢之具掌于光祿而寺官未嘗臨視請大祀以長貳朔祭及中祀以丞簿監視宰割禮畢頒胙有故及小祀聽以其屬攝從之

（章如愚山堂考索）建炎以來光祿併歸禮部

（玉海）紹興二十三年二月丙子復光祿置丞一員

（謹案宋史及文獻通考）並言南渡後廢光祿併入禮部而如玉海所載紹興中已復置矣蓋當時但設丞以司其事而卿貳均未備員其職

仍隸屬於禮部故史文未之及也

〔宋史職官志〕大官令掌膳羞割烹之事凡供進膳羞則辨其名物而視食之宜謹其水火之齊祭祀共明水明火割牲取毛血牲體以爲鼎俎之實朝會宴享則供其酒膳凡給賜視其品秩而爲之等

〔文獻通考〕大官署宋朝隸御廚以朝官幷諸司使副內侍都知押班充元祐初罷大官令二年復置崇寧二年置尚食局大官唯掌祠事○宋珍饈署隸御廚有供備庫太平興國二年改爲內物料庫有使及副使掌供尚食及內外膳饈米麵飴蜜棗豆百品之料監官二人以三班充外物料庫掌給皇城外諸宮院油鹽米麵之品監官二人以三班內侍充○宋良醞署屬御廚有內酒坊使掌造法糯酒常料之三等酒以供邦國之用監官二人監門二人以三班內侍充都麴院掌造麴以給內酒坊之用及出鬻而收其直監官二人以京朝官及諸司使副內侍充法酒庫掌造供御及祠祭凡祭祀共五齊三酒以實尊罍以三班使臣內侍充○掌醢署宋屬御廚有油醋

庫監官一人以京朝官充掌造油醯醢以供邦國膳饈內外之用

謹案宋之勾當御廚司卽如今內膳房之職當時光祿四署俱隸屬焉

膳卿所掌蓋僅存虛名而已今案其職守又互詳內務府表內謹識於

此

遼

（遼史百官志）南面官崇祿寺本光祿寺太宗諱改

（王圻續文獻通考）崇祿寺官曰崇祿寺卿曰崇祿寺少卿曰崇祿寺丞

曰崇祿寺主簿

謹案遼史百官志最爲闕略崇祿寺亦未載有屬官今承德府地方有

遼白川州石幢尙存其左方列銜載有麴務都監同監麴務麴院判官

諸名皆史志所未及蓋本宋之麴院監官卽隋唐良醞署之職其金之

尙醞署酒坊使當亦沿此制而設者也謹並繫之於表以補史闕焉

金

〔金史百官志〕宣徽院左宣徽使正三品宣徽使正三品同知宣徽院事正四品同簽宣徽院事正五品宣徽判官從六品掌朝會燕享及監知御膳○尚食局提點正五品使從五品副使從六品掌總知御膳進食先嘗兼管從官食直長一員正八品都監三員正九品生料庫都監同監各一員掌給受生料物色收支庫都監同監各一員掌給受金銀裹諸色器皿○果子都監同監各一員掌給受進御果子○尚醞署令從六品丞從七品掌進御酒醴直長正八品二員○酒坊使從八品副使正九品掌醞造御酒及支用諸色酒醴

謹案金代不置光祿鴻臚二寺悉總其事於宣徽院而宮掖政務亦兼領焉其職實如今之內務府今故別著於表而取其典司相近者析載於此以備一代之制云

元

〔元史百官志〕光祿寺隸宣徽院秩正三品掌起運米麴諸事領尚飲尚

醞局至元十五年罷都提舉置寺設卿一員少卿三員主事一員照磨一員管勾一員二十年改尚醞署正四品二十三年復爲光祿寺卿二員少卿丞各一員二十四年增少卿一員二十五年撥隸省部三十一年復隸宣徽延祐七年降從三品後復正三品定置卿四員正三品少卿二員從四品丞二員從五品主事二員從七品令史八人譯史知印各二人通事二人奏差二十四人典吏三人蒙古書寫一人○珍羞署至元十三年始立尚珍署後罷入有司二十五年復置掌收濟寧等處田土籽粒以供酒材設達嚕噶齊(解見戸部三庫篇)一員令一員並從五品丞一員正七品吏目一人○尚食局掌供御膳及出納油麵酥蜜諸物至元二年置提點二十年省併尚藥局爲尚食局置提點一員從五品大使一員正六品副使一員正七品直長一員正八品○尚飲局中統四年置設大使副使各一人俱帶金符掌醞造上用細酒後定置提點一員從五品大使一員正六品副使一員正七品○尚醞署中統四年立御酒庫設金符宣差至元十一年

始設提點十六年改尚醞局掌醞造諸王百官酒醴提點一人從五品大使一人正六品副使一人正七品直長一人正八品

謹案元宣徽院亦如今內務府之職光祿寺僅爲其所屬之一署雖沿襲舊名其實不盡同古制王惲秋澗集稱當時曾有旨講究光祿寺職掌疑亦有意改革而未行也

明

（明史職官志）光祿寺卿一人從二品少卿一人正五品寺丞一人從六品其屬典簿廳典簿二人從七品錄事一人從八品大官珍羞良醞掌醢四署各署正一人從六品署丞四人從七品監事四人從八品司牲司大使一人從九品副使一人後革司牲局大使一人從九品嘉靖七年革銀庫大使一人卿掌祭享宴勞酒醴膳羞之事率少卿寺丞官屬辨其名數會其出入以聽於禮部大官供祭品宮膳節令筵席蕃使宴犒之事珍羞供宮膳肴核之事良醞供酒醴之事掌醢供餳油醢醬梅醬之事司牲視其肥瘠而蠲滌之司牧亦如之

（鄧球泳化類編）洪武乙卯冬十月定光祿官品級先是置宣徽院尋改光祿寺設尚食尚醴二局供需法酒二庫以院使同知院判典簿等掌之至是改寺爲司正卿一人從三品少卿二人正五品寺丞六人從六品其屬典簿二人從七品錄事一人從八品大官署珍羞署良醞署掌醢署各署正一人俱從六品署丞四人俱從七品副使未入流洪武三十年復爲寺建文元年改光祿寺卿爲光祿卿少卿寺丞分左右而陞少卿從四品省署丞二人增監事二人永樂初盡復洪武之制

謹案周禮膳夫有惟王不會之文說經者或以爲疑不知當時九式掌於冢宰人主自不得恣其費用所以用皆合式不必以有司之法會之並非蕩然無節也三代以後侈汰漸萌如漢世屢詔減大官珍膳而後漢書載大官湯官經用每歲尚至二萬萬卽鄧太后敕止省珍費所裁亦不過數千萬其糜費可以概見歷代相仍此風未革李燾通鑑長編及江休復雜志載宋嘉祐中御廚日宰二百八十羊日支麵萬斤勾當

御廚駕部員外郎李象中等皆以自盜御食得罪編管是浸漁破冒有
益以滋甚者明代各省額解光祿寺銀米皆直送本寺不由戶部清釐
無法又令中官提督寺事每以片紙傳取錢糧寺官卽如數供億莫知
真僞嘉隆閒歲用逾四十萬廚役多至四千一百餘名明史所載如寺
丞胡膏僞增物直爲給事中楊允繩所糾提督中官杜泰乾沒歲鉅萬
爲少卿馬從謙所發奸蠹叢生實爲弊藪我
朝自康熙初定制錢糧皆歸戶部光祿以時支取儲用歷加撙節歲祗支
銀二萬兩月要其數以
奏務使品式有定出入有經宂費盡除成規共守信足永昭
儉德矣

欽定歷代職官表卷三十

太僕寺表

	太僕寺卿
三代	夏牧正 殷牧師 周太僕下大夫 校人中大夫
秦	
漢	太僕
後漢	太僕
三國	蜀漢太僕 魏太僕
晉	太僕
宋齊梁陳	太僕卿
北魏	太僕卿
北齊	太僕寺卿
後周	
隋	太僕寺卿
唐	太僕寺卿 司馭寺卿 司僕寺卿
五季	太僕寺卿
宋	太僕寺卿 羣牧司制置使 羣牧使
遼	太僕寺卿 總典羣牧部籍使
金	提控諸烏呼濟庫烏呼濟庫使
元	太僕寺卿
明	太僕寺卿

少卿	左司員外郎	左司主事
	牧橐令	牧橐丞
太僕少卿	駞牛都尉	
太僕寺少卿	駞牛署令典駞局都尉	駞牛署丞
	典駞中士	
太僕寺少卿		
太僕寺少卿		
太僕寺少卿		
太僕寺少卿羣牧副使	駞坊監官	
烏哷濟庫副使		
太僕寺少卿		
太僕寺少卿		

右司員外郎	右司主事	主簿
周校人上士	周牧師下士	
牧師苑令	牧師苑丞	
典牧令		
	南馬牧丞　左牧丞　右牧丞	
都牧官		
左牝署令　右牝署令　左牝局都尉　右牝局都尉	左牝署丞　右牝署丞	太僕寺主簿
典牝上士　典牡上士	典牝中士　典牡中士	
典牧署令	典牧署丞	太僕寺主簿
典牧署令	典牧署丞	太僕寺主簿
羣牧司判官		太僕寺主簿
烏呼濟庫司判官		
		太僕寺經歷
		太僕寺主簿廳主簿

筆帖式	牧場統轄總管	牧場總管
		苑監官
		流馬苑監
		魏牧官都尉
		左典牧都尉右典牧都尉中典牧都尉
		外牧官
		諸牧總監諸牧儀司諸牧大都督隴西左右牧監
	檢校諸牧監使都監牧使羣牧都使	諸牧牧監監牧使
		監牧使諸牧都監
		馬羣太保馬羣侍中馬羣司
烏哷濟庫司知法		羣牧司袞詳
太僕寺譯史		
		各牧監監正

牧場翼長	牧場護軍校	牧場協領
諸牧副監諸牧師都督		諸牧尉
	諸牧直司	諸牧團官諸牧尉
羣牧司托迪		
	牧羣千戶	牧羣百戶
各牧監監副		

委署固山達

太僕寺

國朝官制

太僕寺卿滿洲漢人各一人從三品少卿滿洲漢人各一人正四品掌兩翼牧馬場之政令凡遇

車駕行幸以卿少卿一人隨

蹕司幔城網城馱載橐駝每歲夏季則以卿少卿一人率屬赴牧場稽其孳生

斃損之數分注於冊三年乃均齊之以定賞罰焉

國初置太僕寺附于兵部武庫司設卿滿洲漢人各一人少卿滿洲二人漢人一人寺丞滿洲漢人各一人順治元年十二月省太僕寺九年復置十五年省寺丞員額十六年復置康熙二年仍省雍正三年始建衙署于正陽門之東乾隆十三年省滿洲少卿一人近歲以來以大臣兼管寺事皆由

特簡無常員

左司員外郎滿洲蒙古各一人主事滿洲蒙古各一人

掌馱載幔城網城之駝隻以備

巡幸之用初制不分司設滿洲員外郎八人雍正三年省二人改設蒙古員外郎二人乾隆六年始置左右二司各分職掌給以印信十三年定原設員外郎八人改爲滿洲員外郎二人蒙古員外郎二人滿洲主事二人蒙古主事二人

右司員外郎滿洲蒙古各一人主事滿洲蒙古各一人

掌察驗牧場馬匹盈虧以時印烙

主簿滿洲一人正七品

掌章奏文移初置漢人主簿一人康熙二年省雍正二年復置滿洲主簿一人

筆帖式滿洲八人蒙古八人

初制滿洲筆帖式十有一人蒙古四人漢軍二人康熙二年省滿洲筆帖

式三人雍正三年省漢軍員額乾隆三年增置蒙古筆帖式四人職事具吏部篇

謹案太僕寺初置常盈庫以直隸山東河南額徵馬價銀六十餘萬觧寺貯庫歲終覈銷設漢大使一人掌之尋以馬價銀歸併戶部省常盈庫大使員額謹識于此

統轄兩翼牧場總管一人以察哈爾副都統兼管兩翼總管各一人正四品翼長各一人正五品護軍校各四人初制八品後升為正七品以上皆蒙古員額駐劄張家口辦理牧場事務主事一人筆帖式一人

牧場置于張家口外左翼四旗在哈喇尼墩井東西百五十里南北百三十里右翼四旗在齊齊爾漢河東西百五十里南北三十二里馬羣百九十二每羣牧長牧副各一人牝馬羣百六十每羣牧丁八人牡馬羣三十二每羣牧丁十有四人護軍三百十有四人總管翼長居適中之地綜治牧政護軍校協領等各巡牧所禁盜馬及墾耕者統轄總管乾隆十三年置以察哈爾副都統兼理總管康熙四十四年置護軍校等員雍正元年

置又原置有副管二人防禦二人翼領四人驍騎校三人今俱省凡總管員闕於察哈爾佐領世爵及牧場翼長等官內選用翼長以下員闕於護軍校等官次第選用皆由寺引

見除授張家口辦理牧場事務官於本寺主事筆帖式內各揀選一員五年輪

請更換

歷代建置

三代

（春秋左氏傳）少康爲仍牧正（杜預注）牧官之長

（竹書紀年）周公季歷伐余無之戎克之命爲牧師

（詩大雅出車篇）我出我車于彼牧矣（毛亨傳）出車就馬于牧地（鄭

康成箋）西伯以天子命出車牧地

詩無羊宣王考牧也（鄭康成箋）牧人之職廢宣王始興而復之

謹案劉向列仙傳稱馬師皇爲黃帝馬師其說無據而夏之牧正殷之

牧師皆見經傳則典牧之官其由來固已久矣
〔列子黃帝篇〕周宣王之牧正有役人梁鴦者能養禽獸
〔尚書小序〕穆王命伯冏爲周太僕正作冏命〔孔安國傳〕太僕長太御中大夫〔孔穎達疏〕正訓長也周禮太御中大夫太僕下大夫孔以此言太僕正則官高於太僕故以爲周禮太御
〔周禮夏官〕太僕下大夫二人掌正王之服位出入王之大命王出入則自左馭而前驅
〔淮南子時則訓〕命太僕及七騶咸駕戴荏授車以級
〔齊職儀〕太僕周官也尚書稱穆王命伯冏爲太僕正是也蓋爲衆僕之長
謹案今太僕寺之官雖沿周太僕舊名然其職掌實迥不相合蓋僕本侍御於尊者之名其下有祭僕御僕隸僕諸官而以太僕爲之長故稱太僕所司在正服位詔法儀常居於大寢之門內以左右王當如今之

領侍衛內大臣及

御前大臣其出入大命掌諸侯之復逆則又如今之奏事處及通政使司其左馭前驅則又如今之鑾儀衛而馬政別掌于校人諸職不關太僕今據其官守所在已分繫之領侍衛內大臣等篇特以稱名所承沿襲有自故亦並載于此表而附識古今異同之故以著其實云

(周禮夏官)校人中大夫二人上士四人下士十有六人府四人史八人胥八人徒八十人掌王馬之政辨六馬之屬種馬一物戎馬一物齊馬一物道馬一物田馬一物駑馬一物凡頒良馬而養乘之乘馬一師四圉三乘爲皁皁一趣馬三皁爲繫繫一馭夫六繫爲廄廄一僕夫六廄成校校有左右駑馬三良馬之數麗馬一圉八麗一師八師一趣馬八趣馬一馭夫天子十有二閑馬六種邦國六閑馬四種家四閑馬二種凡馬特居四之一春祭馬祖執駒夏祭先牧頒馬攻特秋祭馬社臧僕冬祭馬步獻馬講馭夫凡大祭祀朝覲會同毛馬而頒之軍事物馬而頒之(鄭康成注)校者校也主馬

者必仍校視之校人馬官之長趣馬下士皁一人徒四人掌贊正良馬而齊其飲食簡其六節〔鄭康成注〕趣馬趣養馬者也鄭司農云詩蹶惟趣馬巫馬下士二人醫四人府一人史二人賈二人徒二十人掌養馬疾而乘治之〔鄭康成注〕巫馬知馬祖先牧馬社馬步之神者馬疾若有犯焉則知之是以使與醫同職〔賈公彥疏〕巫知馬祟醫知馬病有賈者治馬死生須知馬價也牧師下士四人胥四人徒四十人掌牧地皆有厲禁而頒之孟春焚牧中春通淫掌其政令凡田事贊焚萊〔鄭康成注〕牧師主牧放馬而養之廋人下士閑二人史二人徒二十人掌十有二閑之政教以阜馬佚特教駣攻駒及祭馬祖祭閑之先牧及執駒散馬耳圉馬正校人員選〔鄭康成注〕廋之言數校人謂師圉也正員選者選擇可備員者平之〔賈公彥疏〕凡言正者以尊正卑自趣馬已上並上官非廋人所正故知所正者師圉圉師乘一人徒二人掌教圉人養馬春除蓐釁廄始牧夏庌馬冬獻馬圉人良馬匹一人駑馬麗一人掌養馬芻牧之事以役圉師馬質中士二人府一人史二人賈四人徒八人掌質馬馬量三物一曰戎馬二曰田馬三曰駑馬皆有物賈綱惡馬〔鄭康成注〕質平也主買馬平其大小之賈直

謹案今太僕之職本出于周官之校人而所掌馬政則古今異宜有未

可以概論者蓋成周之世軍賦出于邱甸一邱出戎馬一匹一甸出戎馬四疋畿內提封萬井出戎馬四萬疋皆民養之于平日有軍旅則賦之其畜牧之事並不領于有司若校人良馬五物惟以駕王之乘車貳車從車駑馬一物則以供畿內小吏單騎及役車之用而兵革不與焉國語所謂國馬足以行軍公馬足以供賦者國馬卽民馬蓋指邱甸所出之馬而公馬卽校人之王馬乃天子所駕用者也（此據國語韋昭注一說以國馬卽王馬與此不同）後世井田既廢四邱出甲之法久已不行戎馬皆官自畜牧由漢以來內外廄及諸牧苑悉以屬之太僕國馬王馬遂併隸一官下逮唐宋復以中廄所畜者別主之殿中監尚乘局御馬院等官（殿中監尚乘局皆唐置御馬院宋置說詳上駟院篇）而太僕惟掌國馬于是校人所司王馬之政又不盡在冏卿矣

本朝定制自口外諸牧場及八旗直省營馬並分職經理各有司存其天閑供御之乘則掌之上駟院太僕所管惟左右翼牧廠爲國馬之一周

禮校人之職其實當在上駟院而馬官沿革所自通典諸書悉以繫之太僕寺故仍互見于此表以明緣起焉

秦

〔冊府元龜〕周穆王置太僕正掌輿馬秦因之

〔唐六典〕太僕秦官

〔爾雅釋畜注〕秦有騉蹄苑

謹案秦時有騉蹄苑則必有苑官可知漢牧苑之制已始于此

漢

〔漢書百官公卿表〕太僕掌輿馬有兩丞屬官有太廏未央家馬三令各五丞一尉又車府路軨騎馬駿馬四令丞又龍馬閑駒橐泉騊駼承華五監長丞又邊郡六牧師苑令各三丞又牧橐昆蹏令丞皆屬焉

謹案太僕掌校人之職當始於秦漢之閒考成六年傳韓獻子將新中軍且爲僕大夫公揖而入獻子從公立於寢庭杜謂獻子兼太僕蓋公

自路門外揖而入于路寢庭而獻子從公以其爲太僕掌正服位故出入必從也然則春秋時太僕本職猶與周禮相合襄九年傳使皇父命校正出馬正義校正主馬于周禮爲校人成十八年傳弁糾御戎校正屬焉注校正主馬官正義校正當周禮校人哀三年傳校人乘馬注云校人掌馬然則春秋時主馬政者仍是周禮校人未見其掌于太僕冊府元龜謂周穆王時太僕掌輿馬以太僕本爲王馭故云掌輿馬未必若漢時之主五監六廄也其合太僕校人爲一職則自漢書百官公卿表始也

（荀悅前漢紀）太僕掌輿馬屬官

（杜佑通典）太僕漢初夏侯嬰常爲之漢書曰夏侯嬰爲沛公太僕常奉車自高帝至文帝常爲太僕又石慶爲太僕御出上問車中幾馬慶以策數馬畢曰六馬領五監六廄各有令

謹案漢紀韓信事項羽爲郎中羽不能用而去歸于漢坐事當斬已伏鑕仰視乃見夏侯嬰曰王不欲取天下也而斬壯士太僕嬰言於王赦

之不誅蓋太僕主出入王之大命夏侯嬰時爲太僕故得言之于王也

漢制近古此爲一端

〔漢書本紀如淳注〕漢儀注太僕牧師諸苑三十六所分布北邊西邊以郎爲苑監官奴婢三萬人養馬三十萬匹顏師古曰養鳥獸者通名爲苑故謂牧馬處爲苑

〔三輔黃圖〕太僕御屬車八十一乘

〔揚雄太僕箴〕肅肅太僕車馬是供鏘鏘和鸞駕彼時龍王用三驅前禽是射僕夫執儀載辟載駰我輿云安我馬惟閑雖馳雖驅匪逸匪愆昔有淫羿馳騁忘歸景公千駟而淫于齊牧于坰野詩人與魯僕臣司駕敢告執皁

〔漢書地理志〕北地郡靈川縣有河奇苑號非苑歸德縣有堵苑白馬苑郁郅縣有牧師苑官遼東郡襄平縣有牧師官西河郡鴻門縣有天封苑

〔後漢書百官志〕太僕卿一人中二千石掌車馬天子每出奏駕上鹵簿用大駕則執馭丞一人比千石未央廄令一人六百石主乘輿及廄中諸

馬長樂廄丞一人舊有六廄皆六百石令中興省約但置一廄後置左駿令廄別主乘輿御馬後或并省又有牧師苑皆令官主養馬分在河西六郡界中中興皆省惟漢陽有流馬苑但以羽林郎監領

謹案前漢紀景帝紀太僕周舍為御史大夫宣帝紀太僕陳萬年為御史大夫成帝紀太僕王音為御史大夫蓋御史大夫為丞相之副太僕為漢九卿之一秩二千石故太僕得擢御史大夫也又由太僕竟為丞相者太僕公孫賀為丞相是也可以證太僕一官在漢九卿為尤顯後漢紀太僕張純為大司空太僕鄧盛為太尉則由太僕而為三公蓋襲前漢之制

(劉昭後漢書志注)太僕員吏七十人其七人四科一人二百石文學八人百石六人升食七人佐六人騎吏三人假佐三十一人學事一人官醫

(歐陽詢藝文類聚)續漢書曰趙岐獻帝以為太僕

謹案秦漢以太僕主輿馬杜佑謂其兼有周官校人掌馬巾車掌車之

任故當時太僕卿執馭奉車及奏鹵簿其職實如今之鑾儀衞固不獨典司牧事也卽以牧事而論所轄五監六廄及牧師諸苑亦兼國馬王馬之政而統治之三國志載魏王朗稱西京中廄則騑驂駙馬六萬餘匹外牧則扈養三萬而馬十之蓋皆隸之于太僕今制內廄馬匹悉屬上駟院太僕止管左右翼二牧廠是所掌但有外牧而乘輿御馬不預焉故以漢制準之惟諸牧苑令丞主邊郡養馬當如今右司之職牧橐令丞諸牧養橐駞當如今左司之職苑監官當如今牧場總管之職若太廄未央等令丞則專司天子中廄之畜當爲今上駟院之職已非太僕所自承特以前代職制不同未可盡略故仍互見于此而其詳則著于上駟院篇內云

三國

〔三國蜀志後主傳〕太僕蔣顯

〔通典〕後漢太僕亦掌車馬魏因之

（三國魏志潘尾列傳）尾爲太僕造乘輿箴

（魏文帝追諡杜畿詔）昔冥勤其官而水死稷勤百穀而山死故尙書僕射杜畿于孟津試船遂至覆沒忠之至也朕甚愍焉追贈太僕諡曰戴侯

謹案後漢志尙書僕射秩六百石太僕秩二千石魏制當與後漢同以六百石擢二千石蓋追贈特優其典也

（洪适隸釋）魏公卿上尊號奏太僕臣夔

（唐六典）魏置牧官都尉

謹案漢牧師苑令其所治雖在邊郡而實爲太僕屬官當如明行太僕寺之比至魏之牧官都尉則又別置職名爲後來監牧所自出當如今之牧場總管也

晉

（晉書職官志）太僕統左右中典牧都尉車府典牧乘黃廏驊騮廏龍馬廏等令自元帝渡江之後或省或置太僕省故驊騮爲門下之職

〔藝文類聚〕晉諸公贊曰郭展爲太僕留心於養生是以廏馬充牣其後征吳得以濟事

〔唐六典〕晉太僕過江省其後又置成帝永和七年省併宗正蓋有事則權置無事則省

謹案自晉以迄唐代皆沿漢制太僕兼掌輿馬故所屬如車府令爲今鑾儀衞之職乘黃驊騮龍馬諸廏令爲今上駟院之職俱已分別析載惟典牧令專司牧政正與今太僕寺右司職掌相合故獨繫之於此表後皆仿此

宋齊梁陳

〔通典〕太僕宋以來不常置郊祀則權置太僕執轡事畢則省齊亦然

謹案宋齊二代不置太僕而別有乘黃令屬太常驊騮丞屬侍中以掌乘輿廏馬又御史臺有庫曹以主廏牧是國馬王馬其職固各有所分屬也

（梁簡文帝馬寶頌）五月丁酉朔詔以馬寶示羣臣太僕效官趣馬掌贊八麗四圉給役相趨暉煜金鑣陸離寶勒鑾眄善鳴龍儀美稱總轡崑岑周非吾馭張樂大野夏有慚德道乾應坤馬來度玉關升玉臺千天駟百龍媒承伏阜掃騊駼秣瑤粟委芳芻九夷款四表清甿胥樂輿頌與

（隋書百官志）梁置太僕卿爲夏卿統南馬牧左右牧龍廄內外廄丞

（通典）梁太僕卿位視黃門侍郎陳因之

（徐堅初學記）太僕梁又置之加卿字曰太僕卿後皆因之

謹案梁代雖置太僕而乘黃署仍屬太常故太僕惟司牧政不典車輅簡文帝馬寶頌稱太僕效官亦以其典龍廄也近世冏寺專爲馬官其權輿已見于此矣

北魏

（魏書官氏志）太僕第二品上太和中又置少卿改太僕卿正三品少卿正四品

(楊衒之洛陽伽藍記)劉騰宅東有太僕寺

(唐六典)後魏太僕卿第二品上又置少卿太和二十二年九卿並第三品

(魏書官氏志)延興四年二月置外牧官太和十五年十二月置都牧官太和百官令典牧都尉從第五品中

(司馬光資治通鑑)魏蕭寶寅死于駝牛署(胡三省注)後魏有駝牛都尉署者其寺舍也五代史志太僕寺之屬有駝牛署

(王應麟玉海)魏太武太延二年冬于雲中置野馬苑平朔方隴右以河西水草善以爲牧地馬三百餘萬匹橐駝半之孝文後以河陽爲牧場戎馬十餘匹歲自河西徙牧幷州漸南欲其習水土馬之盛無如後魏

謹案後魏太僕職掌不見于史據魏書高祖本紀有太和十一年詔太僕乘具出其大半班賚百官之文則亦兼掌車馬也又外牧都牧二官其所司亦未詳考魏世雲中河西河陽幷州皆有牧地外牧當專司畜

養蓋即典牧都尉之職如今之牧場總管其都牧官當在京師以司羣牧賞罰之令故高祖本紀又有罷都牧雜制之文見太和十四年其職蓋如今太僕寺之右司至駞牛都尉專主駞隻則又如今之左司矣

北齊

〔隋書百官志〕後齊太僕寺置卿少卿丞各一人有功曹五官主簿錄事等員掌諸車輦馬牛畜產之屬統驊騮左右龍左右牧駞牛司羊乘黃車府等署令丞左龍署有左龍局右龍署有右龍局左牝署有左牝局右牝署有右牝局駞牛署有典駞局諸局並有都尉

謹案周官校人特居四之一說者謂一特三牝故衞風稱騋牝三千月令季春乃合累牛騰馬遊牝于牧三代馬政所以順生息之理而滋其蕃庶也北齊置左右牝署令丞後周置典牝上士中士其義蓋本諸此今太僕寺左右兩翼牧場設牝馬一百六十羣每羣二百四十六匹至一百三十二匹有差扇馬三十二羣每羣二百有五匹至五十九匹有

差與三牝一特之制洵爲相合矣至北齊太僕寺復仿漢晉之制置驊騮乘黄車府等署隋唐因之今並析繫于鑾儀衞上駟院表內云

後周

〔通典〕後周官品正三命夏官典牝典牡等上士正二命夏官典牝典牡典駞等中士正一命夏官典駞下士

隋

〔隋書百官志〕太僕寺置卿少卿各一人尋加少卿一人丞三人主簿二人錄事二人又有獸醫博士員一百二十人統驊騮乘黄龍廄車府典牧等署各置令二人丞二人典牧丞三人隴右牧置總監副監丞以統諸牧其驊騮牧及二十四軍馬牧每牧置儀同及尉大都督帥都督等員原州駞牛牧置尉苑川十二馬牧每牧置大都督及尉各一人帥都督二人煬帝卽位多所改革太僕減驊騮署入殿內尚乘局改龍廄曰典廄署有左右駁阜二廄加置主乘司庫司廩官隴右諸牧置左右牧監各一人以司

統之

謹案新唐書屈突通傳稱通在隋爲虎賁郎將隋文帝命覆隴西牧簿得隱馬二萬匹帝怒收太僕卿慕容悉達監牧官吏千五百人將悉殊死通固爭得以減論據此是隋之諸牧監悉統轄于太僕寺蓋典牧署實主其事如今右司之職也

唐

（新唐書百官志）太僕寺卿一人少卿二人丞四人主簿二人錄事二人掌廏牧輿輦之政總乘黃典廏典牧車府四署及諸監牧凡監牧籍帳歲受而會之上駕部以議考課諸牧監上牧監監各一人副監各二人丞各二人主簿各一人中牧監副監丞減上牧監一員（案史文不言下牧監當與中牧監同）南使西使丞各三人錄事各一人北使鹽州使丞各二人掌羣牧孳課凡馬五千爲上監三千爲中監不及爲下監馬牛之羣有牧長有尉馬之駑良皆著籍良馬稱左駑馬稱右每歲孟秋羣牧使以諸監之籍合爲一以仲秋

上於寺孳生過分有賞死耗亦以率除之歲終監牧使巡按以功過相除爲考課

（初學記）龍朔二年改太僕爲司馭寺咸亨中復舊光宅元年改爲司僕寺神龍元年復故

（唐六典）秦漢太僕屬官有牧師苑令魏晉以下皆監牧之職隋太僕寺統典牧署令丞唐朝因之置典牧署令三人丞四人監事八人

（新唐書兵志）監牧所以畜馬也其制始于近世唐之初起得突厥馬二千匹又得隋馬三千於赤澤岸徙之隴右監牧之制始于此其官領以太僕其屬有牧監副監監有丞有主簿直司團官牧尉排馬牧長羣頭有正有副歲課功進排馬初用太僕少卿張萬歲領羣牧自貞觀至麟德四十年閑馬七十萬六千置八坊岐豳涇寧閑地廣千里爲四十八監馬多地狹不能容又析八監列布河西豐曠之野後以太僕少卿鮮于匡裕檢校隴西監牧儀鳳中以太僕少卿李思文檢校隴西諸牧監使監牧有使自

此始又有羣牧都使閑廄使使皆置副又立四使其後益置八監于鹽州三監于嵐州

（李吉甫元和郡縣志）貞觀中自京師東赤澤岸移馬牧于秦渭二州之北會州之南蘭州狄道縣之西置監牧使以掌其事仍以原州刺史爲都監牧使以管四使南使在原州西使在臨洮軍北使東宮使寄治原州天寶中諸使共有五十監南使管十八監西使管十六監北使管七監東宮使管九監

謹案唐置殿中監及尚乘局以主內廄太僕專司羣牧與今制差爲相近惟乘輿輦輅猶屬之太僕寺故別有乘黃車府等署蓋兼有今鑾儀衞職掌也至監牧使領之于太僕少卿疑諸監歲時閱視皆以少卿往莅其事故獨專使名正如今太僕寺堂官每歲赴牧場稽察之職其以原州刺史爲都監牧史則又如今以察哈爾副都統爲統轄兩翼牧場總管也

〔張說羣牧頌〕大唐接周隋亂離之後承天下戰陣之弊鳩括殘燼僅得牝牡三千從赤岸澤徙之隴右始命太僕張萬歲葺其政焉而弈世載德纂修其緒肇自貞觀成於麟德四十年閑馬至七十萬六千匹置八使以董之設四十八監以掌之跨隴西金城平涼天水四郡之地幅員千里猶爲隘狹更析八監布於河曲豐曠之野乃能容之於斯之時天下以一縑易一馬秦漢之盛未始聞也張氏中廢馬官亂職開元皇帝旣登大寶水瑞感而河龍出星精應而天駟下二年春乃更以王毛仲主之

謹案張說時爲隴右羣牧使故作是篇

〔鄭昂岐邠涇寧四州八坊碑頌〕序云張萬歲傍隴右字之四十年閑成七十萬六千匹開元初唯得二十四萬匹至十九年復成四十四萬匹上耕籍之明年命邠公典馬政公召入咨元祐作小司空兼牧圉匪燒匪剔斯馬斯才先是國家以岐山近甸豳土晚寒寧州壤甘涇水流惡澤茂豐草地平鮮原當古公走馬之郊接非子大邱之埜度其四境分署八坊其

五在岐餘在三郡保樂第一甘露第二保樂者隋石門馬坊也甘露先置在九成苑外有詔令新保樂徙甘露

〔唐會要〕貞觀十五年尚乘奉御張萬歲爲太僕少卿領羣牧不入銜麟德三年正月少卿鮮于匡裕檢校隴右郡牧雖入銜未置使儀鳳三年十月少卿李思文檢校隴右諸牧監使始有使號其後蘇幹等二十九人爲之元和十二年十月閑廄使張茂宗奏取麟游岐陽牧地三百四十七頃盡歸國家侍御史范傳式覆實

謹案唐會要貞元十三年福建觀察使柳冕奏置萬安牧監於泉州索部內馬五千七百匹以爲監牧之資人大擾二十一年四月丙寅罷之元和十四年五月己亥淮南置臨海監節度使兼之太和十月廢蓋牧馬宜于秦隴萬安臨海設監非其所也故設監之始亦第以節度觀察兼攝其事而不置使以其旋設旋廢制有未定不及置使也

（五代史周本記）廣順二年太僕少卿王演使于高麗

（五代史何澤列傳）澤以太僕少卿致仕

謹案五季諸寺監皆依唐制備官太僕少卿屢見于歐史紀傳而不及太僕卿蓋史文偶略也

宋

（宋史職官志）太僕寺卿少卿丞主簿各一人掌車輅廄牧之令少卿爲之貳丞參領之總國之馬政籍京都坊監畿甸牧地畜馬之數謹其飼養察其治療考蕃息損耗之實而定其賞罰馬死則斂其鬉尾筋革入于官府凡閱馬差次其高下應給賜則如格歲終鉤覆帳籍以上駕部舊制判寺事一人以朝官以上充凡邦國廄牧車輿之政令分隸羣牧司騏驥院諸坊監本寺但掌天子五輅屬車后妃王公車輅給大中小祀羊元豐官制行始歸本寺分案五置吏十有八元祐二年詔外監事令本寺依羣牧司舊法施行應內外馬軍專隸太僕直達樞密院更不經尚書省及駕部

三年詔省主簿一員崇寧二年詔太僕寺依舊制不治外事歸尚書駕部

應馬事上樞密院

（馬端臨文獻通考）宋太僕寺所隸官司十車輅院騏驥院左右天駟監鞍轡庫養象所駞坊車營致遠務上下監中興後廢太僕併入兵部

謹案宋太僕寺所屬之車輅院養象所爲今鑾儀衛之職騏驥院天駟監爲今上駟院之職鞍轡庫爲今武備院之職俱已分析別著于表惟駞坊監官專主駞隻則正與今左司職事相合故仍繫之于此篇

（宋史職官志）羣牧司制置使一人景德四年置以樞密使副爲之至道三年罷而復置使一人咸平三年置以兩省以上官充副使一人以閤門以上及內侍都知充都監二人以諸司使以上充判官二人以京朝官充掌內外廄牧之事周知國馬之政而察其登耗焉其副使都監多不備置判官都監每歲更出諸州巡坊監點印國馬之蕃息者

（玉海）太平興國五年改河南飛龍院大名養馬務洛州養馬務衛州二

監管城馬務同州馬務相州馬坊澶州馬務白馬龍馬監並爲牧龍坊景德二年七月羣牧使趙安仁言按唐六典凡馬有左右監以土地爲名欲改牧龍坊爲監仍鑄印給之于是河南爲洛陽監天雄軍爲大名監洛州爲廣平監衞州爲淇水監鄭州爲廣武監同州爲沙苑監相州爲安陽監澶州曰鎮寧滑州舊龍馬監曰靈昌熙寧元年詔河南北分置監牧使都監各一員命劉航爲河南監牧使崔台符爲河北監牧使諸馬監分屬兩使久任以責成效八年罷河南北監牧惟存沙苑一監隸羣牧司

謹案宋代內外馬政初皆掌於羣牧司元豐始歸其事太僕旋亦省廢是宋之羣牧司卽今太僕寺之職蓋使副如今之卿少卿判官如今之右司員外郎而河南北諸馬監分置監牧使都監等官則如今之牧場各總管也

遼

〔王圻續文獻通考〕遼南面有太僕寺及諸牧監

〔遼史百官志〕羣牧職名總目○某路羣牧使司某羣太保某羣侍中某羣敞史○總典羣牧司使總典羣牧部籍使羣牧都林牙○某羣牧司羣牧司羣牧副使○西路羣牧使司○倒塌嶺西路羣牧使司○渾河北馬羣司○漠南馬羣司○漠北滑水馬羣司○已上羣牧官

金

〔續文獻通考〕金不置太僕寺而尙廏局屬殿前都提點司明昌四年置諸羣牧所

〔金史兵志〕金初因遼諸茂滿洲語樹木也原作抹今改正而置羣牧天德閒置德肯鄂爾多滿洲語德肯微高也鄂爾多亭也原作迪河斡朵今改正阿爾本蒙古語十數也原作斡里保今改正富僧額滿洲語孳生也原作蒲速斡今改正雅蘇蒙古語骨也原作燕思今改正烏哲蒙古語看也原作兀者今改正五羣牧所皆仍遼舊名各設官以治之又于諸色人內選家富丁多及品官家子明安穆昆解見理藩院篇佛寧庫滿洲語佛寧羣也原作蒲輦今改正與司吏家餘丁及奴使之司牧謂之羣子分牧馬駝牛羊爲之立蕃息衰耗之刑賞後稍增其數爲九契丹之亂

士其五世宗置所七大定二十年更定羣牧官詳袞託迪(蒙古語鷃鴿也原作脱朶今改正)知把羣牧人滋息損耗賞罰格

〔金史百官志〕諸羣牧所又國語謂烏呼濟庫(蒙古語滋生也原作為魯古今改正)提控諸烏呼濟庫二員正四品明昌四年置(是年以安遠大將軍尚廄局使舒穆嚕貞兼慶州刺史爲之設女直司吏三人譯一人通事一人○舒穆嚕原作石抹今依八旗姓譜改正)使一員從六品(國言作烏呼濟庫使)副使一員從六品掌檢校羣牧畜養蕃息之事判官一員正八品掌籤判本所事知法一員從八品惟班第音(蒙古語小僧也原作板底因今改正)烏濟(滿洲語養也原作爲解今改正)騰(滿洲語作忒恩)

謹案遼金皆有尚廄司掌王馬之政故遼太僕惟典羣牧金則幷省其官而以提控諸烏呼濟庫當太僕之職遼之總典羣牧部籍使其所掌亦近今之太僕寺至羣牧使副及馬羣太保侍中之類則在外專司蕃息乃唐宋牧監之比正如今之牧場總管等官也

元

〔元史百官志〕太僕寺秩從二品掌阿克塔斯馬匹(蒙古語阿克塔斯衆騸馬也原作阿塔思)

今改正受給造作鞍轡之事中統四年設羣牧所至元十六年改尙牧監十九年又改太僕院二十年改衞尉院二十四年罷院立太僕寺又別置尙乘寺以管鞍轡而本寺止管阿克塔斯馬匹二十五年隸中書置提調官二員大德十一年復改太僕院至大四年仍爲寺卿二員從二品少卿二員從四品丞二員從五品經歷知事照磨管勾各一員令史七人譯史知印通事各二人奏差四人回回令史一人典吏二人

〔蘇天爵元文類〕經世大典序錄今牧馬之地東越耽羅北踰和琳圓們蒙古語二十萬數也原作火里禿麻今改正西至甘肅南暨雲南凡二十四所又大都上都以及鄂尼巴雅爾蒙古語長喜也原作玉你伯牙今改正濟蘭格爾蒙古語六十間房也原作折連怯呆兒今改正周迴萬里莫非監牧之野在朝置太僕典御馬左股烙官印號火印之馬太廟祀事及諸寺影堂用乳酪則供牝馬駕仗及宮人出入則供上乘馬供上及諸王百官挏乳取黑馬乳以奉玉食謂之細乳諸王百官者謂之粗乳又自世祖皇帝而下山陵各有鄂瑪堆唐古特語鄂瑪奶漿也堆收也原作醞都今改正取乳

以供祀事號金陵擠馬

〔元政典〕牧地馬羣或千百或三五千牧人曰哈噶齊哈喇齊（蒙古語哈噶齊圍繞也哈喇齊瞭望也原作哈赤哈剌赤今改正）有千戶百戶父子相承任事自夏及冬隨地之宜行逐水草十月各至本地朝廷以九月十月遣守官馳驛閱視較其多寡有所產駒卽烙印取勘收除見在數目造蒙古回回漢字文冊以聞幸上都太僕卿以下皆從先驅馬出健聽門外取其肥可取乳者以行汰其羸瘦不堪者還于羣車駕還京師太僕卿先期遣使徵馬五十鄂瑪堆來京師鄂瑪堆者承乳車之名也旣至俾哈噶齊哈喇齊之在朝爲卿大夫者秣飼之寺官亦以旬詣閑廄閱肥瘠凡御位下正宮位下隨朝諸色目人及甘肅土番等處草地內及江南腹地諸處應有係官孶生馬牛牧地各置千戶百戶等名目

謹案元太僕寺供御馬蓋猶兼有今上駟院之職而輿輅車輦已別領之尙乘寺則又與唐宋之制不同至明代而太僕惟司牧政當亦沿元

之舊也

明

（明史職官志）太僕寺卿一人少卿一人寺丞四人其屬主簿廳主簿一人常盈庫大使一人所轄各牧監監正一人監副一人錄事一人各羣羣長一人卿掌牧馬之政令以聽于兵部少卿一人佐寺事一人督營馬一人督畿馬寺丞分理京衞畿內及山東河南六郡孳牧寄牧馬匹凡軍民孳牧視其丁產授之種馬牡十之二牝十之八爲一羣歲徵其駒曰備用馬齊其力以給將士將士足則寄牧于畿內府州縣肥瘠登耗籍其毛齒而時閱之三歲偕御史一人印烙選其良健而汰其羸劣其草場已墾成田者歲斂其租金災祲則出之以佐市馬其賠償折納則征馬金輸兵部主簿典勾省文移大使典貯庫馬金初洪武六年置羣牧監于滁州旋改爲太僕寺秩從三品設卿少卿寺丞又設首領官知事主簿各一人七年增設牧監羣官七十七處隸太僕寺尋定羣牧監品秩十年增置滁陽等

各牧監及所屬各羣改牧監令丞爲監正監副二十二年定滁陽等十二牧監每監設監正一人監副二人錄事一人來安等一百二十七羣每羣設羣長一人二十三年增置江東當塗二牧監及所屬各羣又罷烏衣等五十四羣改置永安等七羣定爲牧監十四羣九十有七二十八年悉罷羣牧監以其馬隸有司牧養三十年置行太僕寺于北平秩如太僕寺建文中陞寺丞品秩又改其首領官職名增設錄事及典廄典牧二署驌驦等十六羣滁陽等八牧監龍山等九十二羣成祖復舊制永樂元年改北平行太僕寺爲北京行太僕寺十八年定都北京遂以行太僕寺爲太僕寺洪熙元年復稱北京行太僕寺正統六年定爲太僕寺其舊在滁州者改爲南京太僕寺

（歸有光馬政志）太僕寺統羣牧監令民養馬而太僕專領之內廄自有御馬監惟或乏馬于太僕取之而鹵簿儀仗陳設大駕駕部與環衞司之皆不復關于太僕南京太僕寺故留京若行太僕寺苑馬寺亦幷建無所

統一遼東山西陝西有行太僕遼東陝西又有苑馬甘肅有行太僕而舊亦有苑馬苑馬之設遼東則有永寧監清河苑深河苑陝西則有長樂監開城安定廣寧苑靈武清平萬安苑皆前代善水草之地苑馬之設最盛惟不領于太僕與古異

（明會典）馬政有太僕苑馬寺專理而統于兵部凡太僕寺南京太僕寺行太僕寺各以地方分屬而少卿之巡視提督寺丞之分管亦各有分地凡各屬皆有管馬官府以通判州以判官縣以丞簿衞以指揮所以千百戸弘治十八年令各州縣馬不及五百匹者罷管馬官以掌印官帶管此馬政之大概也若內廏馬匹則領于御馬監部寺不得與云

謹案自邱甸出車之制既廢秦漢以後戎馬皆養于官而以太僕專司其事漢之牧師諸苑唐之四十八監宋之十四監明之遼東陝西諸監苑其制相沿利害得失之由具詳史冊說者謂唐代牧馬蕃息稱爲極盛然觀史載唐馬七十萬匹而杜甫天育驃騎歌僅云四十萬則史家

誇飾已難盡信兼之河西牧地旋陷吐蕃馬皆市之回紇史稱四十縑始易一馬率瘠駑無用而縑帛皆取諸民江淮織輸人以爲累其立法之敝尤可概見宋初亦用監牧其後盡廢之而以官馬責民守養于是戶馬保甲馬社馬之法與科條峻急賠償不訾重爲民病馬益耗而民益困明代復踵其失悉牧之民閱歲令納駒民苦養馬孳生輒害之則又改徵價銀有本色折色之例其草場牧地則勒馬戶佃種徵其子粒軍民貽累無窮重以官吏侵漁有名無實終未嘗取一騎之用自古馬政未有壞于明代者我

朝考牧精詳斯臧誌慶卽口外草肥土衍之地分置牧廠自太僕寺左右翼暨上都達布遜諾爾達里岡愛烏梁海大凌河以及各蒙古部落孳牧者共馬二十萬二千八百餘匹內地初無養馬之煩而雲錦成羣遠軼前世其滿漢各營及各省驛遞塘站馬共二十二萬五千二百餘匹皆月給馬乾銀按地分飼條格周備咸資實用近者西土砥平遐方慕

化哈薩克拔達克山等部競以所產上貢
天閑每歲復許令以馬市易所司差良駑定直不及內地三之一所用絲
縑皆各織造平售織送公私利便仍于烏魯木齊及伊犂廣設牧羣以
爲新疆駐守各兵之用其羸則撥補內地各標營額缺蓋維經理得宜
故不動聲色而閑廏充盈永久無弊牧政之善古今莫及彼駷牝坰野
播詠歌詩固無能比擬於萬一也

欽定歷代職官表卷三十一

欽定歷代職官表卷三十二

順天府表

	順天府尹
三代	周鄉師下大夫
秦	內史
漢	右內史 京兆尹
後漢	河南尹
三國	魏河南尹
晉	河南尹 丹陽尹
宋齊梁陳	丹陽尹
北魏	代尹 萬年尹 河南尹 魏尹
北齊	清都尹
後周	京兆尹
隋	京兆尹
唐	京兆尹
五季	開封尹 河南尹
宋	權知開封府 開封府尹 臨安府尹 臨安知府
遼	五京行府尹事
金	大興府尹
元	大都路都總管府達嚕噶齊 大都路都總管府都總管
明	順天府尹

府丞	治中	通判
		周廛人尹士
京兆丞		長安市令丞
河南丞		洛陽市長丞
	魏治中	
	治中	丹陽市長丞
丹陽丞		
代尹丞 河南丞		京邑市令
清都丞	司州治中	
		小司市上士
京兆丞	贊治	市署令
京兆少尹	治中	兩京諸市署令
開封少尹 臨安少尹	開封府推官	開封府判官
五京少尹		
大興同知 大興少尹	大興府推官	大興府判 市令 司令丞
大都路都總管府副達嚕噶齊 大都路都總管府同知	大都路治中	大都路判官
順天府丞	順天府治中	順天府通判

經歷	照磨	司獄
	京兆掾 京兆門下督	賊捕掾
督郵史部掾		河南府怨掾
魏河南功曹	魏河南五官掾	
河南主簿 河南功曹	河南五官掾	河南賊曹
代郡通事		
清都主簿 清都功曹 清都錄事	清都郡五官門下督	清都賊曹
京兆主簿 京兆功曹		京兆法曹佐
京兆司錄參軍	京兆參軍事	京兆法曹參軍事
開封司錄參軍 臨安錄事參軍	臨安府磨勘司主押官	開封府法曹參軍事 臨安府司法參軍
大興府都孔目官	大興府知事	大興府知法
大都路經歷	大都路照磨兼管勾	
順天府經歷司經歷	順天府照磨所照磨	順天府司獄司司獄

崇文門副使	大興宛平知縣等官
	咸陽令
	長安令 長安丞
	洛陽令 洛陽丞
	洛陽令
	建康令
	萬年令 洛陽令 河陰令
	鄴臨漳成安三縣令
	大興長安令 大興長安丞
	萬年長安令 萬年長安丞 萬年長安主簿
臨安府財賦司	知開封祥符二縣事
	大興宛平縣令丞主簿
	宛平大興縣達嚕噶齊尹丞主簿典史
崇文門稅課司副使	大興宛平知縣縣丞主簿典史

府學教授訓導

河南文學守掾助

司州文學

京兆府經學博士教助

開封府學博士

大都路提舉學校所提學教授學正學錄

順天府儒學教授訓導

順天府

國朝官制

順天府尹漢人一人正三品　丞漢人一人正四品

尹掌

京畿治理凡田賦出納之政以時勾稽會直隸總督而上其要於戶部凡師行則主和雇民車歲以立春前一日率僚屬迎春東郊遂進春於

宮門退而頒春於民閒以勸東作

耕耤則具耒耜絲鞭實青箱以穜稑奉之以從鄉試則充監臨凡考試咸司其供具焉丞掌學校之政令鄉試則充提調官以佐尹而經理之員額俱順治元年定雍正元年以來以部院大臣兼管府事皆由

特簡無定員

治中漢人一人正五品　通判漢人一人正六品

治中掌供文武鄉會試之饔餼製卷以授諸生通判掌京城各市牙儈之

籍而榷其常稅鄉會試則治其名簿焉

國初設治中一人通判三人推官一人順治六年省通判二人康熙六年省

推官員額

經歷司經歷漢人一人從七品 照磨漢人一人從九品 司獄司司獄漢人一人從九品

崇文門副使漢人一人未入流

經歷掌出納文書照磨掌鄉試繕冊彌封之事司獄掌刑部所送軍流徒罪人收繫而發遣之副使掌守崇文門庫藏員額俱順治元年定舊設有知事一人檢校一人康熙六年省庫大使一人康熙三十九年省崇文門大使一人康熙四十年省

大興縣知縣一人正六品宛平縣同 縣丞一人正七品 典史一人未入流 巡檢三人從九品 牐官一人未入流 宛平縣知縣一人縣丞二人主簿一人正九品 典史一人巡檢四人牐官一人

大興宛平知縣各掌其縣之政令與五城兵馬司分壤而治撫和兆人緝

禁姦匪頒布教條品秩服章視外縣加一等縣丞以下咸佐知縣以分掌

其事焉又初設有廣源牐牐官一人順治十年省張家灣宣課大使一人

康熙四十年省遞運所大使一人康熙三十八年省

儒學教授滿洲漢人各一人正七品訓導滿洲一人正七品漢人一人從七品

掌八旗及京師黌序訓課之政

國初設府學漢人教授一人訓導六人京衛武學漢人教授一人訓導二人

順治二年省武學訓導員額三年省府學訓導四人康熙四年又省二人

十五年復設府學訓導武學訓導各一人雍正三年改京衛武學爲順天

府武學四年罷武學之制增置儒學滿洲教授訓導各一人

謹案順天府初止轄大興宛平二縣康熙十五年始以昌平良鄉等州

縣併隸順天府今所屬自大興宛平以外凡州縣二十有五設東西南

北四路同知以分領之皆兼統於直隸總督其職制員數已別載入州

縣篇故不具於此表

歷代建置

三代

〈尚書君陳〉命汝尹茲東郊〈孔安國傳〉命君陳正東郊成周之邑里官司

謹案尹之訓爲正洪範師尹惟日孔安國傳云衆正官之吏孔穎達疏謂正官大夫與其同類之官爲長則尹乃官僚居首者之號故春秋列國以尹名官者如楚有工尹連尹莠尹鍼尹環列之尹宮廄尹中廄尹寢尹監馬尹左尹右尹宋有大尹門尹之類屢見於左氏傳今京府稱尹昉於漢代則又取君陳尹茲東郊之文以爲義謹首著於此

〈周禮地官〉鄉師下大夫四人各掌其所治鄉之教而聽其治以國比之法以時稽其夫家衆寡辨其老幼貴賤癈疾馬牛之物辨其可任者與其施舍者掌其戒令糾禁聽其獄訟大役則帥民徒而至治其政令大軍旅會同正治其徒役與其輂輦歲終則攷六鄉之治以詔廢置正歲稽其鄉

器若國大比則攷教察辭稽器展事以詔誅賞

謹案周時分建六官未有守令之職故後世京師諸官府多與周制相承而京尹獨無可比附自來考職官者皆以京尹爲起於秦之内史而不復推及於周然以王城之地京大師衆民物繁阜不容無人焉以治之謹嘗參稽經義尋繹原委而知地官之鄉師實與今京尹職守有相合者何以言之周法以六鄉爲首善之區故司徒所主民事於六鄉爲尤詳鄭司農謂百里以内爲六鄉外爲六遂四面而環王城鄉師四人以兩人共主三鄉其王城以内亦當在六鄉之數故小司徒稽國中及四郊都鄙之夫家九比之數鄉師以時巡國及野而賙萬民之囏阨鄉大夫登夫家之衆寡國中自七尺以及六十野自六尺以及六十有五悉以國中與郊野對舉知所謂國中者卽如今之京城郊野卽如今順天府所轄州縣之地而皆屬鄉師又小司徒大比六鄉四郊之吏平教治正政事鄭康成謂吏在四郊之内主民事者而以六鄉統之亦如今

順天府屬州縣官之比故鄉師之職所謂掌其戒令糾禁聽其獄訟治其徒役與其輂輦者無一非今順天府所有事特周鄉師四人而後世但臨以一尹則古今之各有異宜也至秦漢官名之同於周舊者如太僕司隸之屬於取義尙不甚相遠而獨內史之主京師則按之周官全不得其命名之故惟考鄉大夫獻賢能之書於王有內史貳之之文意者周秦之閒鄉遂之制既廢而三年大比之式尙存於內史因姑取其名以代鄉師之官因襲變遷其由來固當有所自耳

（周禮地官）司市下大夫二人上士四人中士八人下士十有六人府四人史八人胥十有二人徒百有二十人掌市之治教政刑度量禁令廛人中士二人下士四人府二人史四人胥二十人徒二十人掌斂市絘布總布質布罰布廛布而入于泉府鄭康成注絘布列肆之稅廛布貨賄諸物邸舍之稅

謹案日中爲市欺詐易生故周禮特設司市以董治之而質人以質其成廛人以斂其布皆所以平爭而禁僞兩漢而後設市令丞於都城以

主百族交易其立制蓋本於此今市政之在各州縣者已併隸於地方長吏惟順天府通判主徵牙稅正與斂紲布廛布者其事相合蓋猶兼有周司市及廛人遺意故並系之於表而歷代市令長丞之職亦以類附及焉

秦

（杜佑通典）周官有內史秦因之掌治京師

（三輔黄圖）秦并天下置內史以領關中

（史記秦始皇本紀）咸陽令閻樂

漢

（漢書百官公卿表）內史掌治京師景帝二年分置左內史右內史右內史武帝太初元年更名京兆尹屬官有長安市廚兩令丞左內史更名左馮翊長安門市長丞屬焉主爵中尉更名右扶風治內史右地與左馮翊京兆尹是爲三輔皆有兩丞秩二千石丞六百石

（三輔黄圖）漢高祖定三秦更爲渭南郡九年復爲內史始都之景帝分置左右內史此爲右內史武帝太初元年改內史爲京兆尹與左馮翊右扶風謂之三輔其治俱在長安城中

（顏師古漢書注）京兆在尙冠前街東入故中尉府馮翊在太上皇廟西入右扶風在夕陰街北入故主爵府長安以東爲京兆長陵以北爲左馮翊渭城以西爲右扶風

（漢書趙廣漢傳）廣漢還京輔都尉守京兆尹

（漢書王尊傳）尊爲諫大夫守京輔都尉行京兆尹事

（漢書酷吏傳）義縱遷長安令直法行治不避貴戚尹賞以三輔高第選守長安令得一切便宜從事

（漢書趙廣漢傳）使長安丞龔奢叩堂戶

（漢書張敞傳）敞守京兆尹賊捕掾絮舜下獄敞使主簿持教告舜

（漢書趙廣漢傳）新豐杜建爲京兆掾

〔漢書游俠傳〕萬章爲京兆尹門下督從至殿中

謹案漢三輔雖並治長安然各有分壤其都城以內不屬馮翊扶風故張敞傳稱京兆典京師長安中浩穰於三輔尤劇而黃圖亦稱都城爲右內史地是長安城內全隸於京兆可知考之於史如雋不疑爲京兆尹京師吏民敬其威信趙廣漢爲京兆尹發長安吏自將至博陸侯霍禹第廋索私屠酤又率長安丞捕賊而張敞爲京兆尹長安市無偷盜長安官司吏卒皆統帥於京兆尹馮翊扶風所轄但在都城以外其於長安吏事固未嘗有所預也至如趙廣漢王尊之爲京兆尹一以京輔都尉稱守一以諫大夫守京輔都尉稱行其他似此者尙多殆當時以此職最要不輕授人故俱先令攝署以觀其能否耳又京兆賊捕掾門下督諸職不見於百官表蓋京兆尹所自辟除如今照磨司獄之流歟又按歷代京牧俱稱劇任而西漢之京兆尹尤難稱職史所載能於其官者以韓張兩王爲最著大抵皆以武健嚴酷爲用而循吏如黃霸等

一爲京兆其聲望遂以頓減甚且獲罪罷官其難治至於如此推求其故則漢之都城其大患有二一曰豪猾一曰盜賊蓋漢初沿戰國之餘習其豪民爭以游俠相尙報仇怨結刺客者方羣聚於長安如王尊傳所稱宿豪大猾東市賈萬城西萬章箭張禁酒趙放之徒無不結黨犯法以撓吏權而諸陵旣建陵邑盡徙天下豪家富族以實關中積爲姦藪如原涉傳所稱長安五陵諸爲氣節者實卽一時亂政之尤又長安市偷盜威行尹賞傳載城中薄暮塵起剽劫行者死傷橫道桴鼓不絕其事亦後世所罕有其他若發民治馳道發衛士詣北軍（俱見黃霸傳）爲司隸校尉發吏捕人（見王尊傳）悉責辦於京兆諸務宂雜宜爲守尹者芒刃稍頓卽不能擊斷也然觀趙廣漢傳稱左馮翊右扶風皆治長安中犯法者從跡喜過京兆界廣漢嘆曰亂我治者常二輔也足知當時三輔並建東西藏匿易以潛奸故京兆更以掣肘爲病亦由其立法之未爲盡善矣

（後漢書百官志）河南尹一人主京都二千石丞一人

（通典）光武中興徙都洛陽改太守爲尹章綬服秩與京兆同主京都特奉朝請

（後漢書董宣列傳）特徵爲洛陽令搏擊豪強莫不震慄（周紆列傳）徵拜洛陽令貴戚跼蹐京師肅清（王渙列傳）遷爲洛陽令以平居身得寬猛之宜

（後漢書魯恭傳）仁恕掾肥親（章懷太子李賢注）仁恕掾主獄屬河南尹

（劉昭後漢書志注）漢官曰河南尹員吏九百二十七人十二人百石諸縣有秩三十五人官屬掾史五人四部督郵史部掾二十六人案獄仁恕三人監津渠漕水掾二十五人百石卒史二百五十人文學守助掾六十人書佐五十人循行二百三十人幹小史三百三十一人洛陽令秩千石丞三人四百石員吏七百九十六人十三人四百石鄉有秩獄史五十六

人佐史鄉佐七十七人斗食令史嗇夫假五十人掾史幹小史二百五十人書佐九十人循行二百六十人

〔唐六典〕後漢河南尹屬官有洛陽市長丞

謹案東漢京兆尹左馮翊右扶風以陵廟所在不改其號然品秩與諸郡太守同非京尹可比令故不列於表至河南尹職任繁劇而洛陽特置詔獄爲刑名之總滙故洛陽令必以強幹者居之每詔三公特選視西漢之長安令其任爲更重云

三國

〔裴松之三國志注〕傅子曰河南尹內掌帝都外統京畿兼古六鄉六遂之士其民異方雜居多豪門大族商賈胡貊天下四方會利之所聚而姦之所生前尹司馬芝舉其綱而太簡次尹劉靜綜其目而太密後尹李勝毀常法以收一時之聲嘏立司馬氏之綱統裁劉氏之綱目以經緯之李氏所毀以漸補之郡有七百吏半非舊也河南俗黨五官掾功曹典選職

皆授其本國人無用異邦人者𠭊各舉其良而對用之

（唐六典）魏有治中

謹案東漢河南尹員吏九百二十七人而曹魏時河南吏已減至七百人蓋其繁劇之形已較損於漢代矣

晉

（晉書職官志）郡皆置太守河南郡京師所在則曰尹又置主簿主記室門下賊曹議生門下史記室史錄事史書佐循行幹小史五官掾功曹史功曹書佐循行小史五官掾等員

（太平御覽）王隱晉書曰泰始六年詔曰河南大郡四方表則中書令庾純清粹中正才經治化其以純爲河南尹

（晉書王衍列傳）衍轉河南尹（樂廣列傳）累遷侍中河南尹

（唐六典）晉置別駕治中

（司馬光資治通鑑）晉惠帝永平九年洛陽令曹攄

謹案晉依漢魏之制置河南尹洛陽令於都城案之職制自當以郡統縣然觀資治通鑑載惠帝廢愍懷太子故臣冒禁拜辭司隸校尉滿奮收縛送獄河南尹樂廣卽便解遣而繫洛陽獄者猶未釋都官從事孫琰說賈謐令釋之胡三省注曰付郡者河南尹得解遣之繫洛陽獄者尹不得與故未釋據此則河南洛陽各有獄其在洛陽者皆令自決遣並不關白於尹疑當時洛陽實主詔獄故其權獨重也

（唐六典）歷代所都皆爲尹晉江左爲丹陽尹

（歐陽詢藝文類聚）晉太興元年改丹陽內史爲丹陽尹

（晉書王坦之列傳）遷中書令領丹陽尹（劉惔列傳）惔累遷丹陽尹爲政清肅門無雜賓

謹案晉南渡後以建康爲都城丹陽既改爲尹則建康令亦當與洛陽令相同特其明文不見於史耳

（唐六典）市長丞東晉隸丹陽尹

宋齊梁陳

（宋書州郡志）丹陽尹治建業

（南齊書百官志）丹陽尹位次九卿下

謹案南朝諸代皆以揚州刺史爲京輦重任以諸王領之丹陽尹職雖雄緊不免受制於揚州宋彭城王義康傳義康領揚州刺史欲以所親劉斌爲丹陽尹此卽揚州與丹陽互相表裏之一證宜前後任是官者多不能稱其職也

（梁書王志列傳）天監元年遷冠軍將軍丹陽尹（袁昂列傳）普通三年爲中書監丹陽尹

（梁書太祖五王列傳）安成王機普通二年遷明威將軍丹陽尹衡山侯恭遷中書監丹陽尹恭世子靜歷東宮領直遷丹陽丞

（隋書百官志）建康舊置獄丞一人天監元年詔依廷尉三官置正平監又令三官更直一日分受罪繫事無大小悉與令籌若有大事共詳三人

具辨脫有同異各立議以聞

〔資治通鑑〕梁太清二年建康令謝挺

〔隋書百官志〕陳丹陽尹中二千石品第五郡丞六百石建康令千石品

並第七

謹案梁以建康令主獄事至別置建康三官與令籌決以重其職蓋亦

沿漢晉洛陽令掌詔獄之例陳書載陸虞判廷尉建康二獄事則其制

猶未改也

北魏

〔魏書官氏志〕建和元年三月改代尹爲萬年尹代令爲萬年令後復代

尹第三品上京邑市令代尹丞從第五品中代郡通事第七品上高祖復

次職令河南尹第三品洛陽令第五品河南郡丞第六品司州文學從第

八品

〔通典〕後魏太和中還都洛陽又置河南尹東魏曰魏尹

（南齊書封隆之列傳）隆之父子繪仕魏爲司徒左長史行魏尹事乾明初轉大司農尋正除魏尹

（魏書世宗本紀）正始元年八月詔洛陽令有大事聽面敷奏

（魏書高謙之列傳）謙爲河陰令舊制二縣令得面陳得失時佞倖之徒惡其有所發聞遂共奏罷謙之上疏曰臣謬宰神邑實思奉法不撓臣父崇之爲洛陽令常得入奏是非所以朝貴斂手乞更明往制庶姦豪知禁

謹案北魏初都平城孝文遷洛陽孝靜遷鄴故代河南魏三郡皆爲京尹至漢晉治京城者惟洛陽一令而魏之河陰令亦得視洛陽稱爲二縣則如今大興宛平之並爲京縣也

北齊

（隋書百官志）後齊司州置牧屬官有別駕從事史治中從事史等員又領西東市署令丞及統清都郡諸畿郡清都郡置尹丞中正功曹主簿督郵五官門下督錄事主記議生及功曹記室戶田金租兵騎賊法等曹掾

中部掾等員鄴臨漳成安三縣令各置丞中正功曹主簿門下督錄事主記議及功曹記室戶田金租兵騎賊法等曹掾員

〔北齊書段榮列傳〕勅濬京城北隍司州治中崔龍子清都尹丞李道隆鄴縣令尉長卿臨漳令崔象成安令高子徹等並典作

謹案漢置司隸校尉督察京師魏晉以後以爲司州乃部刺史之任而京尹則郡太守之任各有職事不相臨攝六朝改司州爲揚州其權勢始見偏重而亦未有統屬北齊置清都尹始統之以司州牧與歷代稍有不同然考之列傳如范陽王紹義等皆以宗室爲之則其職亦未嘗不重也

後周

〔唐六典〕後周復爲京兆尹又置雍州牧

〔通典〕後周司市下大夫正四命小司市上士正三命

謹案唐六典稱後周置雍州牧又有京兆尹而當時依倣周制復設鄉

伯中大夫小鄉伯下大夫上士中士等官其職掌所別不得而詳然稽之周書紀傳亦未見有曾爲京兆尹者疑雖有其名實未嘗授人也

隋

〔隋書百官志〕雍州置牧屬官有別駕贊務等員京兆郡置尹丞正功曹主簿金戶兵法士等曹佐等員幷佐史二百四十四人大興長安縣置令丞正功曹主簿西曹金戶兵法士曹等員幷佐史合一百四十七人雍州牧從二品京兆尹正三品雍州別駕贊務從四品大興長安令京兆郡丞從五品大興長安丞從七品開皇三年罷郡以州統縣改別駕贊務爲長史司馬煬帝罷州置郡京兆河南則俱爲尹並正三品罷長史司馬置贊務一人以貳之京兆河南從四品上次置東西曹掾京兆河南從五品上大興長安河南洛陽四縣令並增爲正五品其後諸郡各加置通守一人位次太守京兆河南則謂之內史又改贊務爲丞位在通守下

〔唐六典〕後周置雍州牧隋因之大業三年罷州置郡京兆河南皆爲尹

則兼牧之任矣

〔隋書百官志〕司農寺市署令二人市有肆長四十人煬帝定令太府寺管京都五市署京師東市曰都會西市曰利人東都東市曰豐都南西市曰大同北市曰通遠

謹案治中別駕贊務諸官歷代皆隸於司州至隋併州入郡始爲京尹之佐其品秩視尹僅相去一階蓋如今順天府丞之職而當時又別有京兆河南郡丞則秩止五品其班位在洛陽長安諸令之下乃京尹之屬僚非今府丞可比自隋煬帝復改贊務爲丞而丞始定爲尹貳名實異同固有不必其相沿者矣至贊務即治中所改考之唐六典則當時實作贊治今隋書之稱贊務者蓋修史時避高宗諱也

唐

〔唐六典〕京兆河南太原府牧各一人從二品尹一人從三品掌清肅邦畿考覈官吏宣布德化撫和齊人少尹二人從四品下掌貳府事以紀綱

衆務通判列曹司錄參軍事二人正七品上錄事四人從九品上掌省署抄目糺正非違監守符印功曹參軍事二人正七品下掌官吏考課之事倉曹參軍事二人正七品下掌公廨倉庫租賦之事戶曹參軍事二人正七品下掌戶籍計帳之事兵曹參軍事二人正七品下掌兵甲器仗之事法曹參軍事二人正七品下掌鞫獄定刑之事士曹參軍事二人正七品下掌百工衆藝之事參軍事六人正八品下掌出使檢校之事經學博士一人從八品上助教二人以五經教授諸生○萬年長安河南洛陽奉先太原晉陽令一人正五品上丞二人從七品上令掌導揚風化撫字黎氓丞爲之貳主簿二人從七品上掌付事勾稽省署抄目糺正非違監印給紙筆雜用之事錄事二人從九品下掌受事發辰檢勾稽失

(新唐書百官志)武德元年雍州置牧一人以親王爲之然常以別駕領州事永徽中改尹曰長史開元元年改京兆河南府長史復爲尹

(舊唐書百官志)開元初雍洛幷改爲府乃升長史爲尹從二品專總府

事魏晉有治中隋文改爲司馬煬帝改爲贊治又爲丞武德改爲治中永徽避高宗名改爲司馬開元初改爲少尹

〔通典〕大唐京兆府本爲雍州置牧一人以親王爲之太宗爲秦王中宗爲英王睿宗爲相王時並居其任多以長史理人開元元年改雍州爲京兆府置牧如故掌宣風導俗肅清所部或以親王居閤而遙領焉初雍州置別駕以貳牧之事永徽中改別駕爲長史開元初改雍州長史爲京兆尹總理衆務

謹案自兩漢以州領郡雖京師所治亦然其司隸校尉司州刺史司州牧雍州牧及江左所置揚州刺史皆州任也歷代所爲京兆河南丹陽等尹者則郡任也隋文帝罷郡置州而尹之事全併於牧煬帝復罷州置郡而牧之事又全併於尹於是州郡之事始合爲一牧尹之職亦混而無所區分唐初置牧以爲京府正官設別駕長史以貳之而所謂牧者乃以未出閤之皇子領其事於是使別駕長史專行郡事責重位輕

殊非大小相維之義玄宗改長史爲尹始克以正官莅職而領牧者仍

並置不廢虛名無實終爲枝冗失宜

國朝定制以府尹事繁常

命部院大臣一人兼司其事蓋亦領牧之遺意而事任益專綱條嚴肅於吏

治倍資整飭矣

又案隋唐以前畫疆分治者有州有郡未有府名唐玄宗開元元年十

二月改雍州爲京兆府洛州爲河南府於是兩都始建府治然特因京

郡重地故隆以此名其他則仍稱某州某郡而已非得概膺府號也自

宋世以潛藩之地皆依京郡故事升之爲府於是府名始多然非諸帝

所嘗分封建節者仍不得預至元明始以天下州郡概改爲府無復差

別矣顧推求事始其府名實爲京郡而設謹附考於此以明原委焉

〔唐六典〕兩京諸市署令各一人從六品上丞各二人正八品上掌百族

交易之事

五季

〈五代史梁本紀〉末帝貞明五年開封尹王瓚

〈五代史唐本紀〉莊宗同光二年河南尹張全義〈家人傳〉唐秦王從榮拜河南尹唐廢帝子重美自左衞上將軍兼河南尹

〈五代史王朴傳〉遷左諫議大夫知開封府事

謹案五季梁都汴州置開封尹唐都洛陽爲河南尹石晉復都於汴仍爲開封尹宋史職官志謂五代俱置開封府尹者誤也

宋

〈宋史職官志〉開封府牧尹不常置權知府一人以待制以上充掌尹正畿甸之事以教法道民而勸課之中都之獄訟皆受而聽焉小事則專決大事則稟奏若承旨已斷者刑部御史臺無輒糾察屏除寇盜有姦伏則戒所隸官捕治凡戶口賦役道釋之占京邑者頒其禁令會其帳籍大禮橋道頓遞則爲之使仗內奉引則差官攝牧其屬有判官推官四人日事

推鞫分事以治而佐其長領南司者一人督察使院非刑獄訟訴則主行之司錄參軍一人折戶婚之訟而通書六曹之案牒功曹倉戶曹兵曹法士曹參軍各一人視其官曹分職莅事分案六置吏六百開封典司轂下自建隆以來爲要劇之任至熙寧間增給吏祿禁其受賕省衙前役以寬民力釐析獄訟歸於廂官而治事視前日損去十四元祐六年王巖叟言左右廳推官公事詞狀初無通治明文請事繫朝廷及奏請通治外餘並據號分治從之紹聖三年詔開封祥符知縣事自今選秩通判人充崇寧三年蔡京奏乞罷權知府置牧一員尹一員專總府事少尹二員分左右二府之政事牧以皇子領之尹以文臣充在六曹尚書之下侍郎之上少尹在左右司郎官之下列曹郎官之上以士戶儀兵刑工爲六曹次序司錄二員六曹各二員參軍事八員開封祥符兩縣置案倣此易胥吏之稱略依唐六典制度又請移開封府治所於舊尚書省從之五年詔開封尹屬官參軍等並依舊員額大觀元年李孝壽乞增置府學博士一員從之

詔開封府六職閑劇不同如士曹之官惟主到罷批書而刑戶事繁自今凡士之婚田鬭訟皆在士曹餘曹倣此二年詔皇子領牧祿令如執政官又詔天下州郡並依開封府分曹置掾政和二年復置開封府學錢糧官一員○臨安府舊爲杭州建炎三年詔改爲臨安府紹興置知府一員通判二員簽書節度判官廳公事節度推官觀察推官觀察判官錄事參軍左司理參軍右司理參軍司戶參軍司法參軍各一員本府掌畿甸之事籍其戶均其賦役頒其禁令置兩總轄承受御前朝旨文字凡御寶御批實封有所取索則供進凡省臺寺監監司符牒及管下諸縣及倉場等申到公事則受而理之凡大禮及國信隨事應辦祠祭共其禮料會聚陳其幄帟人使往來辦其舟楫皆先期飭於有司領縣九分士戶儀兵刑工六案內戶案分上中下案外有免役案常平案上下開拆司財賦司大禮局國信司排辦司修造司各治其事置吏點檢文字都孔目官副孔目官節度孔目官觀察孔目官各一名磨勘司主押官正開拆副開拆官各一人

下名開拆官二名押司官八人前後行守分二十一人貼司三十人乾道七年皇太子領尹事廢臨安府通判簽判置少尹一員日受民詞以白太子閤日率僚屬詣宮稟事置判官二員推官三員有旨少尹比倣知府判官比通判推官比幕職其統臨職分並照從來條例九年皇太子解尹事臨安府知通簽判推判官並依舊置

〔馬端臨文獻通考〕四朝志尹以親王爲之號判南衙凡命知府必帶權字以翰林爲之翰林學士及雜學士若待制則權發遣而已

〔顧炎武日知錄〕宋初太宗真宗皆嘗爲開封府尹後無繼者乃設權知府一人所以避京尹之名也

〔李燾續資治通鑑長編〕英宗治平四年二月提點開封府界諸縣鎮公事祠部郎中陳汝羲判三司都磨勘司知開封縣都官員外郎羅愷提點府界諸縣鎮公事愷入見上問以開封事皆不能知上不悅又見汝羲問以府界事應答詳敏翌日謂執政曰愷不才宜復用汝羲代之仍與館職

謹案宋之開封府事權最重刑獄皆自斷決不關刑部御史臺大理寺小者并不奏聞故居是職者大都以幹辦著名而亦不免專恣之弊真宗時以趙昌言奏始令其皆錄款聞奏付刑部詳覆然定案猶在開封今制順天府屬刑名皆歸直隸按察司審轉由總督題奏其京城訟獄事關重大者則由府尹審錄送刑部治之職事相維視宋制益爲詳慎至宋崇寧中定開封府掾屬爲士戶儀兵刑工六曹開封祥符兩縣亦準此式大觀初遂令天下州縣並依開封分曹置掾今各直省府州縣書吏分六房以治案牘實始於此特宋猶以流外官爲之明初以來則但以庶人在官者充其任其選爲益輕耳

遼

（遼史職官志）某京留守行府尹事聖宗統和元年見上京留守行臨潢尹事吳王某府少尹聖宗太平四年見臨潢少尹鄭宏節

（王圻續文獻通考）遼南面五京尹爲五京留守司俱兼府尹職

謹案遼雖分建五京而每歲四時巡幸春水秋山實無定所並不常在京師故五京皆置留守司令兼府尹之事軍民俱歸統轄蓋以駐蹕時少特重其權以資彈壓也

金

〔金史百官志〕大興府尹一員正三品掌宣風導俗肅清所部總判府事兼領本路兵馬都總管府事車駕巡幸則置留守同知少尹判官惟留判不別置以總判兼之同知一員從四品掌通判府事少尹一員正五品掌同同知總管判官一員從五品掌紀綱總府衆務分判兵案之事府判一員從五品掌諸議參佐糾正非違紀綱衆務分判吏禮工案事推官二員從六品掌同府判分判戶刑案事內戶推掌通檢推排簿籍舊一員大定五年增一員知事一員正八品掌付事勾稽省署文牘總錄諸案之事都孔目官女直司一員漢人司一員職同知事掌監印監管案牘不常置省則吏目攝知法三員從八品女直一員漢人二員掌律令格式審斷刑名

女直教授一員〇赤縣（謂大興宛平縣）令一員從六品掌養百姓按察所部宣導風化勸課農桑平理獄訟捕除盜賊禁止游惰兼管常平倉及通檢推排簿籍總判縣事丞一員從八品掌貳縣事主簿一員正九品掌同縣丞〇

市令司惟中都置令一員正八品丞一員正九品

謹案宋代始以府名加潛藩之地金則大郡亦多升爲府金史地理志謂之散府元明而後天下州郡悉改稱府其原實起於此時又散府守臣得並稱爲尹其制亦與歷代爲不同云

元

（元史百官志）大都路都總管府秩正三品達嚕噶齊（解見戶部篇）二員都總管一員副達嚕噶齊二員同知二員治中二員判官二員推官二員經歷二員知事二員提控案牘四員照磨兼管勾一員令史九十有五人譯史二人回回令史一人通事知印各二人奏差二十一人國初爲燕京路總管大興府中統五年稱中都路至元九年改號大都二十一年始專置大

都路總管府秩從三品置都達嚕噶齊都總管等官二十七年升為都總管府進秩正三品領府一州十有一凡本府官吏惟達嚕噶齊一員及總管推官專治路政其餘皆分任供需之事故又號曰供需府焉○大都路提舉學校所秩正六品提舉一員教授二員學正二員學錄一員至元二十四年既立國學以故孔子廟為京學而提舉學事者仍以國子祭酒繫銜○宛平縣秩正六品達嚕噶齊一員尹一員丞三員主簿三員尉一員典史三員司吏二十六人至元十一年置治大都麗正門以西○大興縣秩正六品達嚕噶齊一員尹一員丞一員主簿二員尉一員典史三員司吏一十五人至元十一年置治大都麗正門以東

謹案元於京都不稱府而稱路不置尹而置達嚕噶齊總管等員與外諸路無異特加都字為稍有差別耳又考地理志中書省統山東西河北之地謂之腹裏為路二十九首即大都路則當時又屬於中書省也

明

〔明史職官志〕順天府府尹一人正三品府丞一人正四品治中一人正五品通判六人正六品嘉靖後革三人推官一人從六品儒學教授一人從九品訓導一人其屬經歷司經歷一人從七品知事一人從八品照磨所照磨一人從九品檢校一人所轄宛平大興二縣各知縣一人正六品縣丞二人正七品主簿無定員正八品典史一人司獄司司獄一人從九品都稅司大使一人從九品副使一人宣課司凡四正陽門外正陽門張家灣蘆溝橋稅課司凡二安定門外安定門各大使一人從九品稅課分司凡二崇文門德勝門各副使一人遞運所批驗所各大使一人府尹掌京府之政令宣化和人勸農問俗均貢賦節征徭謹祭祀閱實戶口糾治豪強隱恤窮困疏強獄訟務知百姓之疾苦歲立春迎春進春祭先農之神日朔望早朝奏老人坊廂聽宣諭孟春孟冬率其僚屬行鄉飲酒禮凡勳戚家人文引每三月一奏市易平其物價遇內官監徵派物料雖有印信揭貼必補牘面奏若天子耕耤行三推禮則奉青箱播種於後禮畢率

庶人終畝府丞貳京府兼領學校治中參理府事以佐尹丞通判分理糧儲馬政軍匠薪炭河渠堤涂之事推官理刑名察屬吏二縣職掌如外縣以近涖輦下故品秩特優順天府卽舊北平府洪武二年置北平行省九年改爲北平布政司皆以北平爲會府永樂初改爲順天府十年陞爲府尹秩正三品設官如應天府順天府通判舊六人一人管糧一人管馬一人清軍一人管匠一人管河一人管柴炭嘉靖八年革管河管柴炭二人萬曆九年革清軍管匠二人十一年復設一人兼管軍匠

謹案京師爲萬邦輻輳之區地大物博情僞易滋故兩漢以來皆設京尹以董正之然歷代時宜各異而規制亦有差殊大約漢之京兆尹主於搏擊豪強而生殺得以自由其弊也失之於橫宋之開封尹主於綜核綱紀而凡事不由省部其弊也失之於專南宋之臨安尹元之大都路都總管府主於應辦宮府一切中外供需之事悉以委之其弊也失之於雜至明之順天府尹資望益輕中官及廠衞皆得而役使之其失

職爲尤甚矣

國家化行首善畿甸肅清

特簡大臣兼管府事以重其任而所屬各州縣則與直隸總督參司治理神皋赤縣綱舉目張洵所謂都邑翼翼四方之極者也

欽定歷代職官表卷三十二

欽定歷代職官表卷三十三

鴻臚寺表

	鴻臚寺卿
三代	周 大行人 中大夫
秦	典客
漢	大鴻臚 謁者僕射 大謁者
後漢	大鴻臚 謁者僕射
三國	蜀漢 大鴻臚 魏 大鴻臚 謁者僕射 吳 大鴻臚
晉	大鴻臚 謁者僕射
宋齊梁陳	大鴻臚 鴻臚卿 謁者臺僕射
北魏	大鴻臚卿 謁者僕射 典儀監
北齊	鴻臚寺卿 謁者僕射
後周	
隋	鴻臚寺卿 謁者臺大夫
唐	鴻臚寺卿
五季	鴻臚寺卿
宋	鴻臚寺卿 東上閤門事 西上閤門事 知閤門事
遼	鴻臚寺卿 東上閤門事 西上閤門事
金	東上閤門事 西上閤門事
元	侍儀司 侍儀使
明	鴻臚寺卿

少卿	鳴贊	序班
周小行人下大夫		周司儀上士司儀下士
	謁者	
	治禮郎謁者	大行治禮丞
大鴻臚丞掌侍謁者	給事謁者	灌謁者
	魏謁者	
	謁者	
	謁者	典儀
大鴻臚少卿	治禮郎謁者	司儀官
鴻臚寺少卿	謁者奉禮郎	
		司儀上士司儀中士
鴻臚寺少卿	通事謁者贊者	典儀
鴻臚寺少卿	通事舍人贊者	典儀
鴻臚寺少卿東上閤門副使西上閤門副使同知閤門事	閤門宣贊舍人	閤門祗候看班祗候
東上閤門副使西上閤門副使	通事舍人	
東上閤門副使西上閤門副使東上閤門簽事西上閤門簽事	閤門通事舍人	閤門祗候
引進使知侍衛事	通事舍人	侍儀舍人
鴻臚寺左右少卿	鳴贊	序班

主簿	筆帖式
	大鴻臚文學
	大鴻臚文學
大鴻臚主簿	
鴻臚主簿	
鴻臚寺主簿	
鴻臚寺主簿	謁者臺令史 鴻臚寺府史
鴻臚寺主簿	
鴻臚寺主簿	
承奉班都知	侍儀司譯史
侍儀司典簿 承奉班都知	
主簿廳主簿	

鴻臚寺

國朝官制

鴻臚寺卿滿洲漢人各一人初制滿洲三品順治十六年定與漢人俱爲正四品少卿滿洲漢人各一人從五品

掌朝會賓客祭祀燕饗之儀詔之著位而贊其升降拜跪之節有失朝及不如儀者糾之初順治元年置鴻臚寺設滿洲漢人卿各一人滿洲少卿一人漢人左右少卿各一人左右寺丞各一人十五年省漢人少卿一人寺丞一人康熙五十二年罷寺丞官不設乾隆十四年定以禮部滿洲尚書兼管鴻臚寺事永爲常式焉

鳴贊滿洲十有四人漢人二人從九品

掌儐導及行禮唱贊之事滿洲鳴贊順治初置十六人乾隆三十七年以二人改屬鑾儀衛司贊鳴鞭其留寺者實十有四人漢人鳴贊初置八人自順治二年至十三年先後省四人乾隆七年又省二人

序班漢人四人從九品

掌序百官之班位初置二十二人順治十五年省十人康熙三十八年省六人乾隆七年省二人又有學習序班以直隸山東山西河南儒學生內考取初置十有二人乾隆十七年改定專用直隸諸生以八人爲額序班缺以學習者選授鳴贊缺以序班遞升咨送吏部題補

主簿廳主簿滿洲漢人各一人從八品

掌行遣文移繕寫章牘順治元年置額初又設有各館主簿後俱省

筆帖式滿洲四人

筆帖式滿洲初置十人後省六人又有漢軍二人後俱省職事具吏部篇

歷代建置

三代

〔周禮秋官〕大行人中大夫二人小行人下大夫四人司儀上士八人中士十有六人大行人掌大賓之禮及大客之儀小行人掌邦國賓客之禮

籍司儀掌九儀之賓客擯相之禮以詔儀容辭令揖讓之節
謹案鴻臚一官自唐六典通典初學記諸書皆以爲出於周禮之大行人然古今立制各殊詳考其實漢魏以後之鴻臚與周大行人之職已有不同而今之鴻臚則與漢魏以後之鴻臚尤迥不相合何也大行人掌侯國朝覲聘問及王朝撫諸侯之禮籍於中庸九經之內實兼柔遠人懷諸侯二者而有之秦漢以降罷侯置守無復邦交之事卽分建諸侯王亦不過封拜時令大鴻臚擯贊而已會同聘覜久廢不行鴻臚所主者惟蠻夷朝貢獻見之禮猶大行人職守之一端其他固已不能一一脗合然當時鴻臚既領蕃國則一切致飱授館封冊弔慰尙其專司而殿庭禮儀則別有謁者及通事宣贊舍人等官以襄其贊導並不屬於鴻臚由唐迄宋相承未改自金元二代不置鴻臚明初復設是官始取侍儀傳贊之事悉以歸之而外藩館餼則改隸諸禮部其職乃與古大異矣今因歷代相沿皆以大行人爲原起故仍繫之於表而復互載

於理藩院及會同四譯館篇以著其實云本篇說詳各

秦

（冊府元龜）秦置典客

（章懷太子李賢後漢書注）謁者秦官也員七十人

謹案秦典客掌歸義蠻夷其職已分著於理藩院及會同四譯館二表今以其爲鴻臚沿革所自故仍互見於此至謁者之官亦始於秦史記范雎列傳載謁者王稽使魏還見穰侯穰侯稱之爲謁君者是也其官主賓贊禮儀正如今鴻臚之職故並繫於此表焉

漢

（冊府元龜）漢景帝中六年更名典客爲大行令武帝太初元年大行更名大鴻臚鴻臚之名自此始也屬官行人令又更名爲大行令

（漢書景帝本紀顏師古注）大鴻臚本名典客後改曰大鴻臚大行令者本名行人卽典客之屬官也後改曰大行令據此紀文則景帝已改典客

爲大鴻臚行人爲大行令矣而百官公卿表乃云景帝中六年更名典客爲大行令武帝太初元年更名大行令爲大鴻臚更名行人爲大行令當是表誤

〔漢書刊誤〕劉攽曰史記文景事最略漢書則頗有所錄蓋班氏博採他書成之故於景帝世謂典客爲大鴻臚行人爲大行由他書即武帝時官紀景帝世事班氏失於改革耳然則改諸官名在武帝世無疑非表誤也劉敞曰案景十三王傳河閒獻王薨猶云大行令奏諡則州表誤也但官名改易未定史於此追舉最後官名也武帝初大行王恢李息即大行令也

〔漢書百官公卿表應劭注〕大鴻臚者郊廟行禮讚九賓鴻聲臚傳之也

〔後漢書百官志〕大鴻臚卿一人中二千石郊廟行禮贊導請行事既可以命羣司諸王入朝當郊迎典其禮儀皇子拜王贊授印綬丞一人比千石大行令一人六百百石丞一人治禮郎四十七人

〈劉昭後漢書志注〉漢官曰治禮郎其四人四科五人二百石文學五人百石九人斗食六人佐六人學事十二人守學事東觀書曰主齋祠儐贊九賓盧植禮注曰大行郎亦如謁者兼舉形貌

〈漢書平當列傳〉少爲大行治禮丞功次補大鴻臚文學〈蕭望之列傳〉察廉爲大行治禮丞〈王莽列傳〉校尉東海公賓就故大行治禮

謹案漢之大鴻臚所領爲諸侯王列侯及歸義蠻夷之事與今鴻臚不同然觀後漢志及應劭注所言則郊廟行禮及延見九賓鴻臚皆有贊導之職漢書蕭由傳徵爲大鴻臚會病不及賓贊還歸故官顏師古注謂贊導九賓之事是也蓋鴻臚既主藩國凡初封及入朝禮應贊拜而郊廟侍祠亦有諸侯王在列故併以其事屬之今鴻臚之司贊唱其由來固亦有所自耳至治禮郎專主儐贊則當如今鳴贊之職矣

〈漢書百官公卿表〉謁者掌賓讚受事員七十人秩比六百石有僕射秩比千石

（後漢書百官志）謁者僕射一人比千石爲謁者臺率主常侍謁者五人比六百石主殿上時節威儀謁者三十人其給事謁者四百石其灌謁者郎中比三百石掌賓贊受事及上章報問員七十人中興但三十人初爲灌謁者滿歲爲給事謁者

（章懷太子李賢後漢書注）十三州志曰謁者皆選孝廉年未五十曉解儐贊者

（劉昭後漢書志注）荀綽晉百官表注曰漢謁者用李廉威容嚴恪能擯者爲之明帝詔曰謁者乃堯之尊官所以試舜賓於四門四門穆穆者也

（後漢書梁慬列傳）何熙永元中爲謁者身長八尺五寸善爲威容贊拜殿中音動左右

（杜佑通典）謁者缺選郎中美鬚眉大音者以補之功次當遷欲留增秩者許之

謹案漢謁者主受事及上章報問當如今之奏事處官員而擯導威儀

亦其所掌故有缺選補皆以大音者充之與今鴻臚之職尤爲相合謹並著之於表又考史記有大謁者張釋卿漢書有大謁者劉襄而百官表不見此名疑即謁者僕射之别稱蓋其職如今之鴻臚卿而給事謁者則如今之鳴贊灌謁者則如今之序班也

三國

（三國蜀志楊戲傳）何彥英名宗先主即尊號遷爲大鴻臚

（鄭樵通志）鴻臚卿魏及晉初皆有之

（三國吳志三嗣主傳）寶鼎元年正月遣大鴻臚張儼弔祭晉文帝

（馬端臨文獻通考）魏置謁者僕射掌大拜授及百官班次統謁者十人

晉

（冊府元龜）晉大鴻臚爲列卿置丞功曹主簿五官等員江左有事則權置事畢則省

（晉書職官志）武帝省謁者僕射以謁者并蘭臺江左復置僕射後又省

宋齊梁陳

（通典）大鴻臚宋齊有事則權置兼官畢則省

（隋書百官志）梁天監七年以大鴻臚爲鴻臚卿置丞及功曹主簿鴻臚卿位視尚書左丞掌導護贊拜陳承梁皆循其制官

（文獻通考）職官錄曰鴻臚卿舊視散騎常侍天監中視中丞吏部

（唐六典）齊職儀云東宮殿中將軍屬官有導客局置典儀錄事一人掌朝會之事史闕其品秩梁有典儀之職未詳何曹之官掌唱警唱奏之事朱服武冠陳亦有之

謹案漢魏大鴻臚至梁始除大字改曰鴻臚卿專掌導護贊拜今鴻臚之制其權輿實本於此又考通鑑載侯景破臺城入見梁武帝於太極東堂稽顙殿下典儀引就三公榻據此是齊梁典儀之官並主引百僚以就位次蓋如今之鴻臚寺序班也

（宋書百官志）謁者僕射一人掌大拜授及百官班次領謁者十人謁者

掌小拜授及報章晉省僕射宋世祖大明中復置秩比千石

（南齊書百官志）謁者臺掌朝覲賓饗謁者僕射一人謁者十人

（隋書百官志）梁謁者臺僕射一人掌朝覲賓饗之事屬官謁者一人掌朝會擯贊高功者一人爲假史掌差次謁者

（通典）謁者臺陳亦有之

謹案南朝謁者臺在宋世兼主報章猶沿漢制至蕭齊以後專主朝覲賓饗之儀節則已全有今鴻臚寺之職掌矣

北魏

（冊府元龜）後魏鴻臚卿第二品上後降爲第三品少卿一人第三品上後爲正四品上丞從五品中後降爲第七品

（通典）後魏曰大鴻臚

（魏書官氏志）太和十五年七月置司儀官高祖詔羣臣議定百官謁者僕射從第四品上典儀監從第五品上謁者從第五品中治禮郎從第六

品下太和二十三年復次職令謁者僕射第六品謁者第九品

（文獻通考）後魏謁者臺掌導相禮儀僕射二人謁者三十人

北齊

（隋書百官志）後齊鴻臚寺置卿少卿丞各一人有功曹五官主簿錄事等員掌蕃客朝會吉凶弔祭統司儀署令丞司儀署又有奉禮郎三十人謁者臺掌凡諸吉凶公事導相禮儀事僕射二人謁者三十人錄事一人

謹案西漢封拜諸侯王以大鴻臚行事至後漢而禮儀志所載則皆謁者引贊後漢書禮儀志拜諸侯王公儀謁者引當拜前伏殿下光祿勳讀策書畢謁者稱臣某再拜侍御史授印綬贊謁者曰某王某公臣某初謝是其職已移之謁者臺惟喪儀內有鴻臚傳哭之文蓋所司多在凶事故北齊鴻臚之職但稱掌吉凶弔祭而導相禮儀則專屬之謁者至唐而司儀令丞專掌凶禮儀式職制相沿其變遷固有漸也

後周

（通典）後周官品正三命秋官司儀上士正二命秋官司儀中士

謹案杜佑馬端臨等皆以後周蕃部賓部中大夫列入鴻臚沿革然其職皆主蕃屬朝貢之禮與今臚鴻不同已分繫諸理藩院及會同四譯館表內惟司儀一官掌殿庭禮儀實今鴻臚之職故著之於此篇

隋

〔隋書百官志〕高祖置鴻臚寺卿少卿各一人丞二人主簿二人錄事二人統司儀署令二人掌儀二十人開皇三年廢鴻臚入太常十三年復置煬帝加置少卿二人

〔文獻通考〕隋謁者臺大夫一人掌受詔勞問出使慰撫持節策授及受寃枉而申奏之駕出對御史引駕初魏置中書通事舍人官其後歷代皆有然非今任隋初罷謁者仍置通事舍人十六員承旨宣傳開皇三年又增為二十四員及煬帝置謁者臺乃改通事舍人為謁者臺職謂之通事謁者置二十人

〔新唐書百官志〕隋謁者臺有典儀

〔唐六典〕隋鴻臚寺有贊者十二人

謹案晉魏以後中書省置通事舍人本掌詔誥蓋如今內閣學士之職至隋而以代謁者之任則又主傳宣贊引當如今鴻臚寺之職矣至謁者大夫爲謁者臺長官駕出則掌引駕今定制凡常朝御殿以鴻臚卿二人請駕導駕蓋即其例則謁者大夫實兼有今鴻臚卿職事矣又典儀隋書失載而唐志有之亦屬於謁者臺當如今之序班而鴻臚寺有贊者則如今之鳴贊也

唐

〔唐六典〕鴻臚寺卿一人少卿二人丞一人主簿一人錄事一人龍朔二年改爲同文正卿咸亨元年復曰鴻臚光宅元年改爲司賓寺卿神龍元年復舊掌賓客及凶儀之事領司儀署令一人丞一人掌凶禮之儀式及

供喪葬之具

〔舊唐書職官志〕門下省典儀二員贊者十二人掌殿上贊唱之節及殿廷版位之次凡國有大禮侍中行事及進中嚴外辨之版皆贊相焉

〔唐六典〕唐朝置典儀二人隸門下省初用人皆輕至貞觀初李義府爲之是後常用士人領贊者以知贊唱之節贊者掌贊唱爲行事之節分番上下亦謂之番官

謹案唐鴻臚所掌自蕃客以外惟主凶儀而殿廷贊唱之事則别以典儀及贊者司之是今鴻臚之職在唐世又屬門下省矣至典儀掌版位次序如今序班而當時又兼贊唱以士人爲之故其職在贊者之上亦視今制頗有不同云

〔新唐書百官志〕通事舍人十六人從六品上掌朝見引納殿廷通奏凡近臣入侍文武就列則導其進退而贊其拜起出入之節武德四年廢謁者臺改通事謁者爲通事舍人

謹案唐通事舍人卽隋通事謁者而改隸於中書省職在贊導羣臣拜起出入儀節正如今之鴻臚寺與典儀所司大略相似而互屬兩省史志並不詳其分職之由以開元禮考之如蕃國來朝儀則典儀位於宮縣之東北贊者二人在南差退舍人引蕃主入門典儀贊拜禮畢舍人與蕃主俱退又元旦冬至朝賀儀百官入舍人引就朝堂前位皇帝升座百官以次入就北面位典儀曰再拜贊者承傳在位皆再拜稱賀禮畢典儀曰再拜通事舍人以次引北面位者出又元旦冬至大會儀典儀一人升就東階上通事舍人引王公以下入就位侍中稱制延王公等升殿典儀承傳階下贊者又承傳在位者皆再拜應升殿者詣東西階升羣臣上壽典儀曰再拜階下贊者承傳在位者皆再拜其進酒進食並同據此是典儀位在殿上當如今大朝日立於

太和殿東西檐第二柱下之鳴贊官其贊者位在階下當如今承傳行禮之鳴贊官而通事舍人引王公等出入當如今引王公百官入

午門左右門及左右掖門之鴻臚寺官也當時殆以通事舍人有傳宣詔

命之事故屬之中書省而今則以其職俱倂入鴻臚耳

五季

〔冊府元龜〕後唐莊宗詔諸寺監各只置大卿官屬並權停

〔五代史王景崇傳〕明宗卽位拜通事舍人歷引進閤門使

謹案五季官制最爲闕略當時寺監皆依唐制則鴻臚亦必備官特其文不見於史耳至通事舍人在唐本以文臣補授後唐明宗以王景崇爲之則改用武人逮宋而閤門諸官皆爲右職矣

宋

〔文獻通考〕宋鴻臚寺判寺事一人以朝官以上充元豐官制行置卿少卿丞主簿各一人卿掌四夷朝貢宴勞給賜送迎之事及國之凶儀中都祠廟道釋帳籍除附之禁令少卿爲之貳丞參領之建炎後廢鴻臚倂入

謹案唐宋鴻臚皆主蕃國及凶儀與今鴻臚職掌全不相合以官制沿革所自未可盡略故仍繫之於此表焉

〔章俊卿山堂考索〕宋朝東上閤門使西上閤門使凡取稟旨命供奉乘輿朝會游宴及贊導三公羣臣蕃國朝見辭謝糾彈失儀之事使副專之舍人以下但通班贊唱而已政和官制橫班使副之名既改爲大夫而其職任則命內外官知焉其後所除總名知閤門事仍兼客省四方館之職同知閤門事乃昔時之所謂副使也故事閤門無通事舍人而通事舍人沿夫唐制自隸中書省如抽赴閤門並稱閤門祗侯其後直授閤門通事舍人非舊制也天禧中去閤門二字政和六年改爲宣贊舍人舊以閤門通事舍人閤門祗侯二等比館班清流爲進取之基非熟於朝儀不在此選又熙寧四年閤門請擇武臣子弟六人前後殿祗應以閤門看班祗侯爲名候五年熟識儀數乃除閤門祗候

〔宋史職官志〕東上閤門西上閤門使各三人副使各二人宣贊舍人十

人祗候十有二人掌朝會宴幸供奉贊相禮儀之事使副承旨稟命舍人傳宣贊謁祗候分佐舍人凡文武官自宰臣宗室自親王外國自契丹使以下朝見辭謝皆掌之視其品秩以爲引班敘班之次贊其拜舞之節而糾其違失若慶禮奉表則東上閤門掌之慰禮進名則西上閤門掌之月進班簿歲終一易分東西班揭帖以進政和六年詔宣贊播告直誦其辭（李心傳建炎以來朝野雜記）閤門右列清選也舊有知閤門事同知閤門事多以外戚勳貴爲之其下有閤門宣贊舍人掌唱贊書命閤門祗候掌侍衛班列乾道閒孝宗始仿儒臣館閣之制增置閤門舍人以待武舉之入官者先召試而後命供職滿二年與邊郡遂爲戎帥部刺史之選云（李燾續資治通鑑長編）天禧四年三月右司諫直集賢院祖士衡言常朝起居日長春崇德殿假日後殿中書樞密文武合班而閤門祗候一員在前隨班再拜側並贊謁以臣愚見未協軌儀欲請自今令通班閤門祗候在前殿則與內殿供奉官以下同起居後殿則與軍頭司官同起居然

後立殿庭贊謁從之

謹案宋閤門本武職進身之階稱爲右列清選然當時鴻臚既不司贊引凡殿廷禮儀皆閤門主之通鑑長編載天禧三年十一月閤門與太常禮院上大祀稱慶合班圖卽如今之行禮儀注景祐四年九月詔閤門於紫宸殿垂拱殿刊石爲百官表位卽如今太和殿前之品級山是閤長所掌實卽今鴻臚職事雖文武制異而官守固無殊也至祖士衡所云令閤門祗候先起居而後贊謁者蓋以閤門祗候既當側立贊謁自不可更隨班拜跪故令其先在內起居畢後再立殿庭今三大節大朝之禮鴻臚寺職事各官先赴中和殿前行禮畢趨出各就班位候駕陞殿傳贊行禮正其例耳

遼

〔遼史百官志〕南面官諸寺職名有鴻臚寺○通事舍人院通事舍人統

和七年見通事舍人李琬○東上閤門司太宗會同元年置東上閤門使韓延徽傳見東上閤門使鄭延豐東上閤門副使○西上閤門司西上閤門使統和二十一年見西上閤門使丁振西上閤門副使

謹案遼鴻臚官制舊史已闕職掌亦未之詳以遼史禮志考之當時殿廷行禮凡引羣臣合班北向起居引宋使入門及通名祗候贊謝宣諭皆通事舍人之職祭祀讀祝贊帝后詣拜位受宋使國書奏牓子引高麗使至殿下引新進士至丹墀皆閤門使之職而贊拜一節則舍人與閤門使通掌之是今鴻臚職事在遼時亦專屬此二官也惟是拜起之節祇應以一人傳唱而遼史載宋使見皇太后皇帝諸儀有契丹舍人漢人閤使齊贊拜之文未喻其故殆以宋之使臣不諳國語故別令漢人贊唱與他禮不同耳

金

（金史百官志）閤門明昌五年閤門官以次排轉除授東上閤門使二員正五品明昌六年省一

員作從五品西同副使二員正六品明昌六年省一員西同簽事一員從六品掌簽判閤門事西同明昌六年以減副使置西上閤門使二員正五品副使二員正六品簽事一員從六品掌贊導殿庭禮儀西閤門餘副貳同閤門祗候二十五人正大閒三十二人閤門通事舍人二員從七品掌通班贊唱承奉勞問之事承奉班都知正七品掌總率本班承奉之事舊置判官後罷內承奉班押班正七品掌總率本班承奉之事御院通進四員從七品掌諸進獻禮物及薦享編次位序右屬宣徽院

謹案金代不置鴻臚寺其以閤門掌殿庭禮儀蓋亦沿宋遼之制也

元

（元史百官志）侍儀司秩正四品掌凡朝會卽位冊后建儲奉上尊號及外國朝覲之禮至元八年始置左右侍儀奉御二員禮部侍郎知侍儀事一員引進使知侍儀事一員左右侍儀使二員左右直侍儀使二員左右侍儀副使二員左右侍儀簽事二員引進副使侍儀令承奉班都知尚衣

局大使各一員十六年省左右侍儀奉御通曰左右侍儀省引進副使及侍儀令尚衣使等員改置通事舍人十四員三十年減通事舍人七員爲侍儀舍人大德十一年陞秩正三品至大二年置典簿一員延祐七年定置侍儀使四員至治元年增置通事舍人六員侍儀舍人四員其後定置侍儀使四員正三品引進使知侍儀事二員正四品首領官典簿一員從七品屬官承奉班都知一員正七品通事舍人一十六員從七品侍儀舍人十四員從九品吏屬令史二人譯史二人通事一人知印一人右屬中書禮部

謹案元承金制亦不設鴻臚寺官而以侍儀司掌贊導行禮之事準諸今制蓋侍儀使如鴻臚卿引進使知侍儀事如鴻臚少卿通事舍人如鳴贊侍儀舍人如序班也

明

〈明史職官志〉鴻臚寺卿一人正四品左右少卿各一人從五品左右寺丞各一人從六品其屬主簿廳主簿一人從八品司儀司賓二署各署丞一人正九品

鳴贊四人從九品後增設五人序班五十人從九品嘉靖三十六年革八人萬曆十一年復設六人鴻臚掌朝會賓客吉凶儀禮之事凡國家大典禮郊廟祭祀朝會宴饗經筵冊封進曆進春傳制奏捷各供其事外吏朝覲諸蕃入貢與夫百官使臣之復命謝恩若見若辭者並鴻臚引奏歲正旦上元重午重九長至賜假賜宴四月賜字扇壽縷十一月賜戴煖耳陪侍畢頒胙賜皆贊百官行禮司儀典陳設引奏外吏來朝必先演儀於寺司賓典外國朝貢之使辨其等而教其拜跪儀節鳴贊典贊儀禮凡內贊通贊對贊接贊傳贊咸職之序班典侍班齊班糾儀及傳贊初吳元年置侍儀司秩從五品洪武四年定侍儀使從七品引進使正八品奉班都知正九品通贊通事舍人從九品俱爲七品以下官九年改爲殿庭儀禮司設使一人正七品副三人正八品承奉一人從八品鳴二人正九品序班十六人從九品九關通事使一人正八品副六人從八品十三年改使爲司正分左右司副各一人增序班至四十四人革奉增設司儀四人二十二年增設左右司丞四人正九品三十年始改爲鴻臚寺陞秩正四

品設官六十二員（卿以下員數品級如前所列）又設外夷通事隸焉建文中陞少卿以下品秩（少卿陞正五品寺丞陞正六品又改其首領官職名與鳴贊序班皆陞品級）罷司儀司賓二署而以行人隸鴻臚寺成祖初悉復舊制

（孫承澤春明夢餘錄）宣德元年四月建鴻臚寺公署於京師

謹案鴻臚本出周官大行人主領蕃國封貢自明代始專掌殿庭禮儀之事遂與歷代建置不同名雖相襲實則漢以後謁者臺唐以後通事舍人閤門使之任也其職在導引賓贊故漢世謁者皆於三署郎內選大音者爲之而贊拜殿中音動左右史家至以爲美談逮宋世閤門多用勳戚子弟不立員額於是遂爲恩倖進身之途宦寺交通營求干謁富商豪子往往得之宣和中宣贊舍人至一百八員閤門祗候至七十六員每以過濫爲臺官論奏明代亦有鴻臚寺官生支糧肄業世相承襲冗食者多而於贊唱轉不能精練我
朝鳴贊序班設有定額皆選國語純熟聲音洪亮者俾充其選其有熟習

傳贊者卽經遷擢以後亦仍令兼攝以襄大禮與應劭所謂鴻聲臚傳之義實爲相協朝儀整肅視前代益加明備矣

欽定歷代職官表卷三十三

欽定歷代職官表卷三十四

國子監表

	國子監祭酒
三代	周師氏中大夫保氏下大夫大司樂中大夫
秦	
漢	博士僕射博士六經祭酒
後漢	博士祭酒
三國	
晉	國子祭酒
宋齊梁陳	國子祭酒
北魏	國子祭酒
北齊	國子祭酒
後周	師氏中大夫
隋	國子監祭酒
唐	國子監祭酒司成館大司成成均監祭酒
五季	國子監祭酒
宋	國子監祭酒
遼	國子監祭酒
金	國子監祭酒
元	蒙古國子監祭酒國子監祭酒
明	國子監祭酒

司業	監丞
小師氏下大夫	
國子監司業	國子監丞
國子監司業 司成館少司成 成均監司業	國子監丞
國子監司業	
國子監司業	國子監丞
國子監司業	國子監丞
國子監司業	國子監丞
蒙古國子監司業 國子監司業	蒙古國子監丞 國子監丞 興文署丞
國子監司業	繩愆廳監丞

博士	典簿	典籍
博士		
博士博士郎		
博士		
蜀漢博士魏博士吳五經博士		
國子博士太學博士		
國子博士太學博士五經博士正言博士		
國子博士太學博士中書教學博士中書助教博士四門博士		
國子博士太學博士四門博士	國子寺主簿	
太學博士下大夫露門學博士下大夫小學博士上士		
國子博士太學博士四門博士	國子監主簿	
國子博士五經博士太學博士廣文博士四門博士司成宣業	國子監主簿	
國子博士		
國子博士太學博士	國子監主簿	國子監書庫官
國子博士	國子監主簿	
國子博士太學博士		
蒙古國子學博士國子學博士	國子監典簿興文署典簿	
博士廳五經博士	典簿廳典簿	典籍廳典籍

助教	學正學錄
國子助教	
國子助教	
國子助教 太學助教	
國子助教 太學助教 四門助教	
太學助教上士 小學助教中士	
國子助教 太學助教 四門助教	
國子助教 太學助教 廣文助教 四門助教	
國子助教	
	國子學正 國子學錄 太學學正 太學學錄
國子助教	
國子助教 太學助教	
蒙古國子助教 國子學助教	蒙古國子學正 學錄 國子監學正 學錄
國子監助教	國子監學正 國子監學錄

算法館助教	筆帖式
算生博士	
算學博士 算學助教	
算學博士 算學助教	
算學博士	
	國子書寫官
	蒙古國子監筆且齊

國子監

國朝官制

國子監祭酒滿洲漢人各一人初制滿洲三品漢人四品順治十六年定均爲從四品司業滿洲蒙古漢人各一人正六品

掌成均之法以教國子及俊選之士八旗官學亦隸屬焉分經義治事以課諸生月有試季有考以辨其詣力之勤惰學業之優劣而董勸之

國初設祭酒滿洲蒙古漢人各一人司業滿洲二人蒙古漢人各一人順治十七年省蒙古祭酒司業員額雍正五年復置蒙古司業一人乾隆十三年省滿洲司業一人其總理監事大臣自雍正三年以來始置皆由

特簡無定員

監丞滿洲漢人各一人初制正八品後升爲正七品

掌學規以督教課察勤惰均廩餼核支銷有不如規者糾治之員額順治元年定

博士滿洲漢人各一人初制從八品後升為從七品

掌闡明經說以助教迪與六堂助教學正學錄並司南學經理事宜初置

滿洲博士二人漢人博士三人順治十五年省漢人一人康熙五十二年

又省一人

典簿廳典簿滿洲漢人各一人從八品

掌簿書以稽文移之出入員額順治元年定

典籍廳典籍漢人一人從九品

掌藏弆經史以備諸生誦習凡書籍之刻板於監者則主其摹印之事以

廣流傳員額順治元年定

率性堂漢人助教一人學正一人修道堂漢人助教一人學正一人誠心堂漢

人助教一人學正一人正義堂漢人助教一人學正一人崇志堂漢人助教一

人學錄一人廣業堂漢人助教一人學錄一人八旗官學助教滿洲十有六人

蒙古八人助教初制從八品後升從七品學正初制正九品學錄初制從九品後均升為正八品

六堂助教掌教八旗直省俊選之士學正學錄爲之貳凡諸生之學於黌舍者百五十六人在外講肄而以時赴學考核者百二十人其持州縣牒赴監考到分堂學習者無員數每旬以制藝策論試所習業三年期滿視其等第移吏部注籍而錄用之八旗官學助教掌分教八旗子弟旗各有學選滿洲六十人蒙古漢軍各二十人以充學生清文國語助教詔之蒙古語言文字及騎射蒙古助教教習詔之經書文藝漢人教習詔之三年學成升其尤者於太學漢人助教初設十有二人順治十五年省六人學正初設十有二人康熙三十八年省六人五十二年又省二人學錄初設六人順治十五年省四人滿洲助教順治元年始設二人於太學尋立八旗官學令六堂分教十五年八旗各建學舍乃省太學員額而別置官學助教十有六人康熙五十七年省四人雍正三年復置蒙古助教六人亦順治元年置十八年省四人雍正二年復置

算法館助教一人不分滿洲漢人補授

掌分教算學諸生初康熙九年始選八旗官學生習算法雍正十二年增置教習十有六人乾隆三年罷八旗官學算法教習別立算學設肄業生滿洲漢人各十有二人蒙古漢軍各六人附學生二十四人以漢人教習二人佐訓課助教綜司之凡線面體三部各限一年業成七政共限二年滿五歲乃甄錄之視出身有差以欽天監博士天文生敘用

鄂羅斯館助教滿洲漢人各一人

掌教鄂羅斯所遣入學子弟於官學及六堂助教內掄選二員兼司之不爲額闕又琉球等國有遣子弟入學者選貢生一人教習而以博士一人董率之

筆帖式滿洲四人蒙古二人漢軍二人

滿洲漢軍員額順治元年置蒙古員額順治十八年置（職事具吏部篇）

歷代建置

三代

（尚書舜典）帝曰夔命汝典樂教冑子（孔安國傳）冑長也謂元子以下至卿大夫子弟（陸德明釋文）王云冑子國子也

謹案太學之制昉於五帝鄭康成引董仲舒說謂五帝名太學曰成均者是也而教冑子之官則肇於舜之命夔蓋五帝三王之學政皆由樂始故以樂官兼之漢魏而後博士官隸屬太常其意實本於此今故引冠歷代建置之首以明原起焉

（周禮地官）師氏中大夫一人上士二人府二人史二人胥十有二人徒百有二十人掌以媺詔王以三德教國子一曰至德以爲道本二曰敏德以爲行本三曰孝德以知逆惡教三行一曰孝行以親父母二曰友行以尊賢良三曰順行以事師長掌國中失之事以教國子弟凡國之貴游子弟學焉（鄭康成注）師教人以道者之稱也國子公卿大夫之子弟（賈公彥疏）以教國子故使中大夫爲之國子衆使役處衆故其徒多保氏下大夫一人中士二人府二人史二人胥六人徒六十人掌諫王惡而養國子以道乃教之六藝一曰五禮二曰六樂三曰五射四曰五馭五曰

六書六曰九數乃教之六儀一曰祭祀之容二曰賓客之容三曰朝廷之容四曰喪紀之容五曰軍旅之容六曰車馬之容〔鄭康成注〕保安也以道安人者也〔賈公彥疏〕既與師氏同教國子官與府史別者以其教國子雖同館舍別所故置官有異

〔周禮春官〕大司樂中大夫二人掌成均之法以治建國之學政而合國之子弟焉凡有道有德者使教焉死則以為樂祖祭於瞽宗以樂德教國子中和祗庸孝友以樂語教國子興道諷誦言語以樂舞教國子舞雲門大卷大咸大磬大夏大濩大武樂師下大夫四人掌國學之政以教國子小舞大胥中士四人掌學士之版以待致諸子小胥下士八人掌學士之徵令而比之籥師中士四人掌教國子舞羽龡籥

〔禮記王制〕樂正崇四術立四教順先王詩書禮樂以造士春秋教以禮樂冬夏教以詩書王大子王子羣后之大子卿大夫元士之適子國之俊選皆造焉凡入學以齒〔鄭康成注〕樂正樂官之長掌國子之教

〔禮記文王世子〕凡學世子及學士必時春夏學干戈秋冬學羽籥皆於

東序小樂正學干大胥贊之籥師學戈籥師丞贊之胥鼓南春誦夏弦大師詔之瞽宗秋學禮執禮者詔之冬讀書典書者詔之禮在瞽宗書在上庠凡祭與養老乞言合語之禮皆小學正詔之於東序大樂正學舞干戚語說命乞言皆大樂正授數大司成論說在東序〔鄭康成注〕大司成司徒之屬師氏也

謹案古者建國君民教學爲先而後儒聚訟紛紜亦莫甚於三代學校之制其異同得失難以概論而要其大端不過立學之地入學之人教學之官三者而已謹以經傳所載參合諸家折衷而考論之蓋自五帝建學名爲成均其後虞曰庠夏曰序殷曰瞽宗周人立辟廱於中而以四代之學環建於外南爲成均北爲上庠東爲東序西爲瞽宗是爲五學辟廱爲天子承師問道及養老更獻戎捷之地雖世子齒學不得就而四學則令國子肄業焉此外又有門闈之學蔡邕明堂論云周官有門闈之學師氏教以三德守王門保氏教以六藝守王闈四郊之學即禮記所謂虞庠在國之西郊者皇侃謂四郊皆有之是爲小學故以四學對辟廱則辟廱爲太學而以小學對四學則四學皆爲太學矣

此立學之地也大胥掌學士之版文王世子學世子及學士必時鄭司農曰學士謂卿大夫諸子學舞者鄭康成曰學士謂司徒論俊選所升於學者蓋以其教於學故總名之曰學士而其途各異掄選亦有區分如公卿大夫元士之適子以其父兄皆有爵列於國則謂之國子皆當入太學與王子齒其卿大夫之庶子爲國子之倅者則謂之諸子皆統於諸子之官而時亦升於太學以教之若鄉遂都鄙所賓與及侯國歲貢者曰選士俊士亦咸造焉此入學之人也至教之之官立法尢爲詳備其虎門之學則選國子中秀異者使師氏教之與王子共學不在太學之數而四學之中於成均學樂德樂舞樂語則以大司樂教之於上庠學書則以典書者教之於東序學干戈羽籥則以樂師籥師教之於瞽宗學禮及誦弦則以執禮者及大師教之而師氏亦兼在東序爲國子論說其義理淺深才能優劣謂之大司成此教學之官也後世以祭酒爲出於師氏之職因以大司成當之不知師氏王舉則從惟在虎門

之左必不能常入太學其朝夕授業者固當屬之大小樂正耳

〔富大用事文類聚〕成王時彤伯入爲祭酒

〔杜佑通典〕孫卿在齊爲三老稱祭酒

〔太平御覽〕韋昭辨釋名曰祭酒者謂祭六神以酒醱之也辨云凡會同饗讌必尊長先用酒以祭故曰祭酒漢時吳王年長以爲劉氏祭酒是也胡廣曰凡官名祭酒皆一位之元長古者賓得主人饌則老者一人舉酒以祭地故以祭酒爲稱漢之侍中魏之散騎常侍功高者並爲祭酒用其義也

〔禮記文王世子〕樂正司業父師司成〔賈公彥疏〕司是職司故訓爲主謂樂正主太子詩書之業父師主太子成就其德行也

謹案祭酒名官始於漢之博士祭酒而如諸書所載則成周已有此稱蓋取舉酒祭地爲義乃同列中以齒德相推之辭故胡廣以爲一位之元長其曰博士祭酒者謂博士中之最長者耳與三老祭酒侍中祭酒

常侍祭酒同義並非官號也後世去博士二字而專以祭酒繫銜非其本意矣至司業之官本隋代取禮記樂正司業之文以爲名而鄭康成原注未及業字之義據賈公彥疏則業當爲學業之業而唐書歸崇敬傳又載崇敬爲國子司業上言司業在禮記樂正司業正長也言樂官之長司主此業爾爾雅云大版謂之業案詩周頌設業設虡崇牙樹羽則業是懸鐘磬之簨虡也今太學既不教樂於義無取請改國子監爲辟廱省祭酒爲太師氏司業一爲左師一爲右師詔下尚書集百僚定議以聞議者重難改作其事不行云云是業字又當爲虡業之業顧炎武日知錄云詩傳業大版也所以飾栒爲縣也捷業如鋸齒或白畫之爾左氏昭九年傳辰在子卯謂之疾日君徹宴樂學人舍業禮記檀弓大功廢業並謂此也懸者常防其墜故借爲敬謹之義書之兢兢業業詩之赫赫業業有震且業是也凡人所執之事亦當敬謹故昔爲事業之義易傳之進德修業盛德大業禮記之敬業樂羣是也然三代詩書

之文並無此義（以上皆炎武說）是業字古無學業之訓樂正司業自當作虡業解爲長特其名相沿既久學者或習其稱而昧所由來謹先揭其義於此焉

秦

〔冊府元龜〕秦置博士掌通古今

〔太平御覽〕應劭漢官儀曰博士秦官博者通博古今士者辨於然否

謹案班固稱六國時往往有博士則其官不始於秦而秦時令博士預朝廷大議備左右顧問則所職尤重（秦始皇本紀二十六年議帝號丞相綰等奏謹與博士議上尊號爲秦皇又二十八年始皇浮江至湘山祠上問博士曰湘君何神博士對曰聞之堯女舜之妻而葬此）雖經始皇焚書坑儒之禍而二世時叔孫通猶待詔博士山東兵起二世尙召博士諸儒生而問之（見叔孫通傳）是其官仍舊不廢觀李斯所奏稱非博士官所職天下敢有藏詩書百家語者悉詣守尉雜燒之可知博士官所職者尙存蓋猶令其典司經籍也且既以博士爲官必有生徒轉相傳授秦本紀載

盧生言博士七十人備員弗用而諸生在咸陽者使御史案問至殺四百六十餘人諸生在驪山爲伏機所殺者又七百餘人其數如此之多蓋七十人乃博士員額而所謂數百人者皆諸生之隸於博士官如漢世博士弟子之類耳

漢

（漢書百官公卿表）博士秩比六百石員多至數十人

（漢書武帝本紀）建元五年置五經博士元朔五年詔曰太常其議予博士弟子崇鄉黨之化以厲賢才焉丞相宏請爲博士置弟子員學者益廣

（漢書宣帝本紀）立梁邱易大小夏侯尚書穀梁春秋博士

（冊府元龜）漢興武帝初置五經博士掌教弟子國有疑事掌承問對本四百石升比六百石初文帝欲廣遊學之路論語孝經孟子爾雅皆置博士至是遂罷傳記博士

（太平御覽）漢舊儀曰孝文皇帝時博士七十餘人朝服玄端章甫冠武

帝置博士取學通有修博識多藝曉古文爾雅能屬文章者爲之朝賀位次中都官吏稱先生不得言君其弟子稱門人也

（通典）平帝元始四年改博士爲博士師

（漢書藝文志注）段嘉東海人爲博士師

（後漢書蘇竟傳）平帝世竟以明易爲博士講書祭酒章懷太子李賢注王莽置六經祭酒秩上卿每經各一人竟爲講尙書祭酒

（漢書儒林傳）武帝爲博士官置弟子五十人昭帝增滿百人宣帝增倍之成帝末增三千人

謹案西漢博士隸太常馬廷鸞謂有周成均隸宗伯之意然博士雖云太常之屬而每令丞相御史中二千石二千石雜舉以任之故特重其職稱爲學官史記儒林傳公孫弘爲學官是也又稱爲儒官漢書師丹傳尙書劾博士申咸炔欽幸得以儒官選擢備腹心是也又稱爲禮官王式傳式除爲博士衣博士衣而不冠曰刑餘之人何宜復充禮官是

也據史傳所載當時朝廷大事下公卿議者皆令博士預議霍光傳廢昌邑王奏臣敞等謹與博士臣霸臣雋舍臣德臣虞舍臣射臣倉議云云此類甚多而出使四方入侍禁近亦多以博士充其選武帝本紀元狩六年遣博士大等分循行天下元鼎二年遣博士中等分循行諭告成帝本紀河平三年遣博士嘉等行舉瀕河之郡陽朔二年關東大水遣博士分行視辟宣傳博士申咸給事中平當傳以明經爲博士使行流民幽州孔光傳光爲博士數使錄冤獄行風俗辟廣德傳蕭望之薦廣德宜充本朝爲博士論石渠不但教授生徒而已蓋漢世崇尚經術博士多擇名流以備顧問其高第者往往列爲九卿辟宣傳載宣奏故大司空何武師丹故丞相孔光故左將軍彭宣經皆更博士位歷三公可與建教化圖安危云云夫以歷位三公之人而猶必引其曾官博士以爲重亦可知其爲一代之清選矣

（後漢書百官志）博士祭酒一人六百石本僕射中興轉爲祭酒博士十四人比六百石易四施孟梁邱京氏尚書三歐陽大小夏侯氏詩三魯齊韓氏禮二大小戴氏春秋二公羊嚴顏氏掌教弟子承問對本四百石宣帝增秩

（馬端臨文獻通考）光武中興立五經博士各以其法教授凡十四博士太常差次總領焉

（章懷太子李賢後漢書注）漢官儀曰博士十四人太常差選有聰明威重一人爲祭酒總領綱紀其舉狀曰生事愛敬喪沒如禮通易尚書孝經論語兼綜載籍窮微闡奧隱居樂道不求聞達身無金痍痼疾三十六屬不與妖惡交通王侯賞賜行應四科經任博士下言某官某甲保舉

（後漢書翟酺傳）酺爲大匠上言光武起太學博士舍內外講堂諸生橫巷爲海內所集

（袁宏後漢紀）永平中崇尚儒學自皇太子諸王侯及功臣子弟莫不受經又爲外戚樊氏郭氏陰氏馬氏諸子弟立學號四姓小侯置五經師

謹案漢東京但有太學之名未聞別建國子學而魏書劉芳傳引洛陽記謂國子學宮與天子宮對太學在開陽門外又以國子學與太學岐爲兩地考酈道元水經注洛水東經國子太學石經北漢魏以來置太

學於國子堂云云是東漢太學講堂本名國子堂故又號爲國子太學卽博士講肄之地並無兩學其洛陽記所云國子學殆指爲四姓小侯所建之學也

又案漢武帝立三雍宮說者謂明堂辟廱靈臺也然祇以祠祀上帝並非養士之所故晉灼漢書注謂西京無太學而攷之於史如何武傳稱學長安歌太學下鮑宣傳稱博士弟子濟南王咸等舉幡太學下又似西京已立太學馬端臨亦但稱當考而不能定其是非謹以紀傳之文參稽互證疑西漢雖無太學而博士實有官舍爲聚講行禮之所如王式傳徵爲博士既至止舍中此卽博士官舍可知而成帝紀鴻嘉二年三月博士行飲酒禮有雉蜚集于庭歷階升堂而雊後集諸府又集承明殿是其地應與諸公府相近凡鄉飲大射皆就以行事焉故當時卽謂之爲太學也自平帝時王莽爲宰衡起國學於郭門之西南爲博士之宮中央爲射宮見太平御覽所引三輔黃圖之文而光武亦起太學博士舍內外講

堂諸生黌巷於是學官居息諸生講肄之地始與學合矣

三國

（三國蜀志許慈傳）慈與胡潛並爲博士子勛傳其業復爲博士（尹默傳）子宗傳其業爲博士

（三國魏志文帝紀）黃初五年夏四月立太學制五經課試之法置春秋穀梁博士

（通典）魏置博士十九人

（裴松之三國志注）樂詳黃初中徵拜博士於時太學初立有博士十餘人學多褊狹惟詳五業並授以是獨擅名

（三國吳志三嗣主傳）孫休永安元年十二月詔曰其案古置學官立五經博士核取應選加其寵祿科見吏之中及將吏子弟有志好者各令就業一歲課試差其品第加以位賞

晉

（宋書禮志）晉武帝咸寧二年起國子學蓋周禮國之貴游子弟所謂受教於師氏者也

（冊府元龜）晉承魏制置博士十九人武帝初立國子學以教生徒而隸屬太學定置國子祭酒博士各一人助教十五人博士皆取履行清淳通明典義者若散騎常侍中書侍郎太子中庶子以上皆得召試元帝初減國子祭酒博士助教爲九人大與中又置周易儀禮公羊博士末年增國子儀禮春秋公羊博士各一人合爲十一人後又增爲十六人不復分掌五經而謂之太學博士秩六百石孝武太元中損國子助教爲十員

（南齊書禮志）晉初太學生三千人既多猥雜欲辨其涇渭始立國子學官品第五以上得入國學太學之與國學斯是晉世殊其士庶異其貴賤耳然貴賤士庶皆須教成故國學太學兩存之也

（太平御覽）齊職儀曰晉令博士祭酒掌國學而國子生師事之祭酒執經葛巾單衣終身致敬

謹案周成均之法本以教國子而俊選咸得造焉故其時講業之所惟稱太學未嘗獨取國子爲學名也其國子之置學實始於晉代而猶與太學並建稱爲兩學潘岳閑居賦兩學齊列雙宇如一右延國胄左納良逸李善文選注引郭緣生述征記云國學在辟雍東北五里太學在國學東二百步是也蓋國學以教胄子太學以選賢良乃郎生徒肄習之地以爲別而師儒之職則固無所區分其稱國子祭酒特舉其所重者以名官耳

宋齊梁陳

〔通典〕宋文帝元嘉二十年立國子學二十七年廢

〔宋書百官志〕國子祭酒一人國子博士二人國子助教十人分教國子若不置學則助教惟置一人而祭酒博士常置也

〔南齊書百官志〕國子祭酒一人博士二人助教十人建元四年有司奏置國學祭酒准諸曹尚書博士准中書郎助教准南臺御史選經學爲先

若其人難備給事中以還明經者以本位領其下典學二人戶曹儀曹各二人治禮吏八人保學醫二人威儀二人其夏國諱廢學有司奏省助教以下永明三年立學尚書令王儉領祭酒八年國子博士何允單爲祭酒疑所服陸澄等皆不能據遂以元服臨試月餘日博議定乃服朱衣

謹案宋齊祭酒正除者少史傳所載如竟陵王子良以司徒張緒以太常卿王儉以侍中尚書令並領國子祭酒蓋如今之總理監事大臣又宋齊惟置國子學而史載范泰爲太學博士則二名亦可互稱蓋已合國學太學爲一矣

〔冊府元龜〕梁國子祭酒一人班第十三比列曹尚書又置國子博士二人爲九班助教十人班第二又置太學博士八人班第三又置五經博士各一人

〔司馬光資治通鑑〕梁武帝天監四年春正月詔置五經博士廣開館宇招內後進於是以賀瑒及平原明山賓吳興沈峻建平嚴植之補博士各

主一館館有數百生給其餼廩其射策通明者即除爲吏

（隋書百官志）梁國學又有限外博士員舊國子學生限以貴賤帝欲招來後進五館生皆引寒門儁才不限人數大同七年國子祭酒到溉等又表立正言博士一人位視國子博士置助教二人

謹案梁代國子太學復分爲二博士然實止一學南史到洽傳洽遷國子博士奉勅撰太學碑可知國子學即太學並非有兩地也

（冊府元龜）陳國子祭酒秩中二千石品第三博士品第四秩千石國子助教太學博士並品第八秩六百石

北魏

（魏書儒林傳）太祖初定中原立太學置五經博士生員千有餘人天興二年增國子太學生員至三千太宗世改國子爲中書學立教授博士世祖始光三年別起太學於城東太和中改中書學爲國子學又開皇宗之學及遷都洛邑詔立國子太學四門小學世宗時復詔營國學樹小學於

四門大選儒生以爲小學博士員四十人神龜中將立國學詔以三品已上及五品清官之子以充生選未及簡置仍復停寢正光二年乃釋奠於國學始置國子生四十六人

（冊府元龜）後魏國子祭酒本第四品上後增爲從三品國子博士從第五品上後增爲第五品國子助教五人從七品太學博士第六品後降爲第七品太學助教第八品中四門博士第九品

（魏書李訢傳）詔崔浩選中書學生學業優者爲助教浩阿其親戚恭宗聞之世祖世祖意在於訢遂除中書助教博士

（魏書李彪傳）初爲中書教學博士

（魏書劉芳傳）太和中芳表曰洛陽記國子學與天子宮對太學在開陽門外今徙學嵩瀍皇居伊洛宮闕府寺僉復故趾國學應在宮門之左至如太學基所炳在仍舊營構又太和二十年發勑於四門置學臣案自周已上太學在國四小在郊今太學故坊基趾寬廣四郊別置相去遼闊檢

督難周計太學坊䢪作四門猶爲太廣以臣愚量同處無嫌從之

（魏書術藝傳）殷紹世祖時爲算生博士給事東宮西曹

（魏書高祖本紀）太和十六年幸皇宗學親問博士經義

（魏書孫惠蔚傳）爲中書博士轉皇宗博士

謹案北魏置國子學於宮門之左太學於城東四門學於四郊各有博士助教官而以國子祭酒總統之三學並立實自魏始據劉芳傳所載太學當卽置於開陽門外東漢舊址北以四郊太遠而併四門學附之其規制如此然考楊衒之洛陽伽藍記載閶闔門前御道東有司徒府府南有國子學堂內有孔子像顏淵問仁子路問政在側蓋卽所謂國子學而於開陽門外之太學則但云開陽門御道東有漢國子學堂堂前有石經碑高祖題爲勸學里而已並未言魏朝別有營搆是三學分建雖有其文而未行其生徒講肄者實止國子一學也至四門爲小學蓋仿三代郊外小學以教國人之法剏於魏而隋唐以後皆因之今制

分設八旗官學以訓迪其子弟與四門學之在四郊者頗爲相近其算

生博士亦與今算學館助教相同又魏置皇宗學別立博士魏書任城

王澄傳載澄於世宗時上表以宗人有闕四時之業請修復皇宗之學

詔尚書量宜修立蓋遷洛以後其事漸廢故澄請復之今制左右翼各

設宗學一覺羅學四隸屬宗人府擇宗室覺羅子弟聰秀者入學以王

公總其事而置總管副管教習等員以時課習勸學與行蓋卽如魏之

皇宗學而法制益加詳備焉

北齊

(隋書百官志)後齊國子寺掌訓教胄子祭酒一人亦置功曹五官主簿

錄事員領博士五人助教十人學生七十二人太學博士十人助教二十

人太學生二百人四門學博士二十人助教二十人學生三百人

(北齊書儒林傳)齊氏太學博士徒有虛名惟國子一學生徒數十人耳

胄子以通經進仕者惟崔子發宋游卿而已

後周

〔通典〕後周官品正三命地官師氏中大夫正四命地官小師氏春官太學博士下大夫正三命春官太學助教小學博士上士正二命春官小學助教中士

〔王應麟玉海〕後周武帝天和二年立露門學置生七十二人

〔後周書沈重傳〕天和六年授露門博士仍於露門館爲皇太子講論

〔後周書熊安生傳〕拜露門學博士下大夫

〔後周書樂遜傳〕治太學博士轉治小師氏下大夫

謹案册府元龜稱後周有博士助教而祭酒無聞焉今考後周設官全仿周禮其師氏小師氏卽漢魏以來祭酒之職故樂遜以博士轉爲此官不得謂之無聞册府元龜蓋考之未審也至周置露門學蓋本周門闈小學之遺意故别置露門學博士與大學博士命數相同其師氏小師氏殆卽兼領此二學者歟

隋

（隋書百官志）高祖受命置國子寺祭酒一人屬官有主簿錄事各一人統國子太學四門書算學各置博士國子太學四門各五人書算各二人助教國子太學四門各五人書算各二人學生國子一百四十人太學四門各三百六十人書四十人算八十人仁壽元年罷國子學惟立太學一所置博士五人學生七十二人煬帝即位改爲國子監依舊置祭酒加置司業一人丞三人國子學置博士助教各一人學生無常員太學博士助教各二人學生五百人

謹案自漢以降博士皆隸於太常至隋而國子寺始別爲一署無所統屬尋又改名國子監并搠置司業之官遂至今沿爲定式焉

唐

（新唐書百官志）國子監祭酒一人司業二人掌儒學訓導之政總國子太學廣文四門律書算七學天子視學皇太子齒胄則講義釋奠丞一人

掌判監事主簿一人掌印局督監事七學生不率教者舉而免之錄事一人國子博士五人掌教三品以上及國公子孫從二品以上曾孫爲生者五分其經以爲業周禮儀禮禮記毛詩春秋左氏傳各六十人暇則習隸書國語說文字林三蒼爾雅每歲通兩經求仕者上於監秀才進士亦如之學生以長幼爲序習正業之外教吉凶二禮公私有事則相儀助教五人掌佐博士分經教授直講四人掌佐博士助教以經術講授五經博士各二人掌以其經之學教國子周易尙書毛詩左氏春秋禮記爲五經論語孝經爾雅不立學官附中經而已太學博士六人助教六人掌教五品以上及郡縣公子孫從三品曾孫爲生者五分其經以爲業每經百人廣文館博士四人助教二人掌領國子學生業進士者四門館博士六人助教六人直講四人掌教七品以上侯伯子男子爲生者及庶人子爲俊士生者律學博士三人助教一人掌教八品以下及庶人子爲生者律令爲顓業兼習格式法例書學博士二人助教一人掌教八品以下及庶人子

爲生者石經說文字林爲顓業兼習餘書算學博士二人助教一人掌教八品以下及庶人子爲生者二分其經以爲業九章海島孫子五曹張邱建夏侯陽周髀五經算綴術緝古爲顓業兼習記遺三等數凡六學束脩之禮督課試舉皆如國子助教以下所掌亦如之

（冊府元龜）唐貞觀初改國子寺爲監六年復置國子司業一人龍朔二年改國子監爲司成館祭酒爲大司成司業爲少司成博士爲司成宣業咸亨初改司成館復爲國子監大司成少司成復爲祭酒司業光宅初改國子監爲成均監祭酒爲成均祭酒神龍初改成均監復爲國子監

（唐書選舉志）唐制凡學六皆隸於國子監博士助教分經授諸生未終經者無易業諸學生通二經俊士通三經已及第而願留者四門學生補太學太學生補國子學三班番下曰願入學者聽附國子學太學及律館習業蕃王及可汗子孫願入學者附國子學讀書

謹案自北齊立國子寺隋改爲監嗣後建國學者皆以國子爲名其實

當時諸學並建其品官及庶人之子爲生徒者各以差等分隸國子乃專教三品以上子孫之學以此名監蓋特取其居首者以概其餘耳元代以後博士助教總爲一學無分教之法諸生亦不復以貴賤爲區別而學校猶獨蒙國子之名蓋亦沿用隋唐之舊也又案唐國子監所隸凡七學韓愈昌黎集請上尊號表稱臣所管國子太學廣文四門及書算律等七館學生此自是當時定制唐六典祇稱國子監掌六學者蓋書成於開元之時廣文學尚未置也然考中葉以後他書所載如何蕃傳稱六館之士百餘人言於司業陽城李觀書稱學有六館生有三千亦皆不數廣文在內據鄭虔傳玄宗置廣文館以虔爲博士久之雨壞廡舍有司不復修完寓泊國子館自是遂廢當時殆因廣文國子併在一館故言學制者仍通稱爲六館歟

五季

（冊府元龜）唐置國子監祭酒司業博士助教五代因之

（五代會要）後唐天成三年正月中書門下奏伏以祭酒之資歷朝所貴爰從近代不重此官況屬聖朝方勤庶政須宏雅道以振時風望令宰臣一員兼判國子祭酒勅宜令宰臣崔協兼判

謹案唐書鄭覃傳文宗以覃名儒故令以宰相領祭酒蓋如今之總理監事大臣後唐以崔協兼判祭酒當亦沿唐朝舊例也

宋

（宋史職官志）國子監置祭酒司業丞主簿各一人太學博士十人正錄各五人武學博士二人律學博士正各一人祭酒掌國子太學武學律學小學之政令司業爲之貳丞參領監事博士掌分經講授考校程文以德行道藝訓導學者正錄掌舉行學規凡諸生之戾規矩者待以五等之罰考教訓導如博士之職職事學錄五人掌與正錄通掌學規學諭二十人掌以所受經傳諭諸生直學四人掌諸生之籍及稽察出入凡八十齋齋置長諭各一人掌表率齋生凡戾規矩者糾以齋規五等之罰仍月考齋

生行藝著於籍武學博士學諭各二人掌以兵書弓馬武藝訓誘學者律學博士二人掌傳授法律及校試之事小學置職事教諭二人掌訓導及考校責罰學長二人掌序齒位糾不如儀者集正二人掌籍諸生名氏糾程課不逮

〔章俊卿山堂考索〕國子監祭酒宋初有判監事有管勾監事侍制以上則爲判餘爲管勾元豐正官名置國子監祭酒掌三學之教法政令崇寧立辟雍置大司成一員爲師儒之首位在諸曹侍郎上政和罷辟雍官屬建炎三年併國子監歸禮部紹興三年復置十二年始置祭酒○司業宋有同判監事同管勾監事或帶職朝官充元豐置司業建炎三年省紹興十二年復置隆興併省司業不與祭酒並除乾道七年欲除劉焞孝宗曰司業乃祭酒之貳並置何妨於是始並置○監丞宋景祐二年孫祖德請於直講京官內差一員充監丞詔學官兼領掌錢穀出納之事元豐置祭酒司業而監之事則丞與焉○國子博士宋國子監初無博士有直講八

人熙寧改爲太學博士元豐定制亦無國子博士大觀元年薛昂乞置國子博士四員與太學官分掌教導從之○主簿以京官或選人充掌文簿或勾考其出入焉元豐元年詔省主簿三年罷書庫官復置主簿○國子正錄元豐定制未置大觀元年薛昂乞置國子正錄凡二員○書庫官以京朝官充掌印經史羣書以備朝廷宣索賜予之用及出鬻而收其直以上於官建炎三年省紹興十三年復置一員後省三十二年詔學官兼書庫乾道七年復置○太學博士每經二人掌分經講授考校程文以德行道藝訓導學者建炎南渡廢紹興十三年始復建太學置博士二員○太學正錄仁宗朝胡瑗掌太學其正錄第補諸生熙寧未與三舍始選官爲正錄如學官之例學正五人學錄五人元祐三年罷命官正錄以上舍內舍生充後復置命官學正二員紹聖改元復元豐學制命官學職悉仍舊焉○武學博士武學諭各二人慶曆三年置學未幾省熙寧五年復置選文武官知兵者充教授元豐官制行改爲武學博士建炎兵興廢紹興二

十六年詔武學博士學諭各置一員

謹案宋國子監所掌倣唐制以國子太學爲二學各置博士正錄學諭等官而肄習者實祇有太學一所雖元豐初編修學制所言監以國子爲名而無國子教養之實乞令清要官親戚並入監聽讀然所置國子生額不過二百人而太學生至四千餘人可知國子太學分教已徒有虛名究之入學者皆俊選之士蓋當時品官子弟多以蔭敘入仕不藉國學爲出身之途故雖國子名存而實則與古異矣

（玉海）元豐七年吏部請於四選補算學博士闕從之詔通算學者就試上等除博士中下等除學諭元祐元年罷崇寧三年復建五年四月罷十一月復置算學隸祕省大觀四年併入太史局

謹案宋算學不隸國子監與唐制不同又唐四門學宋於慶曆中暫置即廢書學則崇寧中與畫學並設有博士學諭正錄各一人初隸國子監後併入翰林書藝局廣文館則元祐初以四方游士冒畿縣戶應試

者多因置廣文館生計其執牒驗試亦一時權宜之法今並附見於此

遼

〔遼史百官志〕上京國子監太祖置有祭酒司業監丞主簿國子學有博士助教又有東京學中京學中京別有國子監與朝官同南京學亦曰南京太學太宗置聖宗統和十三年賜水磑莊一區又有西京學

金

〔金史百官志〕國子監國子學太學隸焉祭酒正四品司業正五品掌學校丞二員從六品明昌二年增一員兼提控女直學國子學博士二員正七品分掌教授生員考藝業助教二員正八品教授四員正八品分掌教誨諸生國子校勘從八品掌校勘文字國子書寫官從八品掌書寫實錄太學博士四員正七品助教四員正八品

元

〔元史百官志〕蒙古國子監秩從三品至元十四年始立置司業一人二

十九年准漢人國學例置祭酒司業監丞祭酒一員從三品司業二員正五品監丞一員正六品令史一人筆且齊（解見吏部篇）吏一人知印一人○蒙古國子學秩正七品博士二員助教二員教授二員學正學錄各二員掌教習諸生後增學正二員學錄二員三十一年增助教一員典給一人後定置博士二員正七品助教二員教授二員並正八品學正學錄各二員典書一人典給一人○國子監至元初以許衡爲集賢館大學士國子祭酒教國子與蒙古大姓四集賽（解見內閣篇）人員選七品以上朝官子孫爲國子生隨朝三品以上官得舉凡民之俊秀者入學爲陪堂生伴讀至元二十四年始置監祭酒一員從三品司業二員正五品掌國之教令皆德尊望重者爲之監丞一員正六品專領監務典簿一員令史二人譯史知印典吏各一人國子學秩正七品置博士二員掌教授生徒考校儒人著述教官所業文字助教四員分教各齋生員大德八年爲分職上都增置助教二員學正二員學錄二員督習課業典給一員掌生員膳食○與文署秩

從六品署令一員以翰林修撰兼之署丞一員以翰林應奉兼之至治二年罷置典簿一員從七品掌提調諸生飲膳與凡文牘簿書之事仍置典吏一人

〔元史選舉志〕至元二十四年立國子學而定其制設博士通掌學事分教三齋生員講授經旨究正音訓復設助教同掌學事而專守一齋正錄申助規矩督習課業

〔元文類〕世祖即位內設胄監外設提舉官以領學校至元八年頒行國字又設蒙古字學視儒學而加重焉

謹案元以蒙古國子監屬翰林院國子監屬集賢院別置與文署以教授生徒其制與唐宋稍異又歷代皆以品官子弟爲國子生士民子弟爲太學生分學教肄自元以七品以上朝官子孫爲國子生而取庶民之俊秀者爲陪堂伴讀始合太學生於國子至今遂沿爲定法其置游藝依仁據德志道時習日新六齋令博士分教以次遞陞見選舉志亦今國

子監六堂之制所由昉也

明

（明史職官志）國子監祭酒一人（從四品）司業一人（正六品）其屬繩愆廳監丞一人（從八品）司士廳五經博士五人（從八品）率性修道誠心正義崇志廣業六堂助教十五人（從八品）學正十人（正九品）學錄七人（從九品）典簿廳典簿一人（從八品）典籍廳典籍一人（從九品）掌饌廳掌饌二人（未入流）祭酒司業掌國學諸生訓導之政令監丞掌繩愆廳之事以參領監務堅明其約束諸師生有過及廩膳不潔並糾懲之而書之於集愆冊博士掌分經教授而時其考課典簿典文移金錢出納支受典籍典書籍掌饌掌飲饌明初即置國子學設博士助教學正學錄典籍典書典膳等官吳元年定國子學官制增設祭酒司業典簿洪武八年又置中都國子學（秩正四品）命國子學分官領之十三年改典膳爲典饌十五年改爲國子監秩從四品設祭酒一人司業一人監丞典簿各一人博士三人助教十六人學正學錄各三人掌饌一人

中都國子監制亦如之二十四年更定國子監品秩員數中都國子監設祭酒司業監丞典簿博士學正學錄掌饌各一人助教二人品秩與在京同二十六年罷中都國子監永樂元年置國子監於北京設祭酒司業監丞典簿博士學正學錄掌饌各一人助教二人宣德九年省司業弘治十五年復設明初祭酒司業擇有學行者任之後皆由翰林院官遷轉

〔明史選舉志〕明初改應天府學爲國子學後改建於雞鳴山下既而改學爲監設祭酒司業等官分六堂以館諸生厚給廩餼其教之之法每旦祭酒司業坐堂上屬官自監丞以下首領則典簿以次序立諸生揖畢質問經史拱立聽命惟朔望給假餘日升堂會饌乃會講復講背書輪課以爲常永樂元年始設北京國子監十八年還都乃以京師國子監爲南京國子監而太學生有南北監之分矣

謹案三代成均之法如師氏大司樂等其職皆主於教國子呂祖謙謂國子是世祿之家鮮克由禮不可不設官以教養之而鄉遂州黨所與

賢能之士不更見有掌教之官當由學校事重非有司簿書期會所領不隸於六官故周禮未之及也秦漢而後建學者雖以國子爲名其實世官之法久廢所教皆民閒之俊選故自西漢時博士弟子已多至數千人歷代相沿員額浸廣設官分課損益非一於人材固多所造就而教之無法流弊亦往往潛滋如東漢太學諸生三萬餘人各立部黨自相標榜史稱其噓枯吹生三府辟召常出其口公卿以下莫不畏其貶議致釀成黨錮之禍流毒無窮逮宋而太學生恣橫尤甚靖康之季以請用李綱至於聚衆數千伏闕槌鼓擊殺中使宋廷無可如何比南渡而太學尤皆闒茸之流大抵以獻頌拜表希望恩澤一有不及謗議喧然甚且三學諸生動稱捲堂大散挾制朝廷目無法紀迄於明世遺習尚存及其末造而請以魏忠賢配享孔子者卽出於太學諸生儒風掃地洵由法制不立教化不明無以整齊約束之所致也

國家學校風行教思廣被

皇上崇儒重道屢蒙
聖駕臨雍釋奠懋舉隆儀太學
文廟發帑重葺易覆黃瓦規制有加兹復
特命增建辟雍典章美備橋門璧水益煥新模槐市生徒沐浴
聖人之化澤無不奮興觀感以共遊於蕩平正直之途訓厲漸摩士風丕變
譽髦興咏信爲遠軼周京矣

欽定歷代職官表卷三十四

欽定歷代職官表卷三十五

欽天監表

	欽天監監正
三代	夏羲氏和氏太史令殷太史令周太史下大夫日官日正
秦	太史令
漢	太史令
後漢	太史令
三國	蜀漢太史令魏太史令吳太史令
晉	太史令
宋齊梁陳	太史令
北魏	太史令
北齊	太史令
後周	春官太史中大夫
隋	太史令太史監
唐	司天臺監
五季	司天臺監
宋	太史令
遼	太史令
金	司天臺提點司天臺監
元	太史令太史院使司天監提點司天監
明	欽天監監正

監副	時憲科五官正
周太史上士	周馮相氏中士 馮相氏下士
太史丞	
太史丞	
吳太史丞	
太史丞	
太史丞	
太史丞	
太史丞	
太史上士	春官馮相上士中士
太史丞 太史少監 太史少令	
司天臺少監	春官夏官秋官冬官中官正
太史丞	春官夏官中官秋官冬官正
太史丞	五官正
司天臺少監	
太史院同知 太史院僉院 司天少監	春官正兼夏官正 秋官正兼冬官正 中官正 算曆科管勾 測驗科管勾
欽天監監副	春夏中秋冬官正

五官司書	天文科五官靈臺郎
周司曆	周保章氏中士保章氏下士
治曆	靈臺待詔
治曆郎	靈臺丞
	魏靈臺丞
典曆	靈臺丞
典曆	靈臺丞
典曆	
典曆	靈臺丞
	春官保章上士中士
太史司曆	
五官司曆	五官靈臺郎
印曆所監官	靈臺郎
司曆	靈臺郎
司天管勾	
掌曆印曆管勾	靈臺郎天文科管勾
五官司曆	五官靈臺郎

五官監候	漏刻科五官挈壺正
	周挈壺氏下士太卜下大夫
	太卜
太史望郎典星候星	太卜令
太史候星候日候風候氣等待詔	太卜令
魏望候郎候部郎	
望候郎候部郎	
	漏郎將
	太卜丞
	太卜下大夫小卜上士
太史監候	
五官監候	五官挈壺正太上署令
	挈壺正
司天監候	挈壺正
太史院監候	挈壺正漏刻科管勾
五官監候	五官挈壺正

五官司辰	博士
	太史博士　太卜博士
司辰師	天文博士　漏刻博士　曆博士
五官司辰	漏刻博士　卜博士
司辰	漏刻博士
司辰郎	
五官司辰	漏刻博士

主簿廳主簿	天文生陰陽生	筆帖式
		太史掌故
	太史曹生員天生觀生漏刻生	
司天臺主簿		
	司天監生太史局生	
司天監主簿		
司天臺判官	司天臺學生	
太史院經曆太史院都事司天臺知事	天文生	太史院譯史司天監譯史
欽天監主簿	天文生陰陽人	

欽天監

國朝官制

欽天監監正滿洲一人西洋一人(初制滿洲四品康熙六年改為三品九年定俱為正五品)監副滿洲漢人各一人左右監副各西洋一人(初制滿洲五品康熙六年改為四品九年定俱為正六品)

掌測候推步之法觀察星辰稽定節序占天象以授人時所屬有時憲天文漏刻三科初順治元年設欽天監監正等官皆以漢人除授康熙四年定置滿洲漢人監正各一員滿洲漢人左右監副各二員八年以西洋人充漢監正員額尋又增置西洋監副一員雍正三年以西洋人實授監正乾隆十八年省監副滿洲漢人員額各一增置西洋左右監副為二員其

總理監務王大臣自乾隆十年以來始置皆由

特簡無定員

時憲科五官正滿洲二人蒙古二人春夏中秋冬五官正漢人各一人秋官正漢軍一人(俱從六品)五官司書漢人一人(正九品)博士滿洲一人漢軍二人蒙古二人

漢人十有六人從九品掌推天行之度驗歲差以均節氣凡時憲書之以國書蒙古文譯布者滿洲蒙古五官正司之推算日月交食七政相距衡退留伏交宮同度等事漢人五官正司之推驗日月五星相距等事漢軍秋官正司之校刊時憲書以頒四方五官司書司之博士歲以漢人二人直譙樓視更鼓之節餘各從其長以分典厥事五官正滿洲蒙古漢人員額俱康熙四年定又初沿明制設有回回科順治初裁革以其職改隸漢軍秋官正五官司書初置二人康熙十四年省一人博士初置滿洲蒙古共六人不分員額徐授又漢軍三人漢人三十六人康熙四年省漢人博士十有四人五年復增設漢人博士二人乾隆四十七年定置滿洲博士四人蒙古博士二人皆分隸三科焉

天文科五官靈臺郎滿洲二人蒙古一人漢軍一人漢人四人從七品五官監候漢人一人正九品博士滿洲三人漢人二人

掌眂天象之垂書雲物以協歲占每日以滿洲漢人官各一人率天文生

十有五人登觀象臺攷儀器以窺乾象每時以四人分觀四方晝夜輪直

凡八節風占及雲氣流星諸象當奏者送監密題以

聞五官靈臺郎初置滿州蒙古共三人不分員額除授乾隆四十七年定置滿

洲二人蒙古一人漢軍漢人靈臺郎及五官監候各員額俱康熙四年定

又原設漢人五官保章正二人康熙十四年省

漏刻科五官挈壺正滿洲蒙古各一人漢人二人從八品五官司晨漢軍一人從九品

博士漢人六人

掌調壺占測中星審緯度相陰陽以諏時日而卜營建焉五官挈壺正初

置滿洲蒙古共二人不分員額除授乾隆四十七年定置滿州一人蒙古

一人漢人挈壺正員額康熙四年定五官司晨初置漢軍漢人各一人康

熙十四年省漢人員額

主簿廳主簿滿洲漢人各一人正八品

掌章奏文移簿籍員額康熙四年定

食俸天文生滿洲蒙古十有六人漢軍八人漢人二十四人食糧天文生漢人五十六人食糧陰陽生漢人十人

滿洲蒙古漢軍天文生俱以算學生選充視筆帖式食俸漢人天文生陰陽生以算學生暨肄業生選充食俸者視從九品食糧者亦以九品頂帶給之均與世業子弟分班補用天文生分隸三科各司推算觀候之事陰陽生隸漏刻科主譙樓直更監官以時攷其術業而進退之

筆帖式滿洲十有一人蒙古四人漢軍二人

筆帖式員額俱康熙四年定職事見吏部篇

歷代建置

三代

（春秋左氏傳）郯子曰我高祖少皞摯之立也鳳鳥適至故紀於鳥爲鳥師而鳥名鳳鳥氏曆正也玄鳥氏司分者也伯趙氏司至者也青鳥氏司

啓者也丹鳥氏司閉者也〔杜預注〕鳳鳥知天時故以名官玄鳥燕也伯趙伯勞也青鳥鶬鴳也丹鳥鷩雉也上四鳥皆曆正之屬官

〔國語楚語〕少昊氏之衰九黎亂德人神雜擾顓頊受之乃命南正重司天以屬神火正黎司地以屬民使復舊常無相侵瀆其後堯復育重黎之後不忘舊者使復典之以至于夏商

〔尚書堯典〕乃命羲和欽若昊天曆象日月星辰敬授人時

〔孔安國傳〕重黎之後羲氏和氏世掌天地四時之官〔孔穎達疏〕少昊五鳩氏即周世卿官別有鳳鳥氏爲曆正班在五鳩之上是上代以來皆重曆數故知堯於卿官之外別命羲和掌天地於時羲和似尊於諸卿後世以來稍益卑賤周禮太史即古羲和之任也

謹案史記封禪書稱黃帝迎日推策而左傳所紀少昊時有司分至啓閉之官嗣後顓頊命重黎帝堯命羲和說者謂羲即重之後和即黎之後世掌天地蓋古聖人奉若天道大戴禮記所謂慎守日月之數以察

星辰之行序四時之順逆者其事甚鉅故特重其官皆以上卿掌之亘以撫辰凝績人道正而萬事成實王政之最大者自後世算家但工術數司馬遷至謂文史星曆近乎卜祝之間而其職乃視上古較輕矣今採掇唐虞以前經傳所徵信者錄冠三代之首以明敬天授時其所從來者遠也

〔尚書胤征〕羲和廢厥職酒荒于厥邑〔孔安國傳〕羲氏和氏自唐虞至三代世職不絕

〔呂氏春秋〕夏大史令終古出其圖法如商

〔禮記曲禮〕天子建天官先六大曰大史〔鄭康成注〕此蓋殷時制也

〔淮南子氾論訓〕殷大史令向藝先歸文王

〔周禮春官〕大史下大夫二人上士四人府四人史八人胥四人徒四十人掌建邦之六典正歲年以序事頒之于官府及都鄙頒告朔于邦國太史抱天時與太師同車〔鄭康成注太史日官也〕馮相氏中士二人下士四人府二人

史四人徒八人掌十有二歲十有二月十有二辰十日二十有八星之位辨其敘事以會天位冬夏致日春秋致月以辨四時之敘（鄭康成注）馮乘也相視也世登高臺以視天文之次序　保章氏中士二人下士四人府二人史四人徒八人掌天星以志星辰日月之變動以觀天下之遷辨其吉凶以星土辨九州之地所封封域皆有分星以觀妖祥以十有二歲之相觀天下之妖祥以五雲之物辨吉凶水旱降豐荒之祲象以十有二風察天地之和命乖別之妖祥凡此五物者以詔救政訪序事（鄭康成注）保守也世守天文之度

（周禮夏官）挈壺氏下士六人掌挈壺（鄭康成注）縣壺以為漏

（禮記月令）乃命太史守典奉法司天日月星辰之行宿離不貸（鄭康成注）太史禮官之屬離讀如儷偶之儷宿儷謂其屬馮相氏保章氏掌天文者相與宿偶當審候伺不得過差也

謹案周太史為史官及日官之長故後世典祕書及天文者皆以為出於太史之職然記言記動有內史外史以分任之而太史明於天道所掌在建典辨法並不司典籍策書實與今翰林不同惟其正歲年頒告

朔正如今之造時憲書以頒行四方故與欽天監職掌較爲相合漢魏以來置太史曹監局以掌天時星算其源流蓋出於此至魯語稱太史司載糾虔天刑韋昭注云載天文也司天文謂馮相保章氏蓋此二官皆太史之屬分治術數太史不過總攬綱維而已孔穎達月令正義謂馮相氏主日月五星年氣節候推步遲疾審知所在之處若今之司曆主其算術保章守天之文章謂度數失常妖孼吉凶所在若今天文家惟主變異其言最爲明晰以今制相準馮相氏當如今之時憲科而保章氏則如今之天文科也

（周禮春官）太卜下大夫二人掌三兆之法三易之法三夢之法以邦事作龜之八命卜師上士四人卜人中士八人下士十有六人掌開龜之四兆占人下士八人掌占龜以八簭占八頌簭人中士二人掌三易以辨九簭之名

謹案周以前重卜筮國有大事所以決疑求正故特設官以掌之而以

太卜爲之長秦漢以降亦有太卜令隸屬太常但後世龜策既廢改用式占官民通用由來已久周禮太史抱天時與太師同車鄭司農云抱式以知天時是卽三式之法所自始太乙六壬遁甲謂之三式雖爲術各別而審陰陽生剋以定吉凶則初無二義今凡一切禮儀營建之事皆由欽天監漏刻科選擇日時審度嚮背蓋亦猶周太卜之職也

〔春秋左氏傳〕天子有日官諸侯有日御日官居卿以底日禮也日御不失日以授百官於朝〔服虔注〕日官日御典曆數者也居卿者使卿居其官以主之重曆數也李華云天子日官則史佚史扁是也諸侯日御則裨竈子韋是也

〔春秋左氏傳〕十一月乙亥朔日有食之辰在申司曆過也再失閏矣〔孔穎達疏〕魯之司曆漸失其閏

謹案日官日御皆司天之職故鄭康成以爲卽周禮之太史後漢書張衡傳衡復爲太史令曰曩滯日官今又原之其義與鄭氏相同史記有日者列傳當亦因日官主日故善卜者因以爲名也至古之典天文算

數者皆世業相傳重黎羲和歷代備職周官馮相保章賈公彥亦謂世守其法故名官曰氏史記則謂之疇人蓋卽管子所謂人與人相疇家與家相疇乃習爲常業之意周末喪亂其子弟雖分散四方而史記封禪書載有周太史儋見秦獻公論周秦離合之事則其職亦未爲盡失矣

秦

（杜佑通典）秦爲太史令胡毋敬之爲太史令作博學七章

漢

（漢書百官公卿表）太常屬官有太史令丞

（漢書司馬遷傳）父談爲太史公（注）如淳曰漢儀注太史公武帝置位在丞相上天下計書先上太史公副上丞相遷死後宣帝以其官爲令行太史公文書而已師古曰談爲太史令遷尊其父故謂之公如說非也晉灼曰百官表無太史公在丞相上又衞宏所說多不實未可以爲正

（史記太史公自序）談卒三歲而遷爲太史令司馬貞索隱博物志太史令茂陵顯武里大夫司馬遷年二十八三年六月乙卯除六百石也

（王應麟玉海）茂陵中書談以太史丞爲太史令

（漢書律曆志）武帝詔典星射姓師古曰姓射名姓也等造漢曆姓奏不能爲算乃選治曆鄧平及長樂司馬可酒泉侯宜君等凡二十餘人都分天部遂用鄧平曆以平爲太史丞後太史令張壽王上言宜更曆詔下主曆使者鮮于妄人詰問壽王不服妄人請與治曆大司農中丞麻光等雜候鉤校奏可

（劉知幾史通）自古太史之職雖有述著爲宗而兼掌曆象日月陰陽氣數司馬遷旣沒後之續史記者褚先生劉向馮商揚雄之徒並以别職來知史務於是太史之署非復記言之司故張衡單颺王立高堂隆等其當官見稱惟知占候而已

謹案漢書百官表不載太史令祿數而博物志稱司馬遷爲令六百石

漢書律曆志載丞相御史劾太史令張壽王吏八百石古之大夫是昭宣以後已漸增其秩然皆未及千石亦足見漢儀注所言位在丞相上者爲不可信矣至典星治曆乃漢官儀所謂待詔皆屬於太史令漢書天文志元光中天星搖聞候星者西域傳武帝詔太史治星望氣皆以爲吉蓋卽其職而主曆使者治曆大司農中丞等官則以他官兼領此事正如今總理監務之大臣也

（後漢書百官志）太史令一人六百石掌天時星曆凡歲將終奏新年曆凡國祭祀喪娶之事掌奏良日及時節禁忌凡國有瑞應災異掌記之丞一人明堂及靈臺丞一人二百石二丞掌守明堂靈臺靈臺掌候日月星氣皆屬太史

（劉昭後漢書志注）漢官儀曰太史待詔三十七人其六人治曆三人龜卜三人廬宅四人日時三人易筮二人典禳籍氏許氏典昌氏各三人嘉法請雨解事各二人醫一人靈臺待詔四十二人其十四人候星二人候

日三人候風十二人候氣三人候晷景七人候鐘律一人舍人

〔玉海〕漢太史有望郎三十人掌故二十人

〔後漢書律曆志〕元和元年待詔候鐘律殷彤元和二年治曆編訢李梵永平九年太史待詔董萌張隆永元中典星待詔姚崇幷畢等熹平中治曆郎梁國宗整太史治曆郎中郭香劉固舍人馮恂等

〔通典〕秦漢以來太史之任葢倂周之太史馮相保章三職

謹案後漢太史丞始分太史靈臺爲二職今時憲天文各爲一科蓋本于此至待詔職員甚多如典星治曆候鐘律望氣舍人之類皆見于前後漢書其或稱治曆郎及治曆郎中乃是爲郎而待詔者耳並非別有是官後漢書注引袁山松書劉洪以校尉應太史徵拜郎中所云太史徵者卽謂徵至太史爲待詔蓋當時司天之職多由辟舉故待詔之爲於其術者亦得轉爲令丞如鄧平以治曆待詔爲太史丞是也

〔漢書百官公卿表〕太常有太卜令丞武帝太初元年初置

（唐六典）漢武置太卜博士

（後漢書百官志）太常有太卜令六百石後省并太史

（史記龜策列傳）高祖時因秦太卜雖父子疇官世世相傳其精微深妙多所遺失至今上（謂武帝）即位博開藝能之路數年之閒太卜大集

（史記日者列傳）褚先生曰臣爲郎時與太卜待詔爲郎者同舍言曰孝武時聚會占家有五行堪輿建除叢辰曆天人太乙家制曰以五行爲主

謹案秦漢因周制別置太卜官至後漢而省并太史故後漢志載太史職守有祭祀喪娶之事掌奏良日一節而漢官儀所記太史待詔亦有龜卜廬宅時日諸科蓋卽太卜所司併入太史者今欽天監兼主選擇是其例也

三國

（三國蜀志後主傳）景耀元年史官言景星見

謹案陳壽作後主傳評稱國不置史注記無官而傳中又有史官言景

星見事蓋當時所闕者載筆之職而太史令之主天文者則依舊備官

晉書律曆志稱劉氏在蜀仍漢四分曆亦可知日官推步之法固未嘗廢矣

（晉書律曆志）魏文帝黃初中太史令高堂隆太史丞韓翊

（晉書天文志）明帝太和初太史令許芝

（裴松之三國志注）太史上漢曆不及天時更爲太和曆詔高堂隆與尚書郎楊偉太史待詔駱祿參共推校

（唐六典）魏太史令吏員有望候郎二十人候部郎十五人掌候天文有靈臺丞主候望頒曆

（三國魏志周宣傳）宣占夢十中八九文帝以爲中郎屬太史

謹案魏太史有令丞及待詔大抵皆與漢制相同其周宣以中郎屬太史亦即待詔之職也

（三國吳志吳範傳）懽以範爲騎都尉領太史令

〔三國吳志韋曜傳〕孫亮即位曜爲太史令

〔三國吳志劉惇傳〕太史丞公孫滕

〔隋書天文志〕三國時吳太史令陳卓始列甘氏石氏巫咸三家星官著於圖錄

謹案吳因漢制有太史令丞而吳範以騎都尉領太史令則當如今之兼管監事又裴松之三國志注載孫權呼知星者問分野星氣孫皓時望氣者云荊州有王氣是吳靈臺所屬尙當有候星候氣諸待詔蓋猶沿漢之舊也

晉

〔晉書百官志〕太常統太史令太史又別置靈臺丞

〔唐六典〕晉太史令品第七秩六百石銅印墨綬進賢一梁冠絳朝服丞一人秩二百石太史吏員有典曆四人望候郎二十人候部吏十五人江左高鑾以侍中陳卓以義熙守吳道欣以殿中侍御史兼領太史

謹案自漢末以天文爲祕學專門授受具有源流故雖十六國瓜分雲擾之時而爲日官者尚多能工其術史傳所載如漢有太史令宣于修之康相弁廣明臺產趙有太史令趙攬前秦有太史令康權前燕有太史令黃泓南燕有太史令成公綏北燕有太史令閔盛前涼有太史令賈曜郭黁後涼有太史令劉梁張衍皆以占候著名亦其一時風尚所在也

宋齊梁陳

（宋書百官志）太史令一人丞一人掌三辰時日祥瑞妖災歲終則奏新曆

（南齊書百官志）太史令一人丞一人

（隋書百官志）梁太常統太史令丞太史別有靈臺丞

（通典）太史宋齊並屬太常梁陳亦同

（唐六典）梁陳太史丞三品勳位宋齊梁陳皆有靈臺丞典曆史闕其員

品

（宋書律曆志）元嘉二十年何承天奏漏刻改用二十五箭請臺勤漏郎

將考驗施用

謹案漏郎將沈約百官志無此官蓋郎將之司漏刻者如今挈壺正之

職也

北魏

（魏書術藝傳）魏太祖太宗時太史令王亮蘇坦高祖時太史令趙樊生

並知天文後太史趙勝趙翼趙洪慶胡世榮胡法通等二族世掌天官

（冊府元龜）後魏太史丞史失其品

（魏書官氏志）太史博士太卜博士太常日者從第七品下太史助教第

九品中

（魏書太祖紀）今天賜三年占授著作郎王宜弟造兵法孤虛立成圖三

百六十時

〔唐六典〕後魏有典曆史闕其員品

謹案魏書官氏志不言太史所隸而册府元龜則繫之祕書監下今攷魏祕書有鍾律占授諸郎皆與太史職事相連故律曆志載上谷張明豫以鐘律郎擢爲太史令疑當時太史已屬祕書省册府元龜或當有所據也

北齊

〔隋書百官志〕後齊太常統太史署令丞掌天文地動風雲氣色律曆卜筮等事太史兼領靈臺太卜二局丞靈臺掌天文觀候太卜掌諸卜筮

〔唐六典〕北齊有典曆史闕其員品

謹案隋志稱後齊武平中有廣平人劉孝孫張孟賓二人同知曆事並無官號蓋猶漢之以知星人待詔太史者也

後周

〔通典〕後周官品正五命春官太史中大夫正四命春官太卜下大夫正

三命春官馮相保章小卜等上士正二命春官馮相保章等中士

（唐六典）後周春官府置太史中大夫一人掌曆家之法

謹案隋書庾季才傳季才在周武帝時以車騎大將軍儀同三司遷爲太史其職甚重蓋當時六官並建故太史爲中大夫次於六卿非前代之隸屬太常者比也至隋書律曆志有周太史上士馬顯保章上士任悦在隋初議曆事而通典載周官品獨不及太史上士之職殊爲闕略又隋書來和傳稱和在周爲少卜上士而通典作小卜亦微有不同

隋

（隋書百官志）高祖置祕書省領太史曹置令丞各二人司曆二人監候二人其曆天文漏刻視祲各有博士及生員太史令從七品太史丞正九品太史監候太史司曆從九品左右武候府置司辰師四人漏刻生一百一十人司辰師正九品煬帝三年改太史局爲監進令階爲正五品又減丞爲一人置司辰師八人增置監候十人其後又改監少監爲令少令

〔唐六典〕隋改典曆爲司曆取左傳司曆爲名天文博士掌教習天文氣色天生觀生掌晝夜在靈臺伺候天文氣色漏刻博士掌教漏刻生漏刻生掌習漏刻之節以時唱漏

謹案隋以太史屬祕書蓋本周禮史官日官同職之意其司辰監候諸職亦皆昉於隋而至今沿之至隋書所載如庾季才以通直散騎常侍領太史令張胄元以員外散騎侍郎領太史令蓋皆如今之加銜留任而胄元初以雲騎尉直太史參議律曆事則如漢之待詔唐初以李淳風直太史尚循其例又律曆志有曆助教傅儁成珍等而百官志無此職殆暫置卽罷故史文從略歟

唐

〔舊唐書百官志〕司天臺舊太史局隸祕書監龍朔二年改爲祕閣局久視元年改爲渾儀監景雲元年改爲太史監復爲太史局隸祕書乾元元年三月十九日敕改太史監爲司天臺改置官屬舊置於子城內祕書省

西今在永寧坊東南角也

〔通典〕大唐初改監爲局置令龍朔元年改太史局爲祕書閣改令爲郎中丞爲祕書閣郎咸亨初復舊久視元年改爲渾天監不隸麟臺改令爲監置一人其年又改爲渾儀監長安二年復爲太史局又隸麟臺其監復爲大史局令置二人景龍二年復改局爲監而令名不易不隸祕書開元二年復改令爲監改一員爲少監十四年復爲太史局置令二人復隸祕書後又改局爲監乾元元年又改其局爲司天臺掌天文曆數風雲氣色有異則密封以奏

〔舊唐書肅宗本紀〕乾元元年三月太史監爲司天臺取永寧坊張守珪宅置仍補官員六十人

〔新唐書百官志〕司天臺監一人正三品少監二人正四品上丞一人正六品上主簿二人正七品上主事一人正八品下監掌察天文稽曆數凡日月星辰風雲氣色之異率其屬而占有通元院以藝學召至京師者居

之凡天文圖書器物非其任不得與焉每季錄祥眚送門下中書省紀于起居注歲終上送史館歲頒曆于天下○春官夏官秋官冬官中官正各一人正五品上副正各一人正六品上掌司四時各司其方之變異冠加一星珠以應五緯衣從其方色元日冬至朔望朝會及大禮各奏方事而服以朝見○五官保章正二人從七品上五官監候三人正八品下五官司曆二人從八品上掌曆法及測景分至表準○五官靈臺郎各一人正七品下掌候天文之變五官挈壺正二人正八品上五官司辰八人正九品上漏刻博士六人從九品下掌知漏刻凡孔壺爲漏浮箭爲刻以考中星昏明更以擊鼓爲節點以擊鐘爲節

（唐六典）隋置司辰師唐朝因之貞觀元年除師字長安四年始置挈壺正省曆博士置保章正以當之省天文博士置靈臺郎以當之

（舊唐書職官志）太卜署令一人從八品下丞一人正九品卜正二人從九品下卜博士二人從九品下掌卜筮之法辨其象數通其消息以定吉凶

謹案唐司天官屬唐六典及舊唐書職官志新唐書百官志員名多寡互有不同蓋六典所載乃開元中舊制故尚稱太史局未有司天臺之名舊志所載則乾元新改之制故其官額尚多至六十人惟新志所載自監以下諸官共三十七人乃後來增損定式宜據以爲準今故著之於篇而六典舊志則僅節取其沿革大略而已至太史局本屬祕書省自改司天臺以後已別爲一署無所隸屬與唐初之制殊矣

五季

（五代史馬重績傳）晉有天下拜重績太子右贊善大夫遷司天監天福三年重績創新法以唐天寶十四載乙未爲上元雨水正月中氣爲氣首詔下司天監趙仁琦張文皓等考覆得失乃下詔班行之

（五代史趙延義傳）延義事周爲太府卿判司天監

謹案五季制度率陋惟司天監所掌算數猶未失其官故馬重績等皆以術顯觀重績上新法而趙仁琦等爲之考覆其職皆司天監則當時

所設殆不止一員特史文不備無由知其詳耳又晉高祖本紀載天福三年九月己未歸司天雞叫學生殷暉於契丹其名亦未經見攷唐六典挈壺正下有漏刻典事十六人漏刻生三百六十人典鐘二百八十人典鼓一百六十人則雞叫學生當卽漏刻生之掌報昏曉者也

宋

〔宋史職官志〕太史局掌測驗天文攷定曆法凡日月星辰風雲氣候祥眚之事日具所占以聞歲頒曆于天下則預造進呈祭祀冠昏及大典禮則選所用日其官有令有正有春官夏官中官秋官冬官正有辰有直長有靈臺郎有保章正其判局及同判則選五官正以上業優攷深者充保章五年直長至令十年一遷惟靈臺郎試中乃遷而挈壺正無遷法其別局有天文院測驗渾儀刻漏所掌渾儀臺晝夜測驗辰象○鐘鼓院掌文德殿鐘鼓樓刻漏進牌之事○印曆所掌雕印曆書南渡後並同隸祕書省長貳丞郎輪季點檢

（章俊卿山堂考索）宋初置司天監以他官兼判又有同判之名以朝官充元豐官制行置太史令總一局之事而正與丞爲之貳

（宋史律曆志）熙寧閒司馬光沈括皆嘗提舉司天監

（李心傳建炎以來朝野雜記）提舉太史局者舊率以近臣兼之熙豐閒司馬公王和甫繼居是任後不復置紹興五年十月復置以命辟象先明年何自然以非舊典爲言遂罷去太史局日官舊止於五官正孝宗時始增春夏秋冬中五官大夫

（沈括夢溪筆談）國朝置天文院於禁中設漏刻觀天臺銅渾儀皆如司天監與司天監互相檢察每夜天文院具有無謫見雲物禨祥及當夜星次須令於皇城門未發前到禁中門發後司天占狀方到以兩司奏狀對勘以防虛僞近歲皆是陰相計會符同寫奏習以爲常其來已久中外具知之不以爲怪其日月五星行次皆只據小曆所算躔度謄奏不曾占候有司但備員苟祿而已熙寧中予領太史嘗案發其欺免官者六人未幾

其弊復如故

謹案宋志載英宗時有司天監生石道陳遘南渡後有太史局生阮與

祖蓋即如今之天文生也

遼

〔遼史百官志〕司天監有太史令有司曆靈臺郎挈壺正五官正丞主簿

保章正監候司辰刻漏博士典鐘典鼓

謹案遼史百官志所載南面朝官大都皆以唐制準之非必盡有實證

惟司天一監穆宗紀應曆十一年有司天王白李正等進曆事景宗紀

保寧九年有司天奏日當食不虧事其職掌皆可攷見可知靈臺官守

猶未失也

金

〔金史百官志〕司天臺提點正五品監從五品掌天文曆數風雲氣色密

以奏聞少監從六品判官從八品教授舊設二員正大初省一員係籍學生七十

六人漢人五十人女直二十六人試補長行司天管勾從九品不限資攷員數隨科十人設一員以藝業尤精者充長行人五十人未授職事者試補管勾天文科女直漢人各六人算曆科八人三式科四人測驗科八人漏刻科二十五人銅儀法物舊在法物庫貞元二年始付本臺右屬祕書監

元

（元史百官志）太史院秩正三品掌天文曆數之事至元十五年始立院置太史令等官一員至大元年陞從二品設官十員延祐三年陞正二品設官十五員後定置院使五員正二品同知二員正三品僉院二員從三品同僉二員正四品院判二員正五品經歷一員從五品都事一員從七品管勾一員從九品令史三人譯史一人知印二人通事一人宣使二人典吏二人春官正兼夏官正一員正五品秋官正兼冬官正中官正一員正五品保章正五員正七品保章副五員正八品掌曆二員正八品腹裏印曆管勾一員從九品各省司曆十二員正九品印曆管勾二員從九品靈臺郎一員正七品監候六員從八品副監候六員正九品星曆生四十

四員挈壺正一員從八品司辰郎二員正九品燈漏直長一人教授一員從八品學正一員從九品校事郎二員正八品〇司天監秩正四品掌凡曆象之事提點一員正四品司天監三員正四品少監五員正五品丞四員正六品知事一員令史二人譯史一人通事兼知印一人屬官提學二員教授二員並從九品學正二員天文科管勾二員算曆科管勾二員三式科管勾二員測驗科管勾二員漏刻科管勾二員並從九品陰陽管勾一員押宿官二員司辰官八員天文生七十五人中統元年因金人舊制立司天臺設官屬至元八年以上都承應闕官增置行司天監十五年別置太史院與臺並立頒曆之政歸院學校之設隸臺二十三年置行監二十七年又立行少監皇慶元年陞正四品延祐元年特陞正三品七年仍正四品〇回回司天監秩正四品掌觀象衍曆提點一員司天監三員少監二員監丞二員品秩同上知事一員令史二員通事兼知印一人奏差一人屬官教授一員天文科管勾一員算曆科管勾一員三式科管勾一

員測驗科管勾一員漏刻科管勾一員陰陽人一十八人世祖在潛邸時有旨徵回回爲星學者扎馬里鼎原作扎瑪剌丁今依字面改正等以其藝進未有官署至元八年始置司天臺秩從五品十七年置行監皇慶元年改爲監秩正四品延祐元年陞正三品置司天監二年命祕書卿提調監事四年復正四品

〔元史郭守敬傳〕守敬拜昭文館大學士知太史院事大德七年詔內外官年及七十並聽致仕獨守敬不許其請自是翰林太史司天官不致仕定著爲令

謹案元代太史院與司天監並立然推步測算之事皆歸太史院司天監特備官而已至回回星學始見於唐之九執曆元則有扎瑪里鼎作萬年曆遂特設回回司天監以傳衍其術明亦別置回回科與大統參用迨

本朝順治二年以西洋監正湯若望奏請裁撤回回科今漢軍秋官正專

司日月五星相距等事蓋猶其舊職也

明

（明史職官志）欽天監監正一人正五品 監副二人正六品 其屬主簿廳主簿一人正八品 春夏中秋冬官正各一人正六品 五官靈臺郎八人從七品後革四人 五官保章正二人正八品後革一人 五官挈壺正二人從八品後革一人 五官監候三人正九品後革一人 五官司曆二人正九品 五官司晨八人從九品後革六人 漏刻博士六人從九品後革五人 監正副掌察天文定曆數占候推步之事凡日月星辰風雲氣色率其屬而測候焉有變異密疏以聞凡習業分四科曰天文曰漏刻曰回回曰曆自五官正下至天文生陰陽人各分科肄業每歲冬至日呈奏明歲大統曆成化十五年改頒明歲曆於十月朔日 送禮部頒行其御覽月令曆七政躔度曆六壬遁甲曆四季天象錄並先期進呈凡曆注御曆注三十事如祭祀頒詔行幸等類 民曆三十二事壬遁曆七十二事凡祭日前一年會選以進移知太常凡營建征討冠婚山陵之事則選地而擇日立春則預候氣於東郊大朝

賀於文樓設定時鼓漏刻報時司晨雞唱各供其事日月交食先時算其分秒時刻起復方位以聞下禮部移內外諸司救之仍按占書條奏若食不及一分與回回曆雖食一分以上則奏而不救監官毋得改他官子孫毋得徙他業乏人則移禮部訪取而試用焉五官正推曆法定四時司曆監候佐之靈臺郎辨日月星辰之躔次分野以占候天文之變觀象臺四面面四天文生輪司測候保章正專志天文之變定其吉凶之占挈壺正知刻漏孔壺為漏浮箭為刻以考中星昏旦之次漏刻博士定時以漏換時以牌報更以鼓警晨昏以鐘鼓司晨佐之明初即置太史監設太史令通判太史監事僉判太史監事校事郎五官正靈臺郎保章正副挈壺正掌曆管勾等官以劉基為太史令吳元年改監為院秩正三品院使正三品同知正四品院判正五品五官正正六品典簿兩暘司時敘郎紀候郎正七品靈臺郎保章正正八品副從八品掌曆管勾從九品洪武元年徵元太史張祐張沂等十四人改太史院為司天監設監令一人正三品少監二人正四品監丞一人正六品主簿一人正七品主事一人正八品五官正五人正五品五官副五人正六品靈

臺郎二人正七品保章正二人從七品監候三人正八品司辰八人正九品漏刻博士六人從九品又置回回司天監設監令一人正四品少監二人正五品監丞二人正六品徵元回回司天監鄭阿里滿洲語承受也今仍原文等議曆三年改司天監爲欽天監四年詔監官職專司天非特旨不得陞調又定監官散官監令正儀大夫少監分朔大夫五官正司元大夫監丞靈臺郎五官保章正平秩郎五官靈臺郎司正郎五官挈壺正挈壺郎十四年改欽天監爲正五品設令一人丞一人屬官五官正以下員數如前所列俱從品級授以文職散官二十二年改令爲監正丞爲監副三十一年罷回回欽天監以其曆法隸本監明初又置稽疑司以掌卜筮未幾罷洪武十七年置稽疑司設司令一人正六品左右丞各一人從六品屬官司筮正九品無定員尋罷

謹案自堯命羲和舜察璣衡觀象授時爲王政之首務然上古日官雖立而測驗尚疏觀禮記曾子問所稱朝聘祭祀已入廟內而不得成禮者日食居其一與雨霑服失容一例是待其既食而後知非預爲推算也春秋時史官失職置閏無法食或違朔兩紀日南至先天者二三日

說者謂梓愼裨竈史墨之徒長于機祥短於推步漢初猶踵行之東漢
末迄隋唐漸有改更而交食往往不驗至明代而承用元之授時法者
二百七十餘年氣朔漸差獻議者紛紛請改而臺官拘泥舊聞當事憚
于改作其時甌羅巴法已入中土徐光啓等講求雖切終未施行
國家法天齊政首定時憲書頒行寓內
聖祖仁皇帝生知天縱達象緯之本原探河洛之妙奥攷定成法勒爲謨典
御製曆象考成律呂正義數理精蘊諸書無不包括會通發千古未發之祕鑰
分毫不爽密合天行
皇上復命諸臣續加討論
欽定律呂正義曆象考成後編及天文正義協紀辨方儀象考成諸書博大
精深推闡愈密洵足正百代之舊章貽萬世之成憲唐虞以來蓋至今
日而範圍莫越矣

欽定歷代職官表卷三十六

太醫院表

	太醫院院使
三代	周醫師上士
秦	太醫令
漢	太醫令 太醫監
後漢	太醫令 尚藥監
三國	魏太醫令
晉	太醫令
宋齊梁陳	太醫令
北魏	太醫令
北齊	尚藥典御 尚藥監 中尚藥典御 太醫令
後周	太醫下大夫
隋	太醫令 尚藥奉御
唐	尚藥奉御 奉醫大夫 太醫署令
五季	翰林醫官使
宋	醫官院使 判太醫局
遼	太醫局都林牙 太醫局使
金	太醫院提點 太醫院使
元	提點太醫院 太醫院使
明	太醫院使

左右院判	御醫
周疾醫中士	周醫師下士
太醫丞	侍醫
太醫丞	侍醫 醫待詔
太醫藥丞 太醫方丞	
魏太醫丞	
太醫丞	
太醫丞 中藏藥丞	御師
	尚藥局侍御師
尚藥局丞 太醫丞	尚藥局侍御師
小醫下大夫	小醫上士 中士
尚藥直長 太醫署丞	尚藥局侍御醫 尚藥局醫師 太醫署醫師
尚藥直長 太醫署丞	尚藥局侍御醫
醫官院副使 太醫局丞	醫官 醫學祗候
太醫局副使	
太醫院副使	正奉上太醫 副奉上太醫
太醫院副使 太醫院同知 太醫院籤院 太醫院同籤 太醫院防判	
太醫院院判	御醫

吏目	醫士
	醫工長
太醫正	
太醫博士 太醫助教	
醫正 上士 中士 下士	主藥下士
醫博士 醫助教	太醫署主藥
太醫正 醫博士 醫助教	尚藥局主藥 尚藥局司醫 太醫署主藥
太醫局教授	
太醫院管勾	長行太醫
太醫院經歷 太醫院都事	
太醫院吏目	

醫員

員醫

醫佐

尚藥局醫佐 太醫署醫工 太醫署醫生

九科醫生 三科學生

十三科醫生

太醫院

國朝官制

太醫院院使漢人一人（正五品） 左右院判漢人各一人（正六品）

掌醫之政令率其屬以供醫事員額順治元年定

御醫十有五人（初定正八品雍正七年升爲七品用六品冠帶） 吏目三十人（八品九品各十五人） 醫士四十人（用從九品冠帶） 醫員三十人（以上俱漢人員額）

掌九科之法以治疾曰大方脈小方脈傷寒科婦人科瘡瘍科鍼灸科眼科口齒科正骨科自院使至醫士皆以所業專科分班侍直給事宮中者曰宮直給事外廷者曰六直宮直於各宮外班房六直於東藥房各以其次更代供使令焉順治元年初設御醫十人吏目三十人豫授吏目十人醫士二十人十八年省吏目二十人並省豫授吏目員額康熙九年復置吏目豫授吏目各十人十四年省吏目十人三十一年又省豫授吏目六十一年增置醫士二十人雍正元年復增置吏目十人改豫授吏目爲吏

目七年增御醫五人八年吏目改爲八品九品者各十五人增置食糧醫員三十人又有効力醫生無定員掌炙製之法以治藥院使攷其術而進退之又設教習廳簡御醫吏目之能者二人爲教習以課醫人習醫焉

歷代建置

三代

（周禮天官）醫師上士二人下士四人府二人史二人徒二十人掌醫之政令聚毒藥以供醫事凡邦之有疾病者有疕瘍者造焉則使醫分而治之歲終則稽其醫事以制其食十全爲上十失一次之十失二次之十失三次之十失四爲下（鄭康成注醫師衆醫之長）食醫中士二人掌和王之六食六飲六膳百羞百醬八珍之齊凡食齊眡春時羹齊眡夏時醬齊眡秋時飲齊眡冬時凡和春多酸夏多苦秋多辛冬多鹹調以滑甘凡會膳食之宜牛宜稌羊宜黍豕宜稷犬宜粱雁宜麥魚宜苽凡君子之食恆放焉疾醫中士八人掌養萬民之疾病四時皆有癘疾春時有痟首疾夏時有癢疥疾秋

時有瘧寒疾冬時有嗽上氣疾以五味五穀五藥養其病以五氣五聲五色眡其死生兩之以九竅之變參之以九藏之動凡民之有疾病者分而治之死終則各書其所以而入于醫師瘍醫下士八人掌腫瘍潰瘍金瘍折瘍之祝藥劀殺之齊凡療瘍以五毒攻之以五氣養之以五藥療之以五味節之凡藥以酸養骨以辛養筋以鹹養脈以苦養氣以甘養肉以滑養竅凡有瘍者受其藥焉獸醫下士四人掌療獸病療獸瘍凡療獸病灌而行之以節之以動其氣觀其所發而養之凡療獸瘍灌而劀之以發其惡然後藥之養之食之凡獸之有病者有瘍者使療之死則計其數以進退之

〔漢書藝文志〕方技者皆生生之具王官之一守也太古有岐伯俞拊中世有扁鵲秦和蓋論病以及國原診以知政

謹案漢書司馬相如傳詔岐伯使尚方注引張揖曰岐伯者黃帝太醫屬使主方藥也徐堅初學記引郭璞巫咸山賦序曰巫咸以鴻術爲帝

堯之醫是太醫之職由來已久故班固以爲王官之一守特至周而其制始備耳又周禮所載王與卿大夫則醫師治之而疾醫但稱掌養萬民之疾病其職似亦有差等然疾醫僅中士八人必不能徧治萬民之疾當必大且危者然後醫士治焉其餘則受方於醫師而未列職者皆使分治殆如今民閒之醫聽其自行治療而不必盡官領之歟

秦

（杜佑通典）秦有太醫令丞主醫藥

（史記扁鵲列傳）秦太醫令李醯

（史記刺客列傳）侍醫夏無且

謹案左傳載春秋時良醫如和緩之類皆出於秦是秦人多工醫術故其設官亦備據刺客傳所記是令丞以外尚有侍醫主提藥囊在殿上侍立蓋即如今之御醫也

漢

〔漢書百官志公卿表〕奉常屬官有太醫令丞

〔應劭漢官儀〕太醫令周官也秩千石丞三百石

〔後漢書桓譚傳〕董賢風太醫令眞欽使求傅氏罪過

〔漢書王嘉傳〕侍醫伍宏等侍內案脈

〔漢書貢禹傳〕侍醫臨治〔顏師古注〕侍醫天子之醫也

〔漢書藝文志〕侍醫李柱國校方技

〔漢書百官公卿表〕少府屬官有太醫令丞

〔太平御覽〕少府太醫令丞無員多至數千人

〔王應麟玉海〕少府有太醫令太常復有令丞蓋禮官之太醫司存之所

少府之太醫通乎王內

〔漢書外戚傳〕上官桀妻父所幸充國爲太醫監

謹案西漢太醫令丞有二一屬太常一屬少府史不言其分置之由以

王應麟所言核之其屬太常者蓋如今太醫院之職其屬少府者則如

今藥房官之隸於內務府也至侍醫乃承秦舊稱當即今之御醫而王嘉傳之侍醫伍宏董賢傳又稱爲醫待詔疑爲一官而兩名又李柱國亦侍醫而隋書載其官又作太醫監疑亦以侍醫遷爲此職如今御醫升補院判之比又外戚傳有女醫淳于衍得入宮侍皇后疾因搗附子合太醫大丸以飲皇后霍光傳則稱爲乳醫淳于衍師古曰視產乳之疾者殆漢時又有此等女醫同隸於太醫令以備諸科之一特史未詳其制耳

〔後漢書百官志〕太醫令一人六百石掌諸醫藥丞方丞各一人藥丞主藥方丞主方右屬少府

〔劉昭後漢志注〕漢官曰員醫二百九十三人員吏十九人

〔通典〕漢有醫丞有醫工長

〔徐堅初學記〕司馬彪續漢書曰東平王蒼到國病詔遣太醫丞將高手醫視病

（後漢書方術傳）郭玉和帝時爲太醫丞

（裴松之三國志注）魚豢魏略曰脂習除太醫令與孔融親善

（太平御覽）典論曰中常侍張讓子奉爲太醫令

（後漢書蓋勳傳）京兆高望爲尙藥監

謹案東漢太常屬官無太醫令惟少府有之蓋視西京舊制已有減省而尙藥監一官百官志亦不載當卽西漢之太醫監也

（史記倉公列傳）齊太醫先診病

謹案倉公傳有齊太醫又有齊王侍醫蓋漢世諸侯王國其設官多準天朝今並附識於此又據劉昭補志注引漢官所載當時百官府皆有官醫員額疑其人雖分隸諸司而考選補用當亦由太醫主之自唐以後其法久廢惟今刑部設醫士二人由院餉送六歲一更更之日稽其醫事之優劣優者升吏目劣者斥之似與漢制頗爲相近云

三國

〔通典〕漢太醫令丞屬少府魏因之

晉

〔晉書職官志〕宗正統太醫令史及渡江哀帝省并太常太醫以給門下

省

〔通典〕太醫令晉銅印墨綬進賢一梁冠絳朝服而屬宗正

謹案晉書太醫令史疑當作令丞蓋傳刻有譌據愍懷太子傳有太醫

令程據是晉制實沿漢魏之舊不應僅設令史也

宋齊梁陳

〔宋書百官志〕太醫令一人丞一人隸侍中

〔南齊書百官志〕太醫令一人丞一人屬起部亦屬領軍

〔司馬光資治通鑑〕齊明帝建武元年海陵恭王有疾遣御師瞻視〔胡

三省注〕御師醫師也以其供御故謂之御師

謹案南齊太醫屬起部及領軍與宋制不同杜佑以爲宋齊俱隸侍中

者誤至御師之稱百官志不載蓋卽太醫令所屬諸醫當如今之御醫也

（隋書百官志）梁門下省置太醫令又太醫二丞中藥藏丞爲三品勳位

（冊府元龜）尙藥自梁以降皆太醫兼其職陳如梁制

（北史姚僧垣傳）僧垣仕梁爲太醫正

謹案梁之太醫正不見於百官志當是太醫令屬官殆天監以後始置史所載皆其初定之制故未之及耳其後隋大業中於太醫署置正十人蓋亦承梁制而設也

北魏

（魏書官氏志）太醫博士從第七品下太醫助教從第九品中

（魏書藝術傳）周澹善醫藥爲太醫令李修爲前軍將軍領太醫令

（魏書徐謇傳）轉右軍將軍侍御師

（魏書王顯傳）顯以醫術自通召補侍御師累遷廷尉少卿仍在侍御營

進御藥

〔胡三省通鑑注〕醫師侍御左右因以名官後魏之制太醫令屬太常掌醫藥而門下省別有尙藥局侍御師蓋今之御醫也

謹案北魏太醫令復隸太常而門下省又有尙藥局與漢之少府屬官別置太醫令者其制相合嗣後歷代多因之今太醫院專掌醫事而內務府亦有內藥房主事庫掌等員同司治藥亦卽此例但醫官通乎王內其職守本屬相資並無區別今故併繫於此而仍互見於內務府篇云

北齊

〔冊府元龜〕北齊門下省統尙藥局有典御二人侍御師四人尙藥監四人總御藥之事

〔隋書百官志〕後齊尙藥局丞二人中侍中省有中尙藥典御及丞各二人

〔鄭樵通志〕北齊曰太醫令丞

〔隋書百官志〕後齊太常屬官有太醫令丞

〔北史藝術傳〕齊大寧二年徐之才弟之範爲尚藥典御又有尚藥典御

鄧宣文

後周

〔通典〕後周官品正四命天官太醫小醫等下大夫正三命天官小醫醫正瘍醫等上士正二命天官醫正瘍醫等中士正一命天官主藥醫正瘍醫等下士

〔孫逢吉職官分紀〕後周有主藥六人

〔隋書姚僧垣傳〕周大象二年除太醫下大夫

隋

〔隋書百官志〕高祖受命置門下省統尚藥局典御二人侍御醫直長各四人醫師四十人太常統太醫署令二人丞一人太醫署有主藥二人醫

師二百人藥園師二人醫博士二人助教二人案摩博士二人祝禁博士二人煬帝分門下爲殿內省統尚藥局置奉御二人（正五品）直長貳之（正七品）又有食醫員尚藥直長四人又有侍御醫司醫醫佐員太醫又置醫監五人正十人

（陳振孫書錄解題）巢元方隋太醫博士

唐

（舊唐書職官志）殿中省有尚藥局奉御二人（正五品下）直長四人（正七品上）書吏四人侍御醫四人（從六品上）主藥十二人藥童三十人司醫四人（正八品上）醫佐八人（正八品下）按摩師四人呪禁師四人

（唐六典）龍朔二年改奉御爲奉醫大夫咸亨元年復故

（職官分紀）奉御掌合和御藥及診候之事直長爲之貳凡藥有上中下之三品凡和藥宜用一君三臣九佐方家之大經也必辨其五味三性七情爲和劑之節其用又有四焉曰湯丸酒散視其病之深淺所在而服之

凡合和御藥與殿中監視其分劑藥成先嘗而後進

（唐六典）侍御醫掌診候調和司醫醫佐掌分療衆疾主藥藥童掌刮削擣篩按摩師呪禁師所掌如太醫之職

（新唐書百官志）太醫署令二人從七品下丞二人醫監四人並從八品下醫正八人從九品下

（舊唐書職官志）太醫令掌醫療之法丞爲之貳其屬有四曰醫師針師按摩師呪禁師皆有博士以教之其考試登用如國子之法凡醫師醫工醫正療人疾病以其痊多少而書之以爲考課藥園師以時種蒔收採諸藥

（唐六典）太醫署有府二人史四人主藥八人藥童二十四人藥園師二人藥園生八人掌固四人醫師二十人醫工百人醫生四十人典藥一人針工二十人針生二十人按摩工五十六人按摩生十五人呪禁師二人呪禁工八人呪禁生十人

(新唐書百官志)醫博士一人正八品上助教一人從九品上掌教授諸生以本草甲乙脈經分而爲業一曰體療二曰瘡腫三曰少小四曰耳目口齒五曰角法針博士一人從八品上助教一人針師十人並從九品下掌教針生以經脈乳穴教如醫生按摩博士一人按摩師四人並從九品下掌教導引之法以除疾損傷折跌者正之咒禁博士一人從九品下掌教咒禁祓除爲厲者齋戒以受焉

謹案唐沿隋制於京師置藥園一所擇良田三頃取庶人子年十六以上二十以下充藥園生業成補藥師令其種蒔諸藥蓋因方劑中有應取鮮植者故别種以儲用其他則仍從所出州土採辦貯之右藏庫如今直省歲解藥材之比非盡取給於藥園也又史載尚藥奉御二人而新唐書藝文志顯慶四年奉敕編類本草者有尚藥奉御許孝崇胡子家蔣季璋三人殆亦隨時增減不盡拘定額歟

（馬端臨文獻通考）五代時有翰林醫官使

謹案五季寺監諸屬官多所裁併而薛居正舊五代史陳元傳載元以善醫擢用又歐陽修新五代史扈載傳亦有遣太醫視疾之文是當時太醫之職猶存特不隸於太常與古制不同耳

宋

（宋史職官志）殿中省總六局掌藥局掌和劑診候之事有典御有奉御有醫師

（文獻通考）宋制翰林醫官院使副各二人並領院事以尚藥奉御充或有加諸司使者直院四人尚藥奉御六人醫官醫學祗候無定員舊制翰林醫官使四人副使二人直院七人尚藥奉御七人醫官三十人醫學四十人祗候醫人十二人其員猥多寶元三年始立使副直院尚藥奉御定員醫官醫學無班位以服色爲差加同正官至尚藥奉御者或加檢校官其直院則奉御及同正官皆爲之多自醫官特獎而授掌供奉醫藥及承詔視療衆疾之事

（江少虞宋朝事實類苑）賈黃中中風眩卒太宗切責諸醫大搜京城醫

工凡通神農本草黃帝難經素問及善針灸藥餌者校其能否以補翰林

醫學及醫院祗候

〔宋史職官志〕太常寺太醫局有丞有教授有九科醫生額三百人歲終則會其全失而定其賞罰太醫局熙寧九年置以知制誥熊本提舉大理寺丞單驤管幹後詔勿隸太常寺置提舉一判局二判局選知醫事者爲之科置教授一選翰林醫官以下與上等學生及在官良醫爲之孝宗隆興元年省併醫官而罷局生續以虞允文請依舊存留醫學科不置局權令太常寺掌行紹熙二年復置太醫局局生一百員爲額餘依未罷局前體例仍隸太常寺

〔宋史選舉志〕醫學初隸太常寺神宗時始置提舉判局官及教授一人學生三百人設三科以教之曰方脈科鍼科瘍科常以春試三學生願與者聽崇寧閒改隸國子監紹興中復置醫學以醫師主之乾道二年罷局而存御醫諸科紹熙二年復置局

〔文獻通考〕崇寧元年詔醫官有勞轉皇城使實及五年方許除遙郡刺史又七年除遙郡團練又十年以上方許除遙郡防禦使醫官有和安成

和成安成全大夫保和大夫保安大夫翰林良醫和安成和成安成全郎保和郎保安郎翰林醫正翰林醫官翰林醫效翰林醫痊翰林醫愈翰林醫證翰林醫診翰林醫候翰林醫學舊諸司使副有醫官使及副使蓋自太醫丞直院轉醫官副使敘遷年格一同武官但爲東班使額耳政和初既易武階而醫官之名亦遂易焉凡十有九階立和安大夫視權易使以上翰林良醫視醫官使其和安郎以下視東副使若醫官副使則以醫正易之舊額和安大夫至良醫二十員紹興二年五員和安郎至醫官元額三十員紹興二年四員醫效元額七員紹興二員醫痊元額十員今一員醫愈至祇候大方脈元額百五十員紹興十五員而已

〔洪邁容齋隨筆〕神宗立醫官額止於四員及宣和中自和安大夫至翰林醫官凡一百十七人直局至祇候凡九百七十九人冗濫如此三年五月始詔大夫以二十員郎以三十員醫效至祇候以三百人爲額而額外人免改正但不許作官戶見帶遙郡人並依元豐舊制然竟不能循守也

乾道三年正月隨龍醫官平和大夫階州團練使潘攸差判太醫局請給依能誠例支破邁時在西掖取會能誠全支本色因依誠係和安大夫譚州觀察使月請米麥百餘石錢數百千春冬綿絹之屬比他人十倍因上章極論之乞將攸合得請給令戶部照條支破孝宗諭云豈惟潘攸不合得并能誠亦合住了卽日御筆批依仍改正能誠已得眞俸之旨旋又罷

醫官局

（李燾續資治通鑑長編）御藥院掌按驗祕方和劑藥品以進御及供奉禁中之用至道三年始置以入內供奉官三人掌之或參用士人

謹案宋太常寺雖有太醫局但主以醫學教授生徒其掌醫之政令者實在醫官院故設有使副等官正如今之太醫院也至御藥院掌以方藥供御當如今之內藥房而中葉以後多以宦官領之攷之朝野雜記隨隱漫錄諸書所司又在應奉禮儀不專主方藥之事故有詔命則監學士院草麻駕出則夾輦左右乃內臣近御者之職蓋名雖存而實已

非矣

遼

〔遼史百官志〕北面局官職名有太醫局都林牙局使局副使南面官翰林醫院有翰林醫官

金

〔金史百官志〕太醫院提點正五品使從五品副使從六品判官從八品掌諸醫藥總判院事管勾從九品隨科至十人設一員以術精者充如不至十人併至十人置不限資攷正奉上太醫一百二十月陞除副奉上太醫不算月日長行太醫不算月日十科額五十人〇御藥院提點從五品直長正八品掌御湯藥明昌五年設都監正九品不限員同監從九品不常除

謹案太醫院之名始自金代而當時領於宣徽院不爲分署蓋猶沿前代太醫隸屬太常之遺制也又有尚藥局亦宣徽屬官卽前代殿中監所統六局之一而所司在茶果湯藥不專醫事今故不列於此表焉

元

（元史百官志）太醫院秩正二品掌醫事製奉御藥物領各屬醫職中統元年置宣差提點太醫院事二十年改爲尙醫監秩正四品二十二年復爲太醫院置提點四員院使副使判官各二員大德五年陞正三品設官十六員十一年增院使二員皇慶元年增院使二員二年增院使一員至治二年定置院使十二員正二品同知二員正三品僉院二員從三品同僉二員正四品院判二員正五品經歷二員從七品都事二員從七品照磨兼承發架閣庫一員正八品令史八人譯史二人知印二人通事二人宣使七人○御藥院秩從五品掌受各路鄉貢諸蕃進獻珍貴藥品修造湯煎至元六年始置達嚕噶齊（解見戶部篇）一員從五品大使一員從六品副使三員正七品直長一員都監一員○御藥監秩從五品掌兩都行篋藥餌至元十年始置大德九年分立行御藥局掌行篋藥物本局但掌上都藥倉之事定置達嚕噶齊一員從五品局使二員從五品副使二員正七

品○行御藥局秩從五品達嚕噶齊一員大使二員副使三員品秩同上

掌行篋藥餌大德九年始置

(元史武宗本紀)至大二年三月陞掌醫署爲典醫監(仁宗本紀)至大四年四月罷典醫監

謹案太醫一官歷代皆分隸於門下殿中諸省及太常寺宣徽院其獨爲一署無所隸屬實自元始又别置御藥院則當如今之内藥房而御藥典醫諸監復多所剏建旋置旋廢殊爲冗贅又武宗紀載至大中中書省臣言太醫院遣使取藥材於陝西四川雲南費公帑勞驛傳乞禁止從之是當時立法未善使院官得借以勞擾州郡今制凡直省歲解藥材由戶部收貯附庫以時支用其内藥房所需藥材均按例給價令藥商赴部領銀採辦以生藥交進院官詳驗擇其佳者送藥房備貯洵爲經久無弊矣

明

〔明史職官志〕太醫院院使一人（正五品）院判二人（正六品）其屬御醫四人（正八品後增至十八人隆慶五年定設十人）吏目一人（從九品隆慶五年定設十人）生藥庫惠民藥局各大使一人副使一人太醫院掌醫療之法凡醫術各十三科醫官醫生專科肄業曰大方脈曰小方脈曰婦人曰瘡瘍曰鍼灸曰眼曰口齒曰接骨曰傷寒曰咽喉曰金鏃曰按摩曰祝由凡醫家子弟擇師而教之三年五年一試再試三試乃黜陟之凡藥辨其土宜擇其良楛慎其條製而用之太祖初置醫藥提舉司設提舉（從五品）同提舉（從六品）副提舉（從七品）醫學教授（正九品）學正官醫提領（從九品）尋改爲太醫監設少監（正四品）監丞（正六品）吳元年改監爲院設院使秩正三品同知正四品院判正五品典簿正七品洪武六年置御藥局于內府始設御醫十四年改太醫院爲正五品設令一人丞一人吏目一人屬官御醫四人俱如文職授散官二十二年復改令爲院使丞爲院判

〔明會典〕御藥房嘉靖十五年改爲聖濟殿擇術業精通者供事

（明史方術傳）許紳初供事御藥房嘉靖改元授御醫屢遷太醫院使受知于世宗遷加通政使禮部侍郎工部尙書並領院事

謹案周禮醫師以上士爲衆醫之長而疾醫瘍醫等以中下士佐之蓋醫之政令聽於冢宰醫師等皆以其職屬焉故祿秩至三命而止西漢太醫令千石隸太常少府而統於丞相御史葉時禮經會元謂其猶有周官遺意北魏及周齊徐之才周澹王顯姚僧垣等咸以醫著至位歷僕射爵爲公侯頗見褻濫然之才等本由儒吏見用與專以一技登進者有殊自宋之末季廣置醫官名目繁冗其久次者至寵以州郡防禦團練之職而周密癸辛雜識有御胗王承宣則又可加至承宣使甚者如岳珂桯史所載醫師王繼先積官留後與秦檜表裏勢焰大張諸子至列延閣金紫盈門紀綱淩替至此已極元代太醫院雖獨爲一署而據宦官列傳李邦寧以禮部尙書提點太醫院尋又加大司徒領太醫院事是則又以閹豎典司公然位列公台尤爲乖繆明則若許紳以供

奉之勞至加以尚書職銜亦同此弊

國家董正治官太醫諸員各執藝入直恪共厥事院使院判閒有蒙

特旨加銜者不過至三四品而內藥房以內務府大臣管理程式有定視周

典更爲詳慎矣

欽定歷代職官表卷三十六

欽定歷代職官表卷三十七

內務府表

	內務府總管大臣
三代	殷六府周大宮冢宰宮正宮伯內宰
秦	少府
漢	少府
後漢	少府卿
三國	少府卿
晉	少府卿
宋齊梁陳	少府卿
北魏	少府卿太府卿少卿
北齊	太府寺
後周	左宮伯中大夫
隋	殿內監少監少府監少監
唐	殿中監少監少府監少監
五季	少府監宣徽南院北院使
宋	殿中監少監少府監少監宣徽南院北院使
遼	北院南院宣徽使副使
金	殿前都點檢司宣徽院左右宣徽使少府監少府
元	大都留守司所轄
明	

堂郎中主事	廣儲司郎中員外郎主事
宮正下士宮伯下士	太府下大夫上士下士玉府上士中士內府中士司裘中士下士掌皮下士天府上士中士
	尚冠尚衣御府令丞
少府丞	御府令丞
少府丞	守官令丞御府令中藏府令丞
少府丞	御府令丞
	中黃左右藏令丞御府令丞
少府丞	御府令丞中黃令丞上庫令丞左右藏令
	左藏署令丞黃藏右藏令丞主衣局都統
小左宮伯下大夫小右宮伯上士	太府中大夫太府玉府內府上士玉府內府中士
殿內監丞少府監丞	內府局令御府局令左右黃藏令丞尚衣局典御
殿中監丞少府監令丞	內府局令丞御府令左右黃藏令丞尚衣局奉御
殿中丞	
殿中丞少府丞	尚衣典御內藏庫使奉宸庫使祗候庫使
知北院南院宣徽事同知宣徽事	奉宸司
同知同籤宣徽院事判官少府監丞	尚衣局提點使副使內藏庫使副使庫都監
	內藏庫提點大使副使利用監中尚監章珮監提點
	尚衣監內府供用庫內丞運庫士庫

御茶膳房總管大臣	尚茶尚膳正副侍衛主事
宰夫下大夫	膳夫上士中士下士庖人內饔中士下士亨人下士
	尚食
	太官令丞庖人長丞
	太官令左丞湯官丞果丞
	尚食監
	太官令丞
	尚食中尚食
	尚食典御丞中尚食典御丞
主膳中大夫	小膳部上士中士內膳中士典庖中士
	尚食局典御內尚食局令
	尚食局奉御
	司膳使
	尚食尚醞典御
	尚食局都監
	尚食尚醞大使副使
	尚膳監御茶房御酒房

御藥房主事內管領	都虞司郎中員外郎主事
	甸司下士 腊人下士 塵人中士下士 迹人中士下士 掌炭下士
太醫令丞	左弋 居室令丞 都水長丞 鈎盾令丞 尉 佽飛丞尉 水衡都尉
太醫令 藥丞 方丞	水衡都尉
尚藥監	水衡典虞
	炭庫柴署令丞
嘗藥監	水衡都尉
尚藥監御丞 尚藥監 中尚藥典御丞	鈎盾令
尚藥局典御 侍御醫	
尚藥局奉御	
尚藥典御 御藥院勾當官	
尚藥局提點 副使 御藥院提點	典給署官
尚藥大使 副使	柴炭局使 副使
御藥房	惜薪司

織造監督	會計司郎中員外郎主事
典絲典枲下士	職內職幣職歲上士中士司會司書上士中士
東織西織令丞織室令丞齊三服官	
涇州雍州等絲局令丞	
司織中大夫縫工小司織上士縫工下士	計部中大夫下大夫上士
綾錦院裁造院文繡監官	審計司
文繡署令丞	官籍監提點監副監丞
杭州黃池建康織染局大使副使相副官	
織造	都知監

內管領副內管領	掌儀司郎中員外郎主事
宮人 中士 下士	內宰 上士 中士 小臣 上士
尚沐 尚席	尚書
內者 令丞 左右 內官	尚書 中書 謁者
	殿中監
	殿中監
	殿中監
內署令	
領左右局	殿中局 殿中監
	掌式 上士 中士
內僕局令 丞 宮闈局令 丞	殿內局監
內僕局令 丞 宮闈局令 丞	內謁者監
	合同憑由司
承應小底局	
近侍局提點使 副使 宮闈局提點使 副使	
內官監	司禮監

行宮總管苑副千總	養鷹狗處統領頭目
	狗監
	雕坊 鶻坊 鷂坊 鷹坊 狗坊 奉御
諸行宮都部署 副部署 諸行宮判官	鷹坊使 副使
	鷹坊提點使 副使
尙供總管府 雲需總管府	

慎刑司郎中員外郎主事	營造司郎中員外郎主事
小宰所掌	匠人
掖庭局令	尚方令 將作少府
若盧獄令 丞 永巷令丞 掖庭令	考工室令 丞 左右司空令丞
掖庭令丞 暴室丞 若盧獄官	左右司空令丞
掖庭令丞	
暴室令丞	
掖庭監	
	司木 司土 司水 司皮等下大夫上士 內匠上士
掖庭局令	
掖庭局令	
	修內司使 副使 裁造署令丞
	提舉右八作司 左八作司 修內司 祗應司 器物局

養心殿造辦處郎中員外郎主事
尚方令丞
尚方令丞
左右中三尚方令丞
中左右三尚方令丞
左尚方令右尚方令中署令細作令丞作堂金銀局令
左右中三尚方令丞細作令丞
司金玉等下大夫上士
內尚方令丞
中尚方令丞
文思院監官造作所鈎當官
祗應司提點令丞尚方署令丞文思署令丞
尚方署令丞
銀作局

慶豐司郎中員外郎主事	各司庫掌催官	各司筆帖式
牧人下士牛人中士下士羊人下士		
犧廩令		
上林郎		
東西牛羊司		
典牝典牡典駝等羊士中士下		
	直長	令史書令史
牛羊司	直長堂固主簿錄事監作	令史書令史
	宣徽都勾押官殿中管幹官掌庫庫典	
	直長都監同監	管勾
牲房		

謹案內務府爲

聖朝特創超越萬古之經制前代職事有散在各官者謹詳攷而著之于表

至官由特設無可比例如

寧壽宮

中正殿

雍和宮

御書處

武英殿修書處諸職以及

咸安宮

景山官學納銀莊官房租庫諸事務皆前古所未有今並於表中闕之以

見我

聖朝創制設官非前代所可企及至如三旗護軍營統領參領護軍校等職

設官與八旗護軍營同歷代建置已見八旗護軍營表茲亦不重著焉

內務府上

國朝官制

內務府總管大臣無定員以侍衞府屬郎中內三院卿簡用或以王公內大臣尚書侍郎兼攝初品級無定乾隆十四年定爲正二品

掌理內府之政令凡職員選除財用出入宴饗祭祀膳羞服御賞賚賜予刑罰工作教習訓導之事皆綜理而受其成凡直宿日派總管一人如因事不能入直以郎中代之所屬廣儲會計掌儀都虞慎刑營造慶豐七司及諸衙門上駟院奉宸苑武備院並隸焉

國初置內務府順治十一年改置十三衙門曰司禮監尚方司御用監御馬監內官監尚衣監尚膳監尚寶監司設監兵仗局惜薪司鐘鼓司織染局十八年並裁仍設內務府以大臣總管

堂郎中一人正五品堂主事二人正六品堂筆帖式三十八人內一人委署主事兼司缺筆帖式四人

堂郎中主事掌治堂事凡府屬文職陞補武職隸都虞司及章奏文移皆隸焉康熙四十二年設郎中一員後省雍正十三年復設堂主事康熙十六年設委署主事雍正元年設後省乾隆二十二年復設即以筆帖式補放給與六品虛銜不出缺各司主事委署主事裁設皆同筆帖式掌理文案順治十八年設十六員以後陸續增設至三十八員各司筆帖式因其事之繁簡以定額皆先後裁設兼司缺筆帖式雍正四年設

廣儲司總管六庫郎中二人部員兼管六庫郎中二人郎中四人員外郎十二人部員兼庫員外郎六人從五品主事一人委署主事一人司庫十二人正六品無品級司庫十二人筆帖式二十六人

總管六庫郎中掌總核六庫出納事務郎中員外郎主事掌分理各庫部員兼庫郎中員外郎掌兼綜庫事以資糾查司庫掌儲藏出納初名御用監順治十八年分爲銀庫皮庫緞庫衣庫康熙十六年改定爲廣儲司四庫二十八年分設磁庫茶庫共爲六庫郎中初設三人雍正十三年增設

總管郎中二人員外郎初設八人康熙二十八年增四人部員兼庫郎中員外郎乾隆三十三年設司庫康熙九年設八人二十八年增四人無品級司庫康熙四十四年設自後陸續增設

寧壽宮管理事務郎中二人員外郎二人主事一人委署主事一人筆帖式四人學習筆帖式四人內管領二人正六品

郎中員外郎主事掌稽查看守寧壽宮陳設輪流直宿及造具檔冊之事內管領掌分地掃除乾隆四十年以寧壽宮地方緊要派內務府大臣二人專管並設立郎中員外郎主事筆帖式內管領等員以專司其事其檔籍清冊鈐用廣儲司印四十四年增設委署主事一人學習筆帖式四人

織造監督江寧府蘇州府杭州府各一人內府司官內奏簡帶原銜管理司庫各一人筆帖式各二人庫使各二人

掌分司所駐劄地方供奉

上用段疋及應用官用段疋皆監視而督理之歲終奏銷造冊呈內務府以副冊送廣儲司察覈順治初年設三處織造官監督筆帖式庫使各一人三年一代十八年定一年更代康熙元年各增庫使一人二年奏定三處織造不限年更代各增筆帖式一人六年各增庫使一人

會計司郎中二人員外郎六人主事一人委署主事一人筆帖式二十六人催長五人

掌核理內府帑項出納之數及莊園地畝戶口徭役定其籍而受其要焉初名內官監順治十七年改爲宣徽院康熙十六年改定爲會計司初設郎中三人康熙三十八年裁一人雍正元年復設一人乾隆四十年裁一人員外郎額順治十七年定初設催總八人後裁尋復設五人後改爲催長

內管領掌關防一人（於各司院郎中內揀選兼管）協理關防事務二人（於各司院員外郎內揀選兼管）內管

領三十人正五品副內管領三十人正六品筆帖式八人

內管領副內管領掌承應

內廷洒掃糊飾官三倉出納酒菜器皿皆司之並管理該管領下戶口田產

官員俸餉兵丁錢糧之收發出入

國初設內管領四員順治閒增十六員康熙二十三年每管領下增設副內管領一員嗣後陸續增置有官三倉酒醋房青菜庫外餑餑房車兩庫家伙倉蠟備倉冰窖蠟票蘇拉處諸事司之事雍正元年以一員管理關防二員協理關防事務乾隆十五年以各司院郎中揀選一員掌理關防員外郎二員協理關防事務其掌關防之內管領仍專司本管領之事

管理三旗納銀莊郎中一人員外郎六人委署主事一人筆帖式十有二人

掌三旗各莊之糧稅徵收治其賞罰與其優恤之事初由三旗各佐領管理康熙三年設員外郎六人專管十六年隸會計司雍正元年另設衙門置郎中一員乾隆元年設主事一人後裁

掌儀司郎中二人員外郎八人主事一人委署主事一人筆帖式二十一人司俎官五人正六品贊禮郎十有七人六品頂帶食七品俸

掌內府祭祀筵宴禮儀樂舞之事初名禮儀監順治十七年改為禮儀院康熙十六年改定為掌儀司初設郎中三人員外郎八人康熙三十八年裁郎中一人司俎官初為司胙官設四人後增設一人並改為司俎贊禮郎初設十二人雍正十年增五人又有樂部郎中員外郎等官別見樂部篇

御茶膳房總管大臣無定員尚膳正尚茶正頭等侍衛各一人二等侍衛各二人尚膳副尚茶副三等侍衛各二人尚膳三等侍衛四人藍翎侍衛七人尚茶三等侍衛三人藍翎侍衛四人主事一人委署主事一人筆帖式十有二人

掌敬設

上用茶品供奉

御饌及供應賜茶筵宴之事初設飯房總領茶房總領各三人飯上人三十五

人茶上人十七人康熙二十八年定飯上人委署總領一人雍正元年定飯房茶房總領俱授爲二等侍衞飯上人授三等侍衞六人藍翎侍衞七人茶上人授三等侍衞三人藍翎侍衞四人又定茶房侍衞內委署總領一人乾隆八年定飯房茶房二等侍衞內各授一等侍衞一人十五年改飯房爲外膳房二十四年改飯房總領爲尚膳正副總領爲尚膳副茶房總領爲尚茶正副總領爲尚茶副雍正二年設主事一人

中正殿管理事務員外郎二人筆帖式四人（內務府三人外旗蒙古一人）

雍和宮管理事務郎中一人員外郎一人筆帖式三人

掌造辦佛像供應念經事務

中正殿員外郎康熙三十六年設

雍和宮郎中等員乾隆九年以司官兼管十六年定爲額設咸安宮官學管理事務大臣一人協理事務大臣一人（以內大臣簡派兼充）滿漢總裁六人（以翰林院官充滿二人漢四人）管理事務郎中二人員外郎二人筆帖式一人滿洲教習十三人（繙譯六人清語

三人弓箭四人漢人教習九人官學生一百一十人蒙古學總裁二人管理事務司官二人教習二人官學生二十四人

景山官學兼管事務司官五人以郎中員外郎派充滿洲教習九人漢人教習十二人官學生三百八十八人

景山官學掌訓迪內府三旗之俊秀教之書射以作興人材康熙二十四年立

咸安宮官學凡內府三旗八旗滿洲蒙古之優穎者皆與焉雍正七年立乾隆元年定

咸安宮官學生內務府留三十人增設八旗滿洲各十人十三年增設蒙古官學員額皆陸續增定

御藥房兼管司官二人內管領一人主事一人委署主事一人副內管領二人庫掌二人七品職銜食八品俸委署庫掌二人筆帖式十二人

掌詳慎供用藥料和合丸散之事順治十年設以總管首領太監管理康

熙三十年改歸府屬員額陸續增置

都虞司郎中二人員外郎五人主事一人委署主事一人筆帖式二十六人催長八人

掌府屬武職陞補及三旗禁旅訓練遣調供應畋漁之禁令初名尚膳監順治十八年改爲採捕衙門康熙十六年改定爲都虞司初設郎中三人員外郎五人後各裁一人

內務府鑲黃正黃正白三旗護軍營護軍統領各一人正三品護軍參領各五人三品職銜食五品俸副護軍參領各五人四品職銜食五品俸孔雀翎委署參翎各三人五品職銜食護軍校錢糧前鋒委署參領各二人五品職銜食護軍校錢糧烏鎗護軍校各二十人正六品六品翎長從六品舊營護軍校各十三人前鋒護軍校各二人前鋒戴藍翎委署護軍校各二人正七品舊營戴藍翎委署護軍校各五人筆帖式各十人

圓明園內務府三旗護軍營夸蘭大一人三品職銜食四品俸護軍參領各一人副護軍參領各一人委署參領各一人護軍校各三人副護軍校各一人筆帖式四人

護軍營統領參領等官掌率其屬以宿衛

宮禁導引扈從及訓練察班之事

國初每旗編爲五甲喇設參領一人順治九年立鳥鎗營每旗添設參領委署參領護軍校等員十三年鳥鎗護軍撥回舊營以委署參領爲副參領

乾隆十三年立前鋒營設前鋒委署參領護軍校等員

圓明園內三旗護軍營夸蘭大及參領等官掌率其屬以翊衛園苑及訓練稽察之事雍正三年以

京城內護軍營分駐設參領護軍校等員九年設執掌關防夸蘭大一員

熱河

行宮總管二人（初制正五品乾隆三十五年定爲正四品其由尚書都統內務府簡放者仍各帶原品職銜）苑副四人（正五品）千總十一人（正六品）副千總二十二人喀喇河屯長山峪兩間房巴克什營中關波洛河屯吉爾哈朗圖阿穆呼朗圖張三營等處

行宮千總各一人副千總各一人王家營鈞魚臺黃土坎十八理汰等處

行宮副千總各一人

溥仁寺

普樂寺

安遠廟

普陀宗乘廟

殊像寺千總各一人副千總各一人

普寧寺

須彌福壽廟千總各一人副千總各二人

廣安寺

羅漢堂把總各二人

行宮總管苑副掌總理㘰衞各處

行宮及陳設稽察之政令千總副千總把總掌典守陳設稽查內圍董率掃

除之事熱河總管康熙四十二年設苑副乾隆三十五年設各處千總康

熙四十一年以來陸續增設

養鷹鷂處管理事務三人（以王公御前大臣侍衛等官管理）協辦事務兼鷹上統領二人（副都統一人二等侍衛一人）藍翎侍衛頭領五人六品職銜副頭領五人筆帖式三人內養狗處頭目二人（兼三等侍衛一人兼藍翎侍衛一人）副頭目二人外養狗處頭目六人副頭目六人筆帖式三人

掌飼養鷹狗隨圍進哨以供蒐畋之事

國初設立鷹房鴉鶻房乾隆十一年改為養鷹處養鴉鶻處三十七年裁養鴉鶻處其員額轉補鷹上養狗處員額

國初定

慎刑司郎中二人員外郎四人主事一人委署主事一人筆帖式二十人

掌府屬刑名審讞定擬之事凡審擬罪案皆依刑部律例其有情罪重大者移咨三法司會審題結初名尚方司順治十二年改為尚方院康熙十六年改定為慎刑司員額順治以來前後增定

營造司郎中二人員外郎八人主事一人委署主事一人筆帖式二十六人

掌繕修工作及薪炭陶冶之事所屬有六庫三作曰木庫司物材曰鐵庫司鑄造鐵器曰器皿庫司藤竹木器曰柴庫司薪柴曰炭庫司煤炭石灰曰房庫司涼棚席蓬縈麻曰鐵作司打造鐵器曰花爆作司造烟火花爆曰油漆作司繪堊六庫各設庫掌庫守三作皆設司匠領催皆未入流惟鐵作司匠給八品虛銜初名惜薪司順治十八年改爲內工部康熙十六年改定爲營造司初設郎中三人後裁一人員外郎六人後增二人

官房租庫值年總管內務府大臣一人郎中一人員外郎三人以各司兼管筆帖式

七人庫掌一人

掌內外城官房之租課案月征收以供營造司之用初屬營造司管理康熙六十二年立租庫各員額乾隆三十六年以內府大臣值年管理

御書處管理事務大臣一人兼管郎中員外郎無定員監造一人六品職銜食七品俸署

監造一人庫掌三人七品職銜食八品俸署庫掌六人筆帖式二人

掌敬刊
御筆裱揭之事員額康熙四十九年定監造庫掌品級乾隆四十三年定
武英殿修書處管理事務王大臣一人監造二人庫掌四人署庫掌六人筆帖
式四人
掌繕刻裝潢各館書籍及
宮殿陳設書籍之事員額康熙十九年定監造庫掌品級乾隆四十三年定
設有總裁二人提調二人(由總裁於纂修內奏充)纂修十二人(由總裁以翰林院編修檢討庶吉士等官
揀派奏充)
養心殿造辦處郎中三人員外郎二人主事一人委署主事一人庫掌六人(六品)
司匠十三人(正八品)筆帖式十五人
掌造辦供
御物件監督工作管理儲藏之事初設造辦活計處管理事務無定員乾隆
二十四年定設員額

慶豐司郎中一人員外郎八人主事一人委署主事一人筆帖式十五人廄長十人廄副十九人

掌蕃息牛羊羣牧供用考成之事順治初年設內牛圈三於西華門外設外牛圈三供乳餅圈一於南苑設羊圈六於豐臺管理牛隻羊隻各設員外郎三人及廄長筆帖式等員康熙十六年歸併掌儀司管理二十三年設慶豐司置郎中二人增置員外郎四人主事一人不隸內務府雍正元年歸併內務府管理四十年裁郎中一人員外郎二人

謹案內務府之制以七司各掌府事其餘分建衙門並鑄給關防印信統轄于總管大臣而不與七司相隸屬唯是事類相近允宜依次分求如

寧壽宮事務檔冊用廣儲司鈐印監督織造由段庫郎中察覈內管領之錢糧納銀莊之奏銷皆由會計司辦理

御茶膳房
中正殿
雍和宮管理事務皆掌習禮儀之事而官學藥房附焉官房租庫本由營
造司分設
御書處
武英殿修書處
養心殿造辦處均掌
內廷書籍典冊修造之事茲並遵
大清會典成例以類序次唯內三旗護軍營
圓明園護軍營暨各
行宮千總會典序官別著于武職篇而奉行則例仍載于都虞司卷中以
府屬武職陞遷諸事均隸都虞司也茲並從類敘于七司之後至府屬
之三院則別自爲篇焉

歷代建置

謹案曲禮載殷制先五官次六府此府名之所由起周官冢宰之屬有內府內宰此內務之名之所由起詳攷冢宰之屬以宮禁親近之職爲首重故宮正宮伯以掌宿衞膳夫至冪人以掌飲食宮人幕人以掌寢處大府至外府以掌蓄藏司會至職幣以掌會計而內宰以下則皆綜理內職閽豎閹寺婦職女功無不司之于是自王及后世子之飲食服用以至宮闈內外親近人主左右者一舉而歸之冢宰所以肅正紀綱而無逢迎消蝕之弊自西漢時猶遵成周遺意中書宦者盡屬少府凡服御之職必選經明行修者爲之而統攝之以丞相御史至東漢時始多用宦官分主飲膳服飾而古意漸失隋唐以後立內侍省人主起居飲食之重不揆之大臣任之士人而悉委之於奄豎其弊始益滋矣至供御之官列代變更分合之故猶可詳攷蓋漢立少府水衡專主天子之奉養東漢則幷水衡於少府而三國晉宋以後因之自曹魏始立殿

中監以後代有其職蕭梁始立太府卿以掌庫藏而陳因之少府始專主工作之事北魏又廢少府專立太府而殿中監則仍其舊北齊以殿中監之六局改隸于門下省後周倣成周以制官奉御諸職多在天官冬官中隋初立門下省太府卿煬帝改設殿內省復分立少府而內侍省之統轄漸廣唐之殿中內侍二省太府少府二卿與隋制不大相殊而宦官任重至侵將相之權矣宋立宣徽院爲親近之職而漢少府之事仍領于二省二卿遼北面有御帳著帳諸官南面則仍唐制金有太府少府無殿中監而有殿前都點檢司其內侍不別立省盡隸之宣徽院中法意最爲近古至明代而諸職盡去唯立宦官二十四衙門禁近要務唯有奄豎得專制之而古意于是盡失不獨成周良法無可追溯卽漢唐少府之制亦無復存焉者矣恭惟

聖朝龍興之始撕立內務府以鑲黃正黃正白三旗親近之臣專司其事定鼎以來初亦設十三衙門以內監供職順治十二年六月監於前代內豎

擅權之弊

命立鐵牌嚴切申諭永遠禁革仍立內務府

特簡內大臣爲總管七司三院綱紀肅而職掌昭內侍職制則惟使之供給

洒掃之役毋得任事而亦皆統攝于總管大臣蓋至

聖朝而周漢之制盡復法度之精詳規模之宏遠尤爲超越萬古今詳攷列

代職官之近于內務府者分繫篇中而總括其沿革之大槪于此其內

監職制執掌亦附著卷後不復別爲一篇焉

三代

〔禮記曲禮〕天子之六府曰司土司木司水司草司器司貨典司六職〔

鄭康成注〕府主藏六物之稅此亦殷時制也周則皆屬司徒

謹案六府之制見于殷時以主六物之儲藏鄭注謂周屬司徒蓋如今戸部之三庫但殷五官既有司徒而復別設六府則在殷時固不爲司徒之掌而與今之內務府相近矣故與戸部三庫篇互見焉

(尚書立政)虎賁綴衣趣馬小尹左右攜僕百司庶府(孔安國傳)綴衣掌衣服左右攜持器物之僕百官有司主券契藏吏(蔡沈集傳)此侍御之官也小尹小官之長攜僕攜持僕御之人百司若司裘司服庶府若內府太府之屬

謹案尚書立政有百司庶府又有表臣百司蓋表者對裏之稱內百司謂裏臣外百司謂表臣也立政稱文武克俊有德三事而外必首及于綴衣趣馬之屬其後周公制禮以宮禁之職首屬冢宰有由來已國朝剏定內務府與成周百司庶府之義千載合揆今列尚書立政文于卷首而周禮諸職則以次分列于後

(周禮天官)宮正上士二人中士四人下士八人府二人史四人胥四人徒四十人掌王宮之戒令糾禁以時比宮中之官府次舍之衆寡爲之版以待夕擊柝而比之國有故則令宿其比亦如之辨內外而時禁稽其功緒糾其德行幾其出入均其稍食去其淫怠與其奇衺之民會其什伍而

教之道藝月終則會其稍食歲終則會其行事凡邦之大事令于王宮之官府次舍無去守而聽政令春秋以木鐸修火禁凡邦之事蹕宮中廟中則執燭鄭康成注宮正主宮中官之長○宮伯中士二人下士四人府一人史二人胥二人徒二十人掌王宮之士庶子凡在版者掌其政令行其秩敘作其徒役之事授八次八舍之職事若邦有大事作宮衆則令之月終則均秩歲終則均敘以時頒其衣裘掌其誅賞

謹案成周官制凡王之服御飲食燕好賜予皆分設官職而統屬于太宰所以合宮府爲一體也宮正爲王宮官之長掌比宮中之官府宮伯掌王宮之士庶子此在今時爲內務府大臣及領侍衞大臣之職其所以秩止於上士中士下士者則以冢宰統臨於上而諸官爲專司故不疑其秩之輕也內務府大臣職任優重實爲周冢宰之所統而宮正宮伯則職掌專焉故與領侍衞篇互見而攷證其說於此

（周禮天官）太府下大夫二人上士四人下士八人掌九貢九賦九功之

貳以受其貨賄之入頒其貨於受藏之府頒其賄於受用之府凡式貢之餘財以共玩好之用○玉府上士二人中士四人掌王之金玉玩好兵器凡良貨賄之藏共王之服玉佩玉珠玉王齊則共食玉掌王之燕衣服衽席牀笫凡褻器若合諸侯則共珠槃玉敦凡王之獻金玉兵器文織良貨賄之物受而藏之凡王之好賜共其貨賄○內府中士二人掌受九貢九賦九功之貨賄良兵良器以待邦之大用凡四方之幣獻之金玉齒革兵器凡良貨賄入焉凡適四方使者共其所受之物而奉之凡王及冢宰之好賜予則共之○司裘中士二人下士四人掌爲大裘以共王祀天之服○掌皮下士四人掌秋斂皮冬斂革春獻之遂以式法頒皮革于百工共其毳毛爲氈以待邦事歲終則會其財齎○典婦功中士二人下士四人掌婦式之法以共王及后之用頒之于內府○典絲掌絲入而辨其物以其賈楬之○典枲下士二人掌布緦縷紵之麻草之物以待時頒功而授

齎

（周禮春官）天府上士一人中士二人掌祖廟之守藏與其禁令凡國之玉鎮大寶器藏焉若有大祭則出陳之既事藏之

（荀子大略篇）不知而問堯舜無有而求天府先王之道則堯舜矣六貳之博則天府矣（註）求財于六貳之博得之不窮故曰天府天府天之府藏

謹案太府掌貢賦貨賄爲今戶部三庫之職其式貢餘財以共玩好則內府之廣儲實兼其任至玉府受藏金玉兵器文織良貨賄以共王之好賜內府共王及冢宰之好賜予天府藏國之玉鎮大寶器則正爲今廣儲司之職而司裘掌皮典絲典枲亦如六庫之各分其事也

（周禮天官）職內上士二人中士四人掌邦之賦入辨其財用之物而執其總凡受財者受其貳令而書之○職歲上士四人中士八人掌邦之賦出凡上之賜予以敘與職幣而受之○職幣上士二人中士四人振掌事者之餘財皆辨其物而奠其錄以書楬之以詔上之小用賜予○司會中

大夫二人下大夫四人上士八人中士十有六人○司書上士二人中士四人凡上之用財用必攷于司會○宮人中士四人下士八人掌王之六寢之修共王之沐浴凡寢中之事掃除執燭共鑪炭凡勞事

謹案天官司會司書不專為內府之職而上之用財用必攷于司會則宮中會計實兼理之職內掌受財之政令職幣詔上之小用賜予而職歲掌其賦出令內府儲藏出入皆由會計司稽核而總受其要其職固相等也宮人有中士下士寢處沐浴掃除皆其職掌則與今之內管領副內管領之任尤相合矣

〔周禮天官〕內宰下大夫二人上士四人中士八人掌書版圖之法以治王內之政令均其稍食分其人民以居之〔注〕版謂宮中閽寺之屬及其子弟錄籍也圖王及后世子之宮中吏官府之形象也政令謂施閽寺者稍食吏祿稟也人民吏子弟分之使衆者就寮均宿衞歲終則會內人之稍食稽其功事比其小大與其麤良而賞罰之會內宮之財用

〔周禮夏官〕小臣上士四人掌王之小命詔相王之小法儀正王之燕服

位王之燕出入則前驅

（周禮天官）膳夫上士二人中士四人下士八人掌王之食飲膳羞以養王及后世子○庖人中士四人下士八人賈八人（注）賈主市買知事價掌共六畜六獸六禽辨其名物凡其死生鱻薨之物以共王之膳與其薦羞之物及后世子之膳羞○內饔中士四人下士八人掌王及后世子膳羞之割烹煎和之事○亨人下士四人掌共鼎鑊以給水火之齊

謹案宮中禮儀掌于內宰而詔相王之小法儀則夏官小臣主之今內務府掌儀司專掌宮中之儀法正其職也內宰詔相禮儀之外又掌書宮中版圖之法以治王內之政令歲終會內人之稍食稽其功事會內官之財用蓋兼有總管大臣及會計司之職故秩爲下大夫其任較重唯以服位禮事贊相專司與掌儀司尤爲相合故附證其說于此天官之膳夫庖人內饔亨人皆掌王及后世子之膳羞亦與今

御茶膳房之職爲相合故與光祿寺篇互見焉

〈周禮天官〉甸師下士二人共野果蓏之獻帥其徒以薪蒸役外內饔之事○腊人下士四人掌乾肉凡田獸之脯腊膴胖之事

〈周禮地官〉廛人中士二人下士四人凡屠者斂其皮角筋骨入于玉府凡珍異之有滯者斂而入于膳府○澤虞掌國澤之政令爲之厲禁使其地之人守其財物以時入之于玉府頒其餘于萬民○迹人中士四人下士八人掌邦田之地政而爲之厲禁以守之○角人下士二人掌以時徵齒角凡骨物于山澤之農○羽人下士二人掌以時徵羽翮之政于山澤之農○掌炭下士二人掌炭物灰物之徵令以時入之

謹案都虞司職司採捕供應畋漁天官之甸師腊人正其職掌地官山林川澤皆有虞衡而分主各處山川不歸統理惟澤虞掌國澤之禁令入財物于王府與都虞司相近其自廛人以至掌炭亦皆都虞司之所有事也

〈周禮天官〉小宰之職掌建邦之宮刑以治王宮之政令凡宮之糾禁

謹案周刑法掌于秋官而內府之刑未聞有別置之官唯小宰掌建邦之宮刑宮禁鄭康成以爲在王宮中者之刑則今內務府愼刑司之所由始也

（周禮攷工記）凡攻木之工七攻金之工六攻皮之工五設色之工五刮摩之工五摶埴之工二○匠人營國王宮門阿之制五雉宮隅之制七雉城隅之制九雉

謹案周禮缺冬官攷工記之所載者未盡爲營造之職今採錄匠人營繕王宮之法式及諸工總名以著其概餘並見工部篇不具錄焉

（周禮地官）牧人下士六人掌牧六牲而阜蕃其物以共祭祀之牲牷（注）六牲謂牛馬羊豕犬雞○牛人中士二人下士四人掌養國之公牛以待國之政令

（周禮夏官）羊人下士二人掌羊牲若牧人無牲則受布于司馬使其賈買牲而共之

謹案孳畜之政自古重之故宣王考牧著於小雅牲牷肥腯見于春秋

周禮之牧人牛人羊人實爲今慶豐司之所由始其分屬地官夏官者蓋一以牧地爲屬一以受布于司馬爲屬不必如孔疏所云牛爲土畜羊爲金畜穿鑿而爲之說也

秦

〔漢書百官公卿表〕少府秦官

〔冊府元龜〕秦少府掌山海地澤之稅少府之立自此始也

〔杜佑通典〕秦置六尙謂尙冠尙衣尙食尙沐尙席尙書若今殿中之任○秦有御府令丞掌供御服而屬少府○掖庭局令秦置永巷○秦置尙方令○秦有將作少府○秦犧廩令丞掌犧牲雁鶩

〔王應麟玉海〕少府秦官章邯爲之

謹案秦立少府之官凡供御者職多爲所領故六尙如今內管領之職御府令如今廣儲司掖庭局令如今愼刑司尙方令則兼有廣儲及武備院之任將作少府如今營造司唯犧廩令丞屬內史及左馮翊而犧

牲雁鶩則又兼有都虞慶豐二司之掌秦法疏略史志不詳以漢後所承襲者推之其大概亦可攷見今撫錄通典所載以著其崖略焉

漢

〔漢書百官公卿表〕少府秦官掌山海地澤之稅以給共養應劭曰名曰禁錢以給私養自別為藏少者小也故稱少府師古曰大司農供軍國之用少府以養天子也有六丞屬官有尚書符節太醫太官湯官導官樂府若盧攷工室左弋居室甘泉居室左右司空東織西織東園匠十六官令丞服虔曰若盧詔獄也鄧展曰舊洛陽兩獄一名若盧主受親戚婦女如淳曰若盧官名也藏兵器品令曰若盧郎中二十人主弩射漢儀注有若盧獄令主治庫兵將相大臣臣瓚曰冬官為攷工主作器械也師古曰太官主膳食湯官主餅餌導官主擇米若盧如說是也左弋地名東園匠主作陵內器物者也又胞人都水均官三長丞師古曰胞人主掌宰割者也胞與庖同又中書謁者黃門鉤盾尚方御府永巷內者宦者八官令丞師古曰鉤盾主近苑囿尚方主作禁器物御府主天子衣服也諸僕射署長中黃門皆屬焉師古曰中黃門謂奄人居禁中在黃門之內給事者也武帝太初元年更名攷工室為攷工左弋為佽飛居室為保宮甘泉居室為昆臺永巷為掖庭佽飛掌弋射有九丞兩尉太官七丞昆臺五

丞樂府三丞掖庭八丞宦者七丞鉤盾五丞兩尉成帝河平元年省東織更名西織爲織室

謹案漢承秦制立少府以供養宮禁位列九卿凡諸奉御之職無所不統今以漢百官表所載詳繹之今內府七司諸官蓋皆有其職焉如御府尚方東織西織是廣儲司之掌尚書內者諸僕射署是會計司及內管領之掌中書謁者與掌儀相近而太官胞人則如今之內茶膳房也左弋佽飛掌弋射都水鉤盾主苑圃近於都虞司之掌也服虔鄧展以若盧爲詔獄如淳以爲藏兵器而漢儀注則云有若盧獄令主治庫兵是一官而兼兩職蓋如慎刑司及武備院之兼職也攷工室左右司空東園匠如今之營造司而尚方令又如今之造辦處也惟慶豐所掌未見于少府之屬蓋太官所兼掌耳漢代少府之官多以高儒舊德爲之而宦者黃門亦皆歸于統屬其法意最爲近古今載漢表原文而爲之疏證如此其他可爲佐證者並分載于後

（史記平準書）山海天地之藏也皆宜屬少府（索隱）韋昭云少府天子私所給賜經用也公用屬大

司農

（急就篇）司農少府國之淵（顏師古注）司農領天下錢穀以供國之常用少府管池澤之稅及關市之資以供天子少者小也府者聚也財物所聚也非郊廟兵戎大用故謂之少府司此二者百物在焉故以深泉爲喻也

（應劭風俗通）少府水衡爲天子內藏

（荀悅漢紀）孝成帝紀罷少府技巧官

（王應麟漢制攷）職內注職內主入也若今之泉所入謂之少內疏漢之少內亦主泉所入案王氏漢官解云小官嗇夫各擅其職謂倉庫少內嗇夫之屬各自擅其條理所職主由此言之少內藏聚似今之少府但官卑職碎以少爲名丙吉傳少內嗇夫白吉曰食皇孫亡詔令注云少內掖庭主府藏之官也

謹案少內當爲今會計司之職

（玉海）周玉府內府猶秦漢少府也

謹案後漢紀正月朔旦驃騎將軍蒼應奉璧入賀故事少府給璧陰就驕貴吏傲不奉法求璧不可得蒼坐朝堂漏且盡而璧不至不知所爲顧謂掾屬曰若之何朱暉望少府主簿持璧卽往給之曰我聞璧而未曾見試觀之主簿以璧授暉暉顧召令史奉之主簿驚曰少府當以朝暉叱之曰將歸暉獨不朝也據此則漢之少府乃兼內府玉府之職

（古今攷）九曰少府掌山海地澤之稅以給共養東萊謂治粟內史所掌穀貨供軍國之用少府名曰禁錢以給天子私自别爲藏少者小也屬官最多有六丞當皆稱少府丞而尚書侍郎以下十二官令丞屬焉而尚書之名後世以爲王之一省六部從官之長東萊又謂少府吏四人在殿中主發書謂之尙書其後遂以爲官置令丞屬焉然漢之尙書令尙書丞徵官耳少府之屬吏也後世尙書令尙書左右丞六部尙書乃宰相侍從也

又胞人三長丞又上林中十池監又中書謁者黄門鉤盾而下內省官者七官令丞諸僕射署長中黄門皆屬焉而中書令中書丞亦少府之微官而後世中書令爲一品之極郭子儀書二十四考至有奪我鳳凰池之恨前代小官後世用以爲大官世故之變豈有極哉表書小官吏因革不一不足書王莽改曰共工

謹案洪适隸釋魯相史丞祠孔廟奏銘題後謂上尙書者郡國異于朝廷不敢直達于帝所因尙書以聞故樊毅復華氏下民租田口算碑以太守奏事均云上尙書也然無極山碑以太常卿丞奏事亦云上尙書又蔡質漢官典儀列司隸城門校尉上尙書式及謁者上尙書式則內而九卿謁者凡奏亦皆上尙書以達于帝不獨國相太守也惟孔子廟置卒史碑云魯相奏記司徒司空府不云上尙書然司徒司空府亦必由尙書以達于帝無極山碑載常山相馮巡以三公山請雨事聞于太常太常爲馮巡上其事亦必由尙書是其例蓋漢丞相御史謂之外朝

不可至內廷故置尚書掌四方章奏報告事少府屬官首列尚書特重其職也漢書霍光傳尚書令讀奏黃霸傳尚書令受丞相對是雖丞相九卿必由尚書入奏也又攷漢紀張湯子安世少爲郎給事中尚書上方幸河東亡書三篋詔問莫能知惟安世知之具作其事後購得本書以校無所遺失通典謂掌圖書祕記章奏之事即謂此也且不特主章奏即凡徵召詰對之事亦無不詣尚書漢書光武紀時太原王霸北海逢萌亦隱居養志霸到尚書拜不稱臣章帝紀匈奴新降召太尉鮑昱詣尚書使封降胡檄桓帝紀太常楊秉奏中常侍侯賢等請免官理罪奏入尚書詰秉秉對尚書不能詰靈帝紀陳蕃起兵將官屬諸生八十人至承明門使不內蕃曰云云使者出開門蕃到尚書門正色曰云云蓋尚書初主受奏御而已其後遂專出納之命故其權浸重至章帝時太傅太尉錄尚書事和帝時太傅錄尚書事位在三公上與少府所屬之尚書迥相懸絕矣

（馬永卿孅真子）前漢百官公卿表少府之屬官凡五十餘人有導官掌米穀以奉至尊然學者多疑導字之義僕攷唐百官志導官令掌導擇米麥凡九穀皆隨精麤攷其耗損而供然漢導字下從寸唐導字下從禾今案韻略瑞禾一莖六穗謂之䆃恐唐以瑞禾名官也僕嘗以此問舅氏笑云此蓋讀司馬長卿封禪書誤耳書云導一莖六穗于庖注云導擇也一莖六穗謂加禾之米也後人誤以瑞禾爲導遂併官名失之可一笑也

謹案導官主擇米穀以供至尊則今尚膳正之職也（又互見戶部篇內倉條）

（顏師古漢書注）李斐曰齊國舊有三服之官春獻冠幘縰爲首服紈素爲冬服輕綃爲夏服凡三

（急就篇）齊國給獻素繒帛（注）齊有三服官貢禹言故時齊三服官輸物不過十笥

謹案漢官既有東織西織供天子服御而又有三服官主作首服冬服夏服以給袞龍之用於齊設之今內務府所轄有江寧蘇州杭州三織

造官正漢三服官之遺制也

〔漢書注〕水衡都尉應劭曰古山林之官曰衡掌諸池苑故曰水衡張晏曰主都水及上林苑故曰水衡主諸官故曰都有卒徒武事故曰尉師古曰衡平也主平其稅入

〔玉海〕楊得意爲狗監李延年給事狗監中

謹案漢水衡都尉之職掌上林苑與今之奉宸苑相合惟所領之官自卒徒武事又兼主漁畋之政今都虞司辦理内府武職陞遷兼供應漁獵之事其職亦爲相近故既入於奉宸苑篇而節錄注文于此至漢有狗監則與今之養鷹狗處事務亦相等也

〔風俗通〕掖庭有獄令丞又暴室丞宮人獄也一作薄室

〔三輔黃圖〕永巷永長也宮中之長巷幽閉宮女之有罪者武帝時改爲掖庭置獄焉

謹案成帝紀上使御史收劉輔繫掖廷祕獄後以辛慶忌廉褒師丹谷

丞上書乃徙繫攷工獄攷工獄亦近中禁然比之掖庭獄則又有中外之殊矣移繫攷工其案治或稍輕歟

〔史記景帝本紀〕中六年四月置左右內官屬大內

〔漢書東方朔傳〕內官有獄

〔漢書王商傳〕左將軍諸召王商詣若盧詔獄〔注〕孟康曰黃門北寺也謹案宮中慎刑之職自掖庭而外列代不詳惟漢書若盧獄令黃門北寺詔獄皆屬少府內官有獄其初亦屬少府最爲近之又攷後漢紀桓帝紀白馬令李雲上書移副三府云云上得雲書大怒送雲黃門北寺使中常侍管霸與御史廷尉雜攷之然則漢時外庭庶官亦閒繫黃門北寺蓋黃門北寺獄之近中禁者桓帝怒雲欲加嚴讞故特於祕獄治之非常例也

〔史記平準書〕卜式不願爲郎上曰吾有羊上林中欲令子牧之式乃拜爲郎布衣屩而牧羊歲餘羊肥息

謹案史記言卜式拜爲郎牧羊上林苑中是漢時慶豐之職亦上林苑之所有事也今故採錄之以見其概

〔周禮囿人〕牧百獸〔鄭康成注〕備養衆物也今掖庭有鳥獸自熊虎孔雀至于狐狸鳧鶴備焉

〔三輔黃圖〕少府佽飛外池漢儀注佽飛具繒繳以射鳧雁給祭祀故有池

〔後漢書百官志〕少府卿一人中二千石本注曰掌中服御諸物衣服寶貨珍膳之屬丞一人比千石太醫令一人六百石本注曰掌諸醫藥丞方丞各一人本注曰藥丞主藥方丞主藥方太官令一人六百石本注曰掌御飲食左丞甘丞湯官丞果丞各一人本注曰左丞主飲食甘丞主膳具湯官丞主酒果丞主果守宮令一人六百石本注曰主御紙筆墨及尙書財用物及封泥丞一人掖庭令一人六百石本注曰宦者掌後宮貴人采女事左右丞暴室丞各一人本注曰宦者暴室丞主中婦人疾病者就此

室治其皇后貴人有罪亦就此室御府令一人六百石本注曰宦者典宮婢作中衣服及補浣之屬丞織室丞各一人本注曰宦者祠祀令一人典中諸小祠祀丞一人本注曰宦者中藏府令一人六百石本注曰掌中幣帛金銀諸貨物丞一人尚方令一人六百石本注曰掌上手工作御刀劍諸好器物丞一人〇孝武帝初置水衡都尉秩比二千石別主上林苑世祖省之幷其職于少府每立秋貙劉之日輒暫置水衡都尉事訖乃罷之

〔南都賦〕水衡虞人修其營表

〔後漢書桓帝本紀〕建和元年芝草生中黃藏府注漢官儀曰中黃藏府掌中幣帛金銀諸貨物

〔後漢書和帝本紀〕永元九年十二月復置若盧獄官

謹案東漢光武併省少府禁錢一以歸之司農故少府官屬裁省過半至水衡都尉則廢去不設唯貙劉之日暫置旋罷然其季世乃轉有開邸鬻爵斂而入私藏者蓋宮掖之費必不能去而欲盡黜少府之儲藏勢不可久行也至前漢侍御皆用士人東漢始多以宦者爲之古意亦

漸失矣東漢之祠祀令典中諸小祠祀與今掌儀司之職相近故並著之

三國

〔冊府元龜〕魏之九卿並與漢同又有殿中監一人品第七殿中之名自此始也掌張設監護之事有殿中奉乘郎從五品下

〔三國魏志王觀傳〕王觀爲少府統三尚方御府內藏玩弄之物

〔魏文帝集讓禪表〕謹拜章陳情使行相國永壽少府糞土臣毛宗奏並上璽綬

〔玉海〕少府魏王觀楊阜常林管輅爲丞

〔通典〕魏官第三品九卿第六品水衡典虞第七品殿中監諸卿尹丞尚藥監尚食監大農監第九品殿中監掌事

〔通典〕後漢少府有中藏府令丞魏氏因之○漢末分尚方爲左中右三尚方魏晉因之

〔魏文帝集〕張登爲大官令詔登忠義彰著在職功勤名位雖卑直亮宜

顯饔膳近在當得此吏今以登爲大官令

謹案三國魏少府列于九卿其所統屬並同後漢而始定爲第三品之

級又設有殿中監以司親近供御之職其品頗微其官則爲後代殿中

之所自始矣至漢有水衡都尉主上林苑並主禁錢魏仍其名而所主

者天下舟船河渠之政其後遂易爲都水使者與漢職不同今不復載

焉

晉

〔晉書職官志〕少府統材官校尉中左右三尚方中黃左右藏左校甄官

平準奚官等令左校坊鄴中黃左右藏油官等丞及渡江哀帝省并丹陽

尹孝武復置自渡江唯置一尚方又省御府

〔通典〕晉冶令掌工徒鼓鑄隸衛尉江左以來省衛尉始隸少府○晉有

左右藏令隸少府

謹案晉傳中丞集劾夏侯承奏少府夏侯承取官田立私屋近小人委以家計令工匠竊盜官物附益於私其謂令工匠竊盜官物卽通典所云掌令工徒鼓鑄之類是也謂取官田立私屋則晉之少府所掌亦當如漢表所云兼地澤之稅矣

（晉書職官志）光祿勳統東園匠太官御府守宮黃門掖庭清商華林園暴室等令哀帝興寧二年省光祿勳幷司徒孝武寧康元年復立

（通典）守宮令丞晉屬光祿勳○魏置殿中監晉因之

謹案晉承魏制立少府以統諸署而太官御府諸職又分隸於光祿勳攷光祿勳在秦爲郎中令漢始易爲光祿勳所掌宿衞諸郎如今領侍衞大臣之比而晉分少府屬官以隸之者以其官居禁中職守相近故也至哀帝省少府而併於丹陽尹省光祿勳而併於司徒其後復仍立之蓋裁省不一而職掌所在大概則固相同也

〈宋書百官志〉少府一人丞一人掌市服御之物左尚方令丞各一人右尚方令丞各一人並掌造軍器晉江右有中尚方左尚方右尚方江左以來唯一尚方宋高祖踐阼以相府部配臺謂之左尚方而本署謂之右尚方焉又以相府細作配臺即其名置令一人丞二人隸門下世祖大明中改曰御府置令一人丞一人御府二漢世典官婢作褻衣服補浣之事後廢帝初省御府置中署隸右尚方漢東京太僕屬官有攷工令主兵器尚方令唯主作御刀綬劍諸玩好器物而已然則攷工令如今尚方尚方令如今中署矣

〈通典〉殿中監晉宋並同○宋少府領左右尚方御府東冶南冶平準等令丞

謹案宋少府殿中監之制視魏晉多從簡省其尚方令主作兵器而御府及中署之以細作配臺特置者亦隸右尚方則宮中工作固其兼職非專以武器爲任故列代尚方官既見于此而武備院篇亦從互見焉

（南齊書百官志）少府府置丞一人領官如左○左右尙方令各一人丞一人鍛署丞一人永明三年省四年復置御府令一人丞一人東冶令一人丞一人南冶令一人丞一人平準令一人丞一人○尙書令內外殿中監一人

謹案齊制與宋多同唯尙書令之殿中有內外監之名爲宋所未有宋置御府後改中署而齊則仍曰左右尙方此爲少異耳

（隋書百官志）梁初猶依宋齊皆無卿名天監七年加置太府卿以少府爲少府卿是爲夏卿○太府卿位視宗正掌金帛府帑統左右藏令上庫○少府卿位視尙書左丞置材官將軍左右中尙方甄官平水署置南塘邸稅庫東西冶中黃細作炭庫紙官柴署等令丞○光祿卿統守宮黃門華林園暴室等令

（通典）太府卿歷代不置然其職在司農少府至梁天監七年始置○梁官三品曹位殿中外監上庫令細作令作堂金銀局丞三品勳位殿中內

監左尚方五丞右尚方四丞

(玉海)梁始置太府卿掌府庫少府專爲供服御之官

(隋書百官志)陳太府卿少府卿品並第三

謹案梁置太府卿掌金帛府帑蓋分少府所掌而別爲置官此後代太府之所由起也左右尚方諸令屬于少府猶與古同而名之爲卿亦自梁始守宮暴室諸令屬于光祿制與晉同皆爲漢少府之職至殿中監有內外之分而以三品曹位勳位分隸之不入諸班之次亦與列代爲少異陳官並用梁制其史文之脫略者不復詳焉

後魏

(魏書官氏志)初置左右近侍之職無常員或至百數侍直禁中傳宣詔命皆取諸部大人及豪族良家子弟儀貌端嚴機辯才幹者應選又置內侍長四人主顧問拾遺應對若今之侍中散騎常侍也置都統長又置幢將及外朝大人官其都統長領殿內之兵直王宮幢將員六人主三郎衛

士直宿禁中者自侍中已下中散已上皆統之外朝大人無常員主受詔命外使出入禁中國有大喪大禮皆與參知隨所典焉少府第三品上中黃門令內署令第四品中掖庭監從第五品上諸局監水衡都尉從第五品中嘗藥監殿中監從第五品下諸宮門僕從六品中世宗班行職令太府卿第三品太府少卿第四品諸署令千石以上者從第八品諸署令六百石以上者第九品諸署令不滿六百石者從第九品

〔冊府元龜〕後魏殿中監從五品下又有掌服郎從六品上又分太官令尚食中尚食掌知御膳尚食門下省領之中尚食集書省領之

〔通典〕後魏太和中改少府爲太府卿兼有少卿掌財物庫藏

〔洛陽伽藍記〕建春門內御道南有勾盾典農籍田三署

謹案後魏初官制未備其後有少府殿中監之職而殿中品秩視晉宋爲較隆太和中改少府爲太府置卿及少卿其所屬之官有諸署令千石以上六百石上下之分而史志統言諸署其所掌之爲何署亦莫得

而詳也魏又有水衡都尉與河隄使者並列蓋亦主水之官與漢之兼掌禁錢者又不同矣

北齊

〔隋書百官志〕後齊制太府寺掌金帛府庫營造器物統左中右三尚方左藏司染諸冶東西道署黄藏有藏細作左校甄官等署令丞左尚方又別領別局樂器器作三局丞中尚方又別領別局涇州絲局雍州絲局定州紬綾局四局丞右尚方又別領別局丞司染署又別領京坊河東信都三局丞諸冶東道又別領滏口武安白間三局丞諸冶西道又別領晉陽冶泉郡大邱原仇四局丞甄官署又別領石窟丞○門下省掌獻納諫正及司進御之職侍中給事黄門侍郎各六人錄事四人通事令史主事令史八人統局六領左右局領左右各二人掌知朱華閤內諸事宣傳已下白衣齋子已上皆主之左右直長四人尚食局典御二人總知御膳事丞監各四人尚藥局典御及丞各二人總知御藥事侍御師尚藥監各四人主衣局都統子統各二人掌御衣服玩等事

齋帥局齋帥四人（掌鋪設洒埽事）殿中局殿中監四人（掌駕前奏引行事制請修補東耕則進耒耜）中侍中省掌出入門閤中侍中二人中常侍中給事中各四人又有中尚藥典御及丞幷中謁者僕射各二人中尚食局典御丞各二人監四人內謁者局統丞各二人

（通典）北齊官第三品太府卿第四品太府少卿第五品主衣都統尚食尚藥典御從五品中尚食中尚藥典御從六品中尚食中尚藥等丞從八品鉤盾左右尚方左藏掖庭東西牛羊司諸署令正九品細作署令

謹案北齊官承魏制不設少府而以太府寺及門下省分統其職其殿中監爲門下省之所統屬六局中尚藥尚食典御又爲中侍中省之所分隸與前代之制作異而職守固有在也至所設涇州雍州定州諸絲綾局卽漢三服官之遺意與今之織造監督爲相近焉

後周

（通典）後周官正五命天官左宮伯主膳太府計部等中大夫冬官司木

司士司金司水等中大夫正四命天官小左宮伯小膳部小計部等下大夫冬官小司木小司土小司金小司水司玉司皮司織司卉等下大夫正三命天官小右宮伯掌式小膳部內膳太府玉府內府縫工小計部等上士夏官典牧典牲等上士冬官內匠掌材小司木小司土小司金小司水小司玉小司皮小司織小司卉等上士正二命天官司服掌式內膳典庖玉府內府縫工等中士夏官典牧典牲典駝典羊等中士冬官內匠掌材等中士正一命夏官典駝典羊等下士

謹案後周倣成周之典以制官漢晉以來諸官名皆廢而不用至其職掌則固無大殊者今摭錄通典天官冬官各條以存其概其後此改更之制則不可復攷焉

隋

（隋書百官志）門下省統城門尚食尚藥符璽御府殿內等六局尚食局典御二人直長四人食醫四人尚藥局典御二人侍御醫直長各四人御

師四十人符璽御府殿內局監各二人直長各四人○內侍省領內尚食掖庭宮闈奚官內僕內府等局○太府寺統左藏左尚方內尚方右尚方司染右藏黃藏掌冶甄官等署各置令丞等員○煬帝卽位多所改革分門下太僕二司取殿內監名以爲殿內省分太府寺爲少府監殿內省置監少監丞各一人掌諸供奉統尚食尚藥尚衣尚舍尚乘尚輦等六局各置奉御二人皆置直長以貳之尚衣卽舊御府也改名之○少府監置監少監各一人丞二人統左尚右尚內尚司織司染鎧甲弓弩掌冶等署復改監少監爲令少令

（通典）宮闈局令隋置令掌宮內門閤之禁及出納神主并內給使名帳糧廩事

謹案隋高祖改周之六官仍以門下省太府寺分統供御之職而掖庭內府等局則屬之內侍省蓋與齊之制相爲彷彿至煬帝更官制分門下省以爲殿內省所統六局仍由殿內以隸于門下蓋徒見更革之繁

而法制亦無大異耳殿中之爲殿內以避武元皇帝嫌名而改也自梁
立太府而少府之所掌遂分至魏齊專立太府而少府之官遂廢隋初
所設猶承其制迨煬帝立少府置監置令于是太府所掌遂止于諸市
平準左右藏諸署而不與供御之職相關矣宮闈局令始置于隋所掌
宮內門閤并內使名帳廩膳蓋與今之內管領亦爲相近也

欽定歷代職官表卷三十七

珍倣宋版印

西元二〇二〇年四月一日重製一版

歷代職官表　冊二（清 永瑢 等撰纂）

平裝四冊基本定價參仟捌佰元正
（郵運匯費另加）

發行人　張敏君
發行處　中華書局
臺北市內湖區舊宗路二段一八一巷八號五樓（5FL., No. 8, Lane 181, JIOU-TZUNG Rd., Sec 2, NEI HU, TAIPEI, 11494, TAIWAN)
客服電話：886-2-8797-8396
公司傳真：886-2-8797-8909
匯款帳戶：華南商業銀行西湖分行
179100026931
印　　刷：維中科技有限公司
海瑞印刷品有限公司

No. N1029-2

國家圖書館出版品預行編目(CIP)資料

歷代職官表 / (清)永瑢等撰纂. -- 重製一版. --
臺北市 : 中華書局, 2020.04
冊 ; 公分
ISBN 978-986-5512-07-1(全套 : 平裝)

1.職官表 2.中國

573.4024 109003709